The Blue Book on the Development of Industrial Technological Innovation in China (2016-2017)

2016-2017年
中国工业技术创新发展
蓝皮书

中国电子信息产业发展研究院　编著

主　编／刘文强

副主编／何　颖　曹　方

人民出版社

责任编辑：邵永忠　刘志江

封面设计：黄桂月

责任校对：吕　飞

图书在版编目（CIP）数据

2016-2017 年中国工业技术创新发展蓝皮书／中国电子信息产业发展研究院
编著；刘文强 主编 . —北京：人民出版社，2017.8

ISBN 978-7-01-018029-8

Ⅰ.①2… Ⅱ.①中… ②刘… Ⅲ.①工业技术—技术革新—白皮书—中国—
2016-2017 Ⅳ.①F424.3

中国版本图书馆 CIP 数据核字（2017）第 193964 号

2016-2017 年中国工业技术创新发展蓝皮书

2016-2017 NIAN ZHONGGUO GONGYE JISHU CHUANGXIN FAZHAN LANPISHU

中国电子信息产业发展研究院 编著

刘文强 主编

人 民 出 版 社 出版发行

（100706　北京市东城区隆福寺街 99 号）

三河市钰丰印装有限公司印刷　新华书店经销

2017 年 8 月第 1 版　2017 年 8 月北京第 1 次印刷

开本：710 毫米×1000 毫米 1/16　印张：16.5

字数：270 千字

ISBN 978-7-01-018029-8　定价：85.00 元

邮购地址　100706　北京市东城区隆福寺街 99 号

人民东方图书销售中心　电话（010）65250042　65289539

前　言

从全球范围看，随着新一轮工业技术革命孕育兴起，主要发达国家和地区纷纷意识到"制造业回归"和"创新驱动"的重要性，将创新提升到国家发展的战略核心地位，把创新作为刺激经济增长和提升国家竞争力的关键手段，加快创新战略部署，落实制造业创新计划，进一步提升制造业创新能力和竞争水平，试图在新工业革命中抢夺制高点。

当前，我国工业技术创新处于关键窗口期，必须加快落实《国家创新驱动发展战略纲要》，建设和完善产业技术创新体系。一是围绕《中国制造2025》十大重点领域和传统产业转型升级的重大需求，加强原始创新，组织实施重大科技项目和工程，壮大创新主体，优化区域创新布局和深化军民融合，加快建设企业为主体、政产学研用相结合的产业技术创新体系，全面推动制造业转型升级。二是通过加大落实《促进科技成果转化法》和《促进科技成果转移转化行动方案》，建设科技成果中试与产业化载体，探索多元化资金投入模式，建设科技成果转移转化人才队伍，深入开展产学研协同，促进科技成果转移转化。

同时，我们看到：长期以来，我国制造业创新体系中存在着企业的创新主体作用发挥不够，科技与经济结合不紧密，产业协同创新不足，科技成果转化率较低等问题。据有关统计显示，我国科技成果转化率不足10%，真正实现产业化的不到5%，与发达国家高达40%－50%的科技成果转化率相比差距很大。此外，我国产业共性技术的供给不足，在我国大院大所改革后，部分原来承担行业共性技术研究的科研院所被推向了市场，更多的资金、人力和管理从共性技术领域被抽离出来，投入到应用技术和商业化领域，技术到产业之间的创新链出现了断层，基础材料、基础零部件、基础工艺和产业技术基础薄弱成为严重制约我国产业发展的瓶颈。创新载体对产业创新发展的支撑作用有限，各类创新载体处在"技术产生—扩散—首次商业化—产业

1

化"链条上的不同位置，难以形成创新合力，导致一些重点领域迟迟无法实现整体突破发展。

2016年，是我国"十三五"规划的开局之年，在国际竞争加剧和国内工业经济放缓的背景下，工业技术创新成为我国转变产业发展方式、实现工业转型升级的重要支撑。党的十八大以来，我国全面实施创新驱动发展战略，在2016年召开的全国科技创新大会上，习近平总书记强调要在新的历史起点上，把科技创新摆在更加重要位置，全面吹响了我国建设世界科技强国的号角。国内工业技术创新体系、创新环境、创新生态不断优化，以创新为主要引领和支撑的经济体系和发展模式逐步形成。2016年，我国工业技术创新领域亮点纷呈，创新基础和能力得到明显提升，工业技术创新逐步成为稳增长、促改革、调结构、惠民生、打造经济发展新动能的重要引擎。

2017年，我国工业技术创新体系、创新环境、创新生态将不断优化，创新将成为国家命运所系和世界大势所趋、将成为引领发展的第一动力。从体制机制来看，全国将大力促进科技成果转化和重点规范高新技术企业认定等工作，各地也将积极推出相应政策和法规；从制造业创新举措来看，聚焦重点领域和方向，重点探索不同类型区域推进制造业转型升级的模式和路径，推进国家和省级制造业创新中心建设；从工业技术知识产权和标准发展形势来看，知识产权保护体系面临新冲击，互联网经济下的新业态新模式亟需保驾护航，知识产权支撑作用亟需增强，我国工业软件业知识产权储备、布局、海外纠纷防范应对等能力亟需提升；从质量品牌发展形势来看，在日益激励的国际竞争中，质量品牌的重要作用将日益凸显，质量品牌的政策将进一步得到落实，"品种、品质、品牌"的"三品"战略将继续在智能制造装备、消费品等制造业领域开展。

在中国制造向中国创造转变，中国速度向中国质量转变，中国产品向中国品牌转变的过程中，本书客观翔实地反映中国工业技术创新的最新动向、特点与趋势，希冀通过本书，读者可以从不同角度领略中国工业技术创新的魅力和风采。

目　　录

综 合 篇

行 业 篇

地 方 篇

政　策　篇

综合篇

第一章 2016 年世界工业技术创新发展状况

第一节 世界工业技术创新情况

一、新一轮工业技术革命下各国抢抓科技创新高点

新一轮工业技术革命下，各国加快布局云计算、大数据、通信技术、新能源、新材料、生物技术等领域，在无人驾驶、石墨烯、虚拟现实、量子通信等细分方向取得诸多突破性进展。工业技术创新对各国经济结构调整和可持续发展的贡献日益凸显，以美国、英国、日本、中国等为代表的更多的国家把创新确定为核心发展战略。美国继续实施重大科技战略计划，新建了先进功能纤维、化工过程强化、生物医药、机器人制造、减少排放和组织生物制造等 6 个制造业创新中心；英国"脱欧"公投后，英政府面对世界质疑采取了多方面行动，11 月宣布，国家生产力投资基金（NPIF）将斥巨资加强机器人、人工智能、生物科技、卫星、先进材料制造等领域创新投入；法国同样重视科技创新工作，陆续出台了数字经济、工业科技等发展战略；德国重视工业技术创新，强调数字化在工业中的关键作用；俄罗斯科技创新行动频繁，相继提交了《俄 2035 年前科技发展战略》草案和批准了《俄罗斯联邦科学技术发展战略》；日本出台了科学技术《第五期基本计划》《科学技术创新综合战略 2016》等政策，重视科技发展的"先见性和战略性"。

2016 年，美国继续推进 2015 年提出的人脑计划等 9 大重大科技战略计划，在制造业创新中心建设、互联网普及、微生物认知等方面新推出了几大重要科技计划，以稳固头号科技强国位置。3 月，推出"全民联网"的宽带

网普及计划；5 月，实施"国家微生物组计划"；7 月，释放 10.85 吉赫兹（GHz）网络资源支持 5G 事业；9 月，出台《联邦自动驾驶汽车政策指南》；10 月，发布关于抗癌"登月计划"和推出关于人工智能的正式报告及配套文件。总体来看，过去一年美国科技已经呈现出全面并喷式的发展。

英国"脱欧"事件让英国在很长一段时间成为世界的焦点，英政府试图通过加大科技创新能力建设，获取各国对英的认可。11 月，英政府加大"国家生产力投资基金（NPIF）"的规模，聚焦在科技创新和基础设施建设领域，计划 5 年斥资 230 亿英镑，重现英国科技创新活力。其中 47 亿英镑将投入机器人、生物技术、卫星、新材料等制造业领域，10 亿英镑将投入 5G 基础设施建设等信息技术领域，3.9 亿英镑将投入无人驾驶、新能源汽车等交通技术领域，4.5 亿英镑将投入到铁路数字信号技术升级。

2016 年 5 月，法国政府论证了 2013 年发布的"新工业法国"战略，提出未来一段时间法国将优化产业布局和加大资金投入。在 2015 年 5 月启动的"未来工业"战略提出的 9 个重点领域基础上，法国将聚焦于 3D 打印和物联网技术，利用创新驱动战略，引领工业转型升级，有序推进数字技术等 34 个具体产业发展。此外，法政府利用英国"脱欧"契机，通过新人才政策，大力吸引英国科技企业在法新建分支机构。

德国继续强化中小企业创新能力建设，试图涌现更多冠上"德国制造"标签的隐形冠军企业。2016 年，德国出台"中小企业先行"10 大行动，出台《数字化战略 2025》，计划投入 1000 亿欧元建设千兆光纤网络和布局 5G 通信网络。

俄罗斯加大科技创新力度，出台了一系列科技创新战略文件。2016 年 3 月，俄政府确定 27 个科技领域的聚焦重点；10 月，完成《俄 2035 年前科技发展战略》草案。此外第 642 号总统令批准《俄罗斯联邦科学技术发展战略》等。

以色列新成立了国家技术创新局。2016 年，以色列撤销过去的经济部首席科学家办公室和产业研发中心，新成立了国家技术创新局，负责制定和落实科技创新政策。

二、各发达国家基础研究创新成绩显著

2016 年，美、欧、中、日、韩等国家加大基础研究科技创新力度，在量子科学、超导材料、引力波、人类基因等领域取得突出进展。正如习近平同志在"科技三会"所说，在当今形势下，"物质结构、宇宙演化、生命起源、意识本质等一些重大科学问题的原创性突破正在开辟新前沿新方向，一些重大颠覆性技术创新正在创造新产业新业态，信息技术、生物技术、制造技术、新材料技术、新能源技术广泛渗透到几乎所有领域"。①

2016 年，美国引力波探测取得里程碑式成果，多个"首次"天文和细微物质发现令人兴奋，量子、超导等领域研究有建树。美国首次探测到引力波；首次探测到恒星爆炸激波；首次直接观察到地磁重连；首次在太阳系内发现无尾彗星；首次在外太阳系发现手性分子；首次观测到黑洞冷吸积现象；首次描绘百亿光年的银河系图谱；首次发现四夸克粒子；首次在 α－氯化钌中发现量子自旋液体；首次发现运动粒子的远距离交互；首次揭示水存在量子隧穿状态；首次观测到蝴蝶型里德堡分子；首次突破千倍的量子叠加时长；首次实现光子形式量子通信；首次提出电子对密度论。

2016 年，德国在受控核聚变、超高能中微子、天文观测等领域有所进展。受控核聚变方面，德国首次制造出氢等离子体，首次在银河系外找到超高能中微子；首次绘制出"跨越整个天际"的完整银河系氢气地图。

2016 年，日本在锂离子电池、中微子和自旋液体方面取得突破。日本首次开发出两倍容量的开孔石墨烯分子（CNAP）电极；首次发现在中微子中很可能存在"夸克"对称性破缺现象；首次解开了铱钛氧化物电子"轨道形状"呈有序的罕见固体之谜。

2016 年，以色列在人工智能和机器学习、基因工程、无人驾驶等方面取得多项进展。以色列首次发现了自闭症基因的差异和自闭症治疗应用；首次利用基因调节和化学疗法相结合用于原发肿瘤治疗；首次开发纳米天线无人驾驶汽车传感器。

① 习近平：《为建设世界科技强国而奋斗——在全国科技创新大会、两院院士大会、中国科协第九次全国代表大会上的讲话》，2016 年 5 月 30 日。

三、2016 年全球创新指数

（一）欧洲国家仍然引领全球创新指数

2016 年，全球创新指数欧洲国家仍然位于引领地位。在前 10 名的国家中，8 个来自欧洲，前 25 名的国家中 15 个来自欧洲。前 25 名的国家中，东南亚、东亚和大洋洲的国家有 7 个，北美洲国家有 2 个，北非西亚国家只有 1 个。2016 年，瑞士连续 6 年位列榜首，英国由第 2 名下滑至第 3 名，中国从 29 名提升到 25 名，位于东南亚、东亚和大洋洲第 7。北美洲仅有美国和加拿大进入前 25 名，分别为第 5、15 名，均比 2015 年上升一位。北非西亚仍然只有以色列进入前 25 名，位列 21，同比提升了一位。

2016 年，中国加入了前 25 名俱乐部。这一变化不仅是由于中国的创新表现，也有统计方法方面的因素，比如中国在新增的四项指标中表现尤为出色。举个例子，在全球研发投入最多的一批公司中，中国的研发密集型公司数量尤为显著。中国今年的创新排名也显示，它在"商业成熟度"与"知识和技术产出"这两个支柱获得高分，高于它现在所属的前 11—25 名这一群体的平均得分。它在本国人专利申请量、本国人实用新型申请量、高新技术出口和创意产品出口等指标以及全球研发公司、国内市场规模、企业研究人才和本国人工业品外观设计申请量这些新指标上的得分都很靠前，所有这些因素使得中国跻身前列。

表 1-1　2016 年全球创新指数前 25 名

经济体	得分	排名	收入	排名	地区	排名	效率比	排名
瑞士	66.28	1	高	1	欧洲	1	0.94	5
瑞典	63.57	2	高	2	欧洲	2	0.86	10
英国	61.93	3	高	3	欧洲	3	0.83	14
美国	61.4	4	高	4	北美	1	0.79	25
芬兰	59.9	5	高	5	欧洲	4	0.75	32
新加坡	59.16	6	高	6	东南亚、东亚和大洋洲	1	0.62	78
爱尔兰	59.03	7	高	7	欧洲	5	0.89	8
丹麦	58.45	8	高	8	欧洲	6	0.74	34
荷兰	58.29	9	高	9	欧洲	7	0.82	20

经济体	得分	排名	收入	排名	地区	排名	效率比	排名
德国	57.94	10	高	10	欧洲	8	0.87	9
韩国	57.15	11	高	11	东南亚、东亚和大洋洲	2	0.8	24
卢森堡	57.11	12	高	12	欧洲	9	1.02	1
冰岛	55.99	13	高	13	欧洲	10	0.98	3
中国香港	55.69	14	高	14	东南亚、东亚和大洋洲	3	0.61	83
加拿大	54.71	15	高	15	北美	2	0.67	57
日本	54.52	16	高	16	东南亚、东亚和大洋洲	4	0.65	65
新西兰	54.23	17	高	17	东南亚、东亚和大洋洲	5	0.73	40
法国	54.04	18	高	18	欧洲	11	0.73	44
澳大利亚	53.07	19	高	19	东南亚、东亚和大洋洲	6	0.64	73
奥地利	52.65	20	高	20	欧洲	12	0.73	43
以色列	52.28	21	高	21	北非西亚	1	0.81	23
挪威	52.01	22	高	22	欧洲	13	0.68	55
比利时	51.97	23	高	23	欧洲	14	0.78	27
爱沙尼亚	51.73	24	高	24	欧洲	15	0.91	6
中国	50.57	25	中高	1	东南亚、东亚和大洋洲	7	0.9	7

资料来源：世界知识产权组织、美国康奈尔大学等，2016 年 8 月。

全球创新指数对各国创新要素进行评估，计算出全球创新指数总得分、投入和产出分指数和创新效率比 4 个指数。全球创新指数共包括 82 个指标，采用了 128 个国家/经济体作为样本，这些国家/经济体占世界人口的 92.8%，占世界 GDP（按当前美元计）的 97.9%。全球创新指数的 4 个分指数为：第一，全球创新指数总得分，是投入和产出次级指数的简单平均数；第二，创新投入次级指数，由五个投入支柱构成，它们反映了国家/地区经济中促成创新活动的因素：（1）制度，（2）人力资本和研究，（3）基础设施，（4）市场成熟度，和（5）商业成熟度；第三，创新产出次级指数，指有关创新活动在经济中所产生产出的信息，包括（6）知识和技术产出和（7）创意产出；第四，创新效率比，指产出次级指数得分与投入次级指数得分之比，它表明了某一国家/地区的投入所获得的创新产出。

（二）创新日益全球化，但差距依然存在

研究与开发和创新上的投资对于经济增长至关重要。无论是创新的长期支持者——通常是那些反复进入全球创新指数前 25 位的国家/地区，还是如中国、韩国和新加坡等在创新领域取得了持续快速进展的国家/地区，它们都有一个共同的模式，即通过提供稳定的研发支出，保持创新处于关键的优先地位。

创新界所面临的问题是，如何更为系统地将研发扩展至其他中低收入经济体，避免过于依赖有限几个国家带动全球研发的增长。即便是包括中国在内的主要新兴国家也只是将其研究预算的一部分用于基础研发；它们更侧重于应用型研发和发展。

研究和创新出现了多极化分布。大部分活动仍然集中在高收入经济体和巴西、中国、印度和南非等部分中等收入经济体。只有中国缩小了与美国等富裕国家在研发支出或其他创新投入和产出指标方面的差距。其他中等收入经济体仍然相差甚远；马来西亚今年的排名进一步下滑。中高收入经济体组别与中等收入经济体组别之间存在很大差距，特别是在制度、人力资本和研究、基础设施以及创意产出支柱方面的差距。

第二节 世界工业质量品牌情况

一、工业品牌已经成为一种被垄断的高度稀缺资源

知名品牌商品竞争力强劲，代表着高市场占有率、高价位和高利润，它反过来能够促进所属公司积累雄厚资金、先进管理方法和一流技术，品牌作为一种无形资产，除了是企业的生命线外，还在一定程度上体现了国家竞争力和国际地位。据经济合作与发展组织统计，知名品牌占据全球商标总量仅

仅 3% 的比重，但却分配了全球市场份额的 40% 和销售额的 50%。[①]

二、2016 年全球品牌排名榜单分析

《2016 年 BrandZ 全球最具价值品牌百强榜》[②] 公布全球 100 个最具价值品牌，这些品牌的价值远高于全球其他品牌，总价值达到 3.4 万亿美元，比上年上升 3%，其中，谷歌品牌价值达到 2291.98 亿美元，超越苹果排名百强第一。谷歌、苹果、微软、AT&T、Facebook、Visa、Amazon、Verizon、麦当劳和 IBM 位列百强榜前十。

表 1 - 2 2016 年 BrandZ 全球最具价值品牌百强排行榜全榜单

排名	品牌	行业	品牌价值（百万美元）	价值变动
1	谷歌	科技	229198	0.32
2	苹果	科技	228460	−0.08
3	微软	科技	121824	0.05
4	AT&T	电信服务	107387	0.2
5	脸谱网	科技	102551	0.44
6	维萨卡	支付	100800	0.1
7	亚马逊	零售	98988	0.59
8	威瑞森	电信服务	93220	0.08
9	麦当劳	餐饮	88654	0.09
10	IBM	科技	86206	−0.08
11	腾讯	科技	84945	0.11
12	万宝路	香烟	84143	0.05
13	可口可乐	饮料	80314	−0.04
14	富国银行	银行	58540	−0.01
15	中国移动	电信服务	55923	−0.07
16	通用电气	混合联合企业	54093	−0.09
17	优比速	物流	49816	−0.04

---

① 《"中国制造"走"品牌强国"道路》，2016 年 6 月 12 日，见 http：//world. huanqiu. com/hot/2016 - 06/9027836. html。

② 此榜单由 WPP 集团旗下调研机构华通明略（Millward Brown）编制，品牌价值是根据收入和盈利能力等财务数据，结合消费者品牌认知调查计算的。

排名	品牌	行业	品牌价值（百万美元）	价值变动
18	阿里巴巴	零售	49298	−0.26
19	迪士尼	游戏娱乐	49229	0.15
20	万事达卡	支付	46141	0.15
21	星巴克	餐饮	43565	0.49
22	思爱普	科技	39023	0.02
23	德国电信	电信服务	37733	0.12
24	耐克	服装	37472	0.26
25	沃达丰	电信服务	36750	−0.04
26	家得宝	零售	36440	0.32
27	工商银行	银行	33637	−0.13
28	丰田	汽车	29501	0.02
29	百度	科技	29030	−0.27
30	路易威登	奢侈品	28508	0.04
31	百威	啤酒	27925	0.05
32	沃尔玛	零售	27275	−0.23
33	宝马	汽车	26837	0.02
34	运通	支付	26641	−0.3
35	飒拉	服装	25221	0.14
36	欧莱雅	个人护理	23524	0.01
37	帮宝适	婴儿用品	22911	−0.04
38	埃森哲	科技	22813	0.13
39	奔驰	汽车	22708	0.04
40	Movistar	电信运营商	21945	0.03
41	赛百味	餐饮	21567	−0.04
42	惠普	科技	21387	−0.07
43	汇丰	银行	20276	−0.16
44	爱马仕	奢侈品	19821	0.05
45	加拿大皇家银行	银行	19635	−0.18
46	中国建设银行	银行	19617	−0.11
47	NTT	电信服务	19552	N/A
48	三星	科技	19490	−0.1

续表

排名	品牌	行业	品牌价值（百万美元）	价值变动
49	甲骨文	科技	19489	−0.1
50	华为	科技	18652	0.22
51	英特尔	科技	18632	0.01
52	英国电信	电信服务	18575	0.03
53	欧润哲	电信服务	18465	0.06
54	高露洁	个人护理	18319	0.02
55	宜家	零售	18082	0.06
56	花旗	银行	17055	−0.02
57	中国平安	保险	16910	0.06
58	美孚	石油与天然气	16838	−0.18
59	中国人寿保险	保险	16712	−0.04
60	通达牌	银行	16543	−0.2
61	吉列	个人护理	16400	−0.17
62	农业银行	银行	16331	−0.19
63	联邦	物流	16236	−0.17
64	澳大利亚联邦银行	银行	16227	−0.21
65	贝宝	支付	15910	0.35
66	壳牌	石油与天然气	14940	−0.21
67	思科	科技	14508	−0.1
68	好市多	零售	14461	0.29
69	HDFC	银行	14440	0.03
70	US Bank	银行	14098	−0.05
71	中国银行	银行	13803	−0.16
72	中国石化	石油与天然气	13206	−0.24
73	DHL	物流	13199	−0.19
74	本田	汽车	13195	−0.01
75	福特	汽车	13084	0
76	劳氏	零售	13001	0.21
77	澳新银行	银行	12883	−0.27
78	澳大利亚电信	电信服务	12825	0.01
79	H&M	服装	12665	−0.08

续表

排名	品牌	行业	品牌价值（百万美元）	价值变动
80	古驰	奢侈品	12592	−0.09
81	西门子	混合联合企业	12485	−0.19
82	肯德基	餐饮	12386	−0.02
83	中国石油	石油与天然气	12341	−0.18
84	Chase	银行	12330	0.06
85	领英	科技	12314	0.01
86	百事可乐	饮料	12188	−0.07
87	阿尔迪	零售	12077	0.04
88	CVS	零售	12074	0.17
89	摩根大通	银行	11943	−0.12
90	红牛	饮料	11667	0.03
91	Ebay	零售	11509	−0.19
92	日产	汽车	11479	0.01
93	茅台	酒类	11465	NEW
94	软银集团	电信服务	11343	0.02
95	美国银行	银行	11289	0
96	碧辟	石油与天然气	10552	−0.18
97	喜力	啤酒	10549	0.09
98	友邦保险	保险	10545	0.1
99	京东	零售	10496	0.37
100	Adobe	科技	10440	0.41

资料来源：WPP 旗下华通明略（Millward Brown），2016 年 6 月。

以下是 2016 年 BrandZ 全球最具价值品牌百强榜出现的一些趋势：

（一）部分知名品牌价值飙升

2016 年，亚马逊、星巴克和 Facebook 的品牌价值有显著提升。尤其是排名第 7 的亚马逊，品牌价值高达 990 亿美元，经历了 59% 的增长，究其原因，一是亚马逊实现了从过去满足需求到创造需求的能力提升，二是拓展业务范畴，进入物流领域，推出的一小时送货服务竞争力显著，对联合包裹、联邦快递和 DHL 等其他快递服务商构成压力和威胁。星巴克排名第 21 位，实现了49% 的品牌价值增长，其休闲定位得到进一步巩固，经营范围不再仅仅局限于咖啡，还包括餐点和酒水供应。Facebook 实现了 44% 的品牌价值增长，主要得益于平安信使等新功能的开发，由此，Facebook 作为全球联络媒介的重要性得到进一步巩固，成功吸引了广告商增加投资。

（二）不同行业品牌势力起伏较大

零售品牌竞争激烈，亚马逊、阿里巴巴、京东和宜家等均进入百强榜。值得注意的是，前两名均是电商巨头，尤其是亚马逊 2016 年取代中国的阿里巴巴，品牌价值升至零售行业品牌价值榜首。而零售电商巨头阿里巴巴品牌价值较上年下降，排名第 18，总价值 493 亿美元，降幅为 26%。同时，中国另一网络零售巨头京东首次入榜，排名第 99 位，总价值 105 亿美元，较上年增值 37%。另外，美国两家零售公司，劳氏和药品零售商 CVS，也是 2016 年首次上榜，分别排名第 76 和第 88。

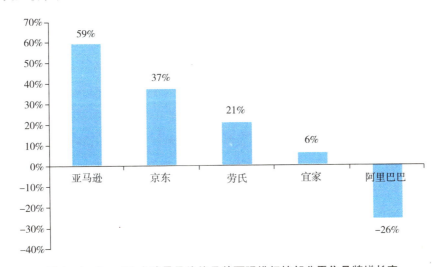

图 1 - 1　BrandZ 全球最具价值品牌百强排行榜部分零售品牌增长率

资料来源：赛迪智库整理，2017 年 2 月。

服装是品牌价值增长最快的行业，品牌价值增长共计 1140 美元，比上年增长了 14%。上榜品牌包括耐克、Zara 和 H&M，排名分别是第 24 名、第 35 名和第 79 名，著名奢侈品牌 Gucci 以第 80 名排名其后，尤其是耐克和 Zara，涨幅较大，这说明消费者更加关注运动和健康，也与 Zara 时尚策略在中国的成功有关。

科技、电信企业与一些快餐集团的品牌价值都有一定增长，值得注意的是，快餐品牌增长较快。在入榜的麦当劳、星巴克和肯德基等品牌中，星巴克的品牌价值增长引人注目，麦当劳作为老牌连锁快餐巨头，排名第 9 位，品牌价值达到了 886.54 亿美元，较上年增长了 9%。

饮品行业品牌价值出现较大差异。首先，尽管受到小众、手工和精酿啤酒的巨大挑战，但传统品酒品牌表现比较平稳，入榜的百威啤酒、百威淡啤和喜力啤酒三大品牌，品牌价值都有小幅提升，特别是荷兰品牌喜力新晋入榜。而碳酸饮料品牌价值受到一定冲击，消费者对健康的追求与日俱增，挑战了碳酸饮料销售，从而导致品牌价值有所下降。可口可乐在 2016 年排名第 13 名，较上年下降 5 位，跌出前 10，品牌价值 803 亿美元，较上年下跌 4%，它的主要竞争对手百事可乐，排名第 86 位，下跌 7 名，品牌价值 122 亿美元，较上年下跌 7%。相反，功能饮料品牌价值有所上升，代表是红牛，排名第 90 位，上升 4 名，品牌价值 117 亿美元，较上年增加了 3%。

个人护理品牌表现稳健。入榜的品牌包括欧莱雅、高露洁和吉列，欧莱雅隶属法国欧莱雅集团旗下，牙膏品牌高露洁隶属于高露洁棕榄有限公司（Colgate－Palmolive）旗下，理容品牌吉列隶属于保洁公司旗下，三大品牌排名分别是第 36 位、第 54 位和第 61 位。

部分行业表现不佳。受到国际贸易形势影响，大宗商品价格徘徊在低位，油气公司销售业绩不佳，拉低了品牌价值，成为排行榜降幅最大的品牌，同样，传统的银行也受到 PayPal、支付宝等网络支付系统的巨大冲击，也出现了品牌价值的显著下滑。同时，某些行业只有一家品牌上榜，分别是万宝路、帮宝适以及茅台，万宝路隶属于巨头 Philip Morris 烟草公司旗下，帮宝适隶属于保洁公司旗下，"国酒"茅台有中国白酒第一品牌之称，它们的排名分别是第 12 位、第 37 位和第 93 位。

（三）美国仍是最具品牌价值的国家

2016 年，美国仍然是世界品牌价值大国，入榜前 10 强的品牌价值达到 1.3 万亿美元，较上年实现了 10% 的增长。相比之下，英国 10 强品牌以沃达丰为代表，品牌价值遭遇了 8% 的缩水，欧洲 10 强品牌价值以德国 SAP 为代表，实现了 5% 的小幅增长。以中国的腾讯、中国移动和阿里巴巴为代表的亚洲 10 强品牌，则达到了 3600 亿美元的品牌价值，品牌价值与欧洲和英国 10

强相比仅有 10% 的差距。

三、世界主要发达国家工业企业品牌发展情况

(一)德国

作为老牌制造业强国,德国拥有 2300 多个世界名牌,包括汽车、家电、家具、服饰和生活等几十个行业。德国品牌享有盛誉得益于过去 20 年的不断努力和积累,主要集中表现在如下两个方面:

第一,营建公平竞争的市场环境。德国政府在尊重自由市场基础上,适当介入营造企业发展的良好环境。在保障自由竞争方面,主要颁布了《反限制竞争法》和《反不正当竞争法》,旨在禁止垄断,解除自由竞争限制,创造自由公正的竞争环境。为了保障以上两条法律顺利实施,德国还建立了两类监察机构,一是包括国家反垄断委员会、联邦经济部以及自上而下的卡特尔局体系的反垄断机构,主要负责监督企业兼并、出口垄断和价格监管。二是监察机构,针对司法、中介和特殊行业等,具体包括经济法庭、联邦金融监察局等,以保护消费者权益为主要职责。

第二,极力推动企业创新。一是德国投入巨额资金支持创新项目运作,政府每年投入约占全部财政费用 51% 的扶持资金,这些公共财政资金交给第三方执行公司统筹而非直接给到企业。二是推出法律法规保障科技创新,在《基本法》《反不正当竞争法》和《对外经济法》中保障了科研机构、企业和国外资本在国内的管理自由、技术安全及投资待遇等。三是在创新体系中合理配置高校等在内的科研机构,让这些创新机构与政府、企业紧密联系,形成行之有效的科技转化应用的创新链条。

(二)日本

日本在工业质量品牌的保护上有较缜密的战略部署,在控制本国产品质量的同时,也有意在出口产品上把关,营造日本产品在世界上的良好口碑。

第一,树立严格的质量标准,获取世界范围内的质量认可。日本二战后制定了"G 商标选定事业"制度(简称 G–Mark),获得 G–Mark 标志的产品经历了严苛的评选,代表着优秀的设计和过硬的品质。当今,G–Mark 评选设计已经与德国的 IF,德国的 Red Dot 以及美国的 IDEA 并驾齐驱,成为世

界范围内认可的四大设计奖项，有利于日本产品的出口和世界范围品牌的推广。

第二，保护商标设计，把关商品质量，提升出口品质。自20世纪50年代开始，日本就非常重视出口商品的设计和商标设计，为了防止国产品牌间的相互抄袭，维护出口秩序，政府制定了设计和商标方面的法律，把产品设计和商标上升为财产权进行保护。同时，政府还出台《出口检查法》，这项法律规定194种特定商品必须接受政府对商品包装和品质检测，对于确保出口品质，提升日本商品的国际竞争力有明显作用。

（三）美国

美国的品牌理念推动了技术创新、质量和服务提升，并已经成为深入人心的品牌文化。

第一，建立高度的知识产权保护体制。从1789年宪法开始，先后颁布《商标法》《专利法》《反不正当竞争法》和《软件专利》等一系列法律，构建了全面的知识产权保护体系，尤其是《贝多尔法案》，对品牌保护意义重大，它明确规定政府投入的知识产权可以合法授权，包括以企业为主的私人部门，由此建立起的产学研创新体系，可以迅速将研究成果商业化并迅速转化为品牌。

第二，制定政策鼓励品牌获取全球竞争优势。美国制定《国家出口战略》，同时出台多项辅助性财税政策，包括创新所得税减免政策、创新企业就业补贴以及贷款帮助等，推动专利、商标许可等无形资产交易量飙升，以此带动这些品牌在世界范围内树立竞争优势。

第三节　世界工业知识产权和标准情况

一、世界各国加快利用知识产权护航制造业竞争水平

从全球范围来看，世界经济面临上行阻力和处于下行趋势之中，新工业革命孕育兴起，主要发达国家意识到"制造业回归"和"创新驱动"的重要

性，纷纷加快创新战略部署，落实制造业创新计划，同时高度重视制造业创新计划中知识产权能力建设，将其与打造国家制造业创新计划同步推进，进一步提升制造业创新能力和竞争水平，试图在新工业革命中抢夺制高点，其知识产权工作推进力度空前，举措务实，值得借鉴。

美国作为世界头号制造强国，超强知识产权能力一直是其制造业的优势。为进一步巩固和扩大这一优势，2015 年，美国国家先进制造办公室成立了由 8 部门 21 人组成的知识产权工作小组，率先在全球发布和实施《国家制造业创新网络知识产权指引》（以下简称《指引》），指导、推动制造业创新中心加强知识产权能力建设，主导和引领未来全球制造业竞争。美国《指引》制定了广泛吸取公众意见、政府意见、增材制造创新中心实践经验及制造业联盟知识产权规章，从知识产权概念界定、背景知识产权制度创设、知识产权处置机制建立、知识产权治理体系构建、中小企业扶持等方面，全面创新规则，致力于降低企业知识产权谈判交易成本，以知识产权能力建设促进创新中心目标实现。云计算、互联网、大数据的广泛应用，催生了制造业领域的一系列新型创新成果，如各类数据、计算过程等。为适时保护这些新型创新成果，美国《指引》和创新中心会员协议界定知识产权概念时，积极扩展传统知识产权边界，明显超出了 WTO 的《与贸易有关的知识产权协议》（TRIPS 协议）范围。面对创新"死亡之谷"，美国《指引》以合理处置知识产权为抓手，通过创建背景知识产权制度（BIP）与使用机制、合理处置创新中心项目知识产权、鼓励非创新中心资助项目的知识产权对外开放转让等手段，为创新中心成果转移、转化和产业化添薪加油、畅通渠道。在扶持中小企业方面，通过支持中小企业参与创新中心建设、扶持中小企业知识产权能力建设等手段，激发中小企业创新活力。

英国自 2010 年开始建设"弹射中心"，通过聚集整合已有创新资源，匹配健全知识产权制度，促进科技成果向产业转移转化，至今已建成了 11 家。在"弹射中心"的知识产权制度中，对中心和参与方的知识产权（包含背景知识产权）要求进行详细的备份记录和保护，在知识产权边界方面，界定具有商业价值的信息均属于保护范围等，有力维护"弹射中心"知识产权成果。2017 年，英国将以"弹射中心"为载体，吸引不同规模的企业进行跨领域的合作，同时促进企业与高校和科研院所合作，初步形成英国新的技术创新框架体系。德国创新体系建设过程中，为护航"工业4.0"战略的实施，除现有知识产权制度包含的专利、商标、商业秘密等内容外，还面向网络数据、网络安全信息等制定保护措施。

二、跨国企业知识产权布局竞争激烈，争端频发

近年来，企业知识产权竞争激烈，从知识产权国际化申请布局、侵权诉讼、交易合并等方面呈现递增趋势。近期美国IFI Claims发布的2016年度美国专利授权统计报告显示，授权量全球TOP50中，中国大陆仅有华为、BOE（京东方）入围，分别位列第25位和第40位。华为知识产权实力雄厚，BOE（京东方）在汤森路透发布的《2016全球创新报告》中，被评为全球半导体领域第二大科技创新公司。

TOP50企业国家分布中，美国、日本最多，各占据18家，韩国5家，德国、中国大陆、中国台湾各2家，瑞典、加拿大、芬兰各1家。从跨国企业在美国的专利布局来说，除了美国本国企业专利授权最多以外，日本占据了最大份额，充分说明日本企业高度重视在美国市场的专利布局，这正与日本企业多年来高度重视海外市场，积极开展全球布局相符。同时韩国以三星为代表的数家跨国大企业实力不容小觑，多年来稳居美国专利授权前列。

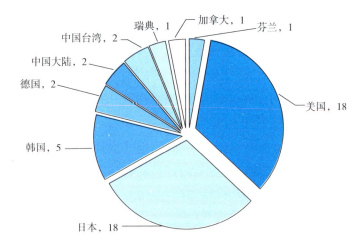

图1-2 2016年度美国专利授权TOP50企业国家分布

资料来源：IFI Claims，2017年1月。

在 2016 年度美国专利授权前 10 位企业中，前 5 名企业与 2015 年相同，IBM 连续多年高居榜首，2016 年 8088 件的授权数量远高于排名第二的三星电子以及其他企业，且 2016 年同比增加 9.97％，仍保持高速增长态势。整体来说，前十名企业基本稳定，多数保持增长态势，英特尔、微软、台积电等部分企业呈高速增长态势。中国大陆华为、BOE（京东方）两家企业授权量分别同比增长 50.25％和 205.26％，表现强劲。

表 1-3　2016 年度美国专利授权前 10 位企业数据

公司名称	2016 年授权（件）	2015 年授权（件）	同比增长（％）	2015 年排名	2016 年年排名
IBM	8088	7355	9.97	1	1
三星电子	5518	5072	8.79	2	2
佳能	3665	4134	−11.34	3	3
高通	2897	2900	−0.10	4	4
谷歌	2835	2835	0.00	5	5
英特尔	2784	2048	35.94	9	6
LG	2428	2242	8.30	8	7
微软	2398	1956	22.60	10	8
台积电	2288	1774	28.97	13	9
索尼	2181	2455	−11.16	7	10

资料来源：IFI Claims，2017 年 1 月。

在国际知识产权侵权诉讼、并购许可等方面，美、欧、中、印等国家和地区争端频发。2016 年 5 月，华为宣布在美国和中国同时对韩国三星提起专利侵权诉讼，随后三星在北京知识产权法院、深圳、西安对华为提起反诉。同时，华为与爱立信、苹果、InterDigital 等签订专利交叉许可、授权许可等协议。高通则在与中国多数手机厂商达成专利授权许可之后，针对未与魅族达成专利许可协议的情况，先后在中、美、欧等国家地区对魅族发起专利侵权诉讼，同时应高通请求，美国国际贸易委员会（ITC）启动对魅族的调查。在专利运营方面，加拿大专利运营公司（非生产实体公司）Wireless Future Technologies Inc 起诉日本索尼移动专利侵权。全球瞩目的苹果三星专利大战，伴随着长时间的诉讼成本逐渐收尾，双方互有胜负。以营销起家的中国小米等企业则继续在全球开展专利收购活动，为自身业务保驾护航。

三、美国制定特朗普时代知识产权执法联合战略计划

2016 年 12 月 12 日，美国白宫知识产权执法协调办公室（IPEC）发布了未来三年（2017—2019）特朗普担任总统期间将要实施的美国知识产权执法联合战略计划（以下简称"战略计划"）。战略计划称，网络性质的假冒和盗版产品因为运输的复杂性会削弱法治，造成远超出单一出货单的健康、安全和经济后果。各国都应将打击非法知识产权产品交易作为首要问题，同时还要制定并实施强有力的国内政策。战略计划主要包含以下四个内容。

（一）深刻认识全球范围内第三方非法盗用和利用知识产权对美国国家利益造成的严重威胁

主要侧重于增强美国及企业团体、民众等对于盗用商业秘密和知识产权侵权会造成经济、社会影响的理解。主要包括了在全球视角下评估商业盗版和商业秘密盗用的经济范围、假冒范围。在新形势下商业假冒伪劣、盗版、盗窃的复杂性，非法利用数字内容的多样性，假冒商品非法贸易计划和商业秘密的定向盗窃活动高发性等。在盗窃和非法利用知识产权对美国国家利益的威胁中，主要破坏了全球公平经济贸易原则，同时假冒伪劣的个人护理产品、消费电子产品、药品、汽车部件等都对消费者健康和安全产生威胁。同时还对环境产生威胁，在对劳动力的使用、国内外安全环境、供应链和关键基础设施的完整性以及以知识产权为基础的犯罪行为与恐怖网络融资犯罪行为的结合都产生多样性的威胁。

（二）协助提升互联网安全：减少在线知识产权侵权和伪造行为

通过将在线造假和知识产权侵权行为降至最低水平来改善互联网的安全状况。主要通过努力加强网络支付流程监管来遏制非法收入，努力加强在线网络广告监管来控制非法收入的流通，加强外资银行业务遏制非法贸易融资，最终采用以资金流向为追踪方法的形式打击在线商业盗版和假冒产品。通过强制执行域名跳转工作促进一个健康的域名系统。通过增加消费者利用合法手段查找内容和产品的能力，减少在线盗版和假冒。主要支持消费者识别提供合法商品或服务的网站，支持通过实践和政策来提高 DMCA（数字千年版权法案）的通知和删除过程，支持开展社会媒体渠道的实施行动和政策，遏

制以知识产权为基础的非法活动，支持开展移动应用程序（手机 APP）领域的实施行动和政策，减少知识产权侵权行为，通过提升消费者知识产权意识对侵权网站经营者进行打击，鼓励和支持内容平台提供合法内容，努力减少具有相似性商业"外观和感受"的迷惑欺诈性网站，遏制假冒伪劣和盗版商品在电子平台的销售机会。同时支持负责任的开源创新社区和商业模式发展，解决网上商业秘密盗窃行为。

（三）保护和促进合法跨境贸易

通过加强识别和阻止假冒盗版商品进入美国市场来保护美国边境贸易，主要开展以下活动：采用"全方位威胁"货物检查方法；打击国内生产组装假冒商品的活动；解决在激增的快递托运和国际邮寄环境下的小包裹产品侵权活动；提升国际邮寄环境中识别侵权目标的能力；在国际贸易中对进口产品的侵权进一步制定范围和应对措施；加强海关记录备案系统和公私合作开展侵权资料的收集；投资防伪打假技术；通过专业工作队伍加强侵权产品拦截；提升罚款、处罚、没收的程序和实践行动；改进提高 ITC（美国国际贸易委员会）排除令的管理；扩大和加强对入境后使用的检查审计工作。在努力遏制世界各地假冒和盗版货物的运动和贸易中，致力于提升世界各地必要的扣押权和最佳实施方法；遏制自由贸易区内的非法活动；支持发展中国家建立现代化备案系统；解决储存和销毁假冒商品日益增长的相关成本；以环保的方式处理侵权货物。

（四）促进有效实施知识产权的框架和政策

加强支持有效知识产权体制的国内战略和全球合作。在促进协调有效的政府知识产权执法框架中，建立美国"全政府"的知识产权执法模式和"专门办公室"的知识产权执法模式。同时加强在其他国家知识产权执法方面的能力建设、对外联络和培训计划。通过贸易政策工具提升美国知识产权的执行能力，支持国内外有效的、可预测专利保护的工具，加强国内专利保护和国内设计保护。通过降低专利审查、促进有效透明和可预测的专利系统，提高专利系统的有效性。同时更广泛地提升大学在创新中的重要作用，支持减少盗窃美国商业秘密的战略。

第二章　2016 年中国工业技术创新发展状况

2016 年是我国"十三五"规划的开局之年，在国际竞争加剧和国内工业经济放缓的背景下，工业技术创新成为我国转变产业发展方式、实现工业转型升级的重要支撑。

党的十八大以来，我国全面实施创新驱动发展战略，在 2016 年召开的全国科技创新大会上，习近平总书记强调要在新的历史起点上，把科技创新摆在更加重要位置。国内工业技术创新体系、创新环境、创新生态不断优化，以创新为主要引领和支撑的经济体系和发展模式逐步形成。2016 年，我国工业技术创新领域亮点纷呈，创新基础和能力得到明显提升，工业技术创新逐步成为稳增长、促改革、调结构、惠民生、打造经济发展新动能的重要引擎。

第一节　中国工业技术创新情况

党的十八大以来，在以习近平同志为核心的党中央领导下，我国工业技术创新工作卓有成效，新一代信息技术、智能制造和机器人等重点领域关键核心技术从量的积累转向质的飞跃，创新资源、要素、载体等组成的创新体系建设从点的突破转向系统化能力的提升，重点产业、重点领域的竞争力从关注单一产品或市场向关注产业综合整体竞争力转变，大众创业、万众创新、政产学研用的创新环境从局部改善转向整体协同。创新对产业转型升级的引领支撑作用不断增强。但是我国工业技术创新取得诸多成绩的同时，仍存在着科技成果转化率较低、创新载体建设分散等问题。

一、全国形成创新驱动发展合力，技术创新引领制造业变革

2016 年，是国家创新驱动发展战略实施最为关键的一年。这一年，《国家

创新驱动发展战略纲要》（中发〔2016〕4 号）正式发布，确定了创新驱动发展战略的顶层设计。在战略目标上分三步走：2020 年进入创新型国家行列、2030 年跻身创新型国家前列、2050 年建成世界科技创新强国。在战略部署上，坚持科技创新和体制机制创新双轮驱动，建设国家创新体系，实现发展方式、发展要素、产业分工、创新能力、资源配置和创新群体等六大转变。在战略任务方面，确定了推动产业技术体系创新等八大任务。在战略保障方面，则提出了改革创新治理体系等六大保障措施，在组织实施方面，则明确了加强领导、分工协作等五项实施要求。2016 年 7 月，国务院出台了《"十三五"国家科技创新规划》（国发〔2016〕43 号），明确了未来 5 年国家科技创新发展的战略目标和重点任务。在发展目标方面，从全面提升自主创新能力、增强科技创新支撑引领作用、提升创新型人才规模质量等五个主要方面明确了 2020 年具体目标值。在总体部署方面，提出了构筑国家先发优势、增强原始创新能力、拓展创新发展空间等六大战略部署。2016 年 5 月召开了"科技三会"，习近平总书记立足于我国新的历史发展起点，面向世界科技前沿热点、全球经济主战场和国家重大需求，在会上提出了建设世界科技强国的总体要求。2016 年 10 月，工信部发布了《产业技术创新能力发展规划（2016—2020 年）》（工信部规〔2016〕344 号），明确了"十三五"时期我国产业提升技术创新能力的发展目标、重点领域的任务和方向。在发展目标方面，主要是提升产业技术创新能力、加强企业技术创新主体地位、增强工业企业运用知识产权能力和标准创新能力。重点任务主要围绕产业创新体系、企业技术创新主体地位、共性关键技术研发、标准化体系完善和区域创新能力展开，重点方向主要涉及高效绿色的原材料工业、高端装备制造业、高附加值的消费品工业和新一代信息技术等。

二、我国工业技术创新要素总量持续增加，企业技术创新的基础更加坚实

依据 2016 年 9 月国家统计局发布的《2016 年中国统计年鉴》数据，2015 年，我国技术创新经费投入持续增加，全国科技经费投入、研究与试验发展（R&D）经费投入力度不断加大。R&D 经费支出 14169.9 亿元，较 2014 年增

长8.9%。从整个"十二五"期间来看，我国研发投入总量从 2011 年的 8687 亿元快速增长至 2015 年的 14169.9 亿元。在我国经济发展进入新常态的情况下，研发投入增速放缓，但增长率仍保持在9%左右。研发投入强度（即研发投入占 GDP 的比重）也从 2011 年的 1.78% 稳步提高到 2015 年的 2.07%。

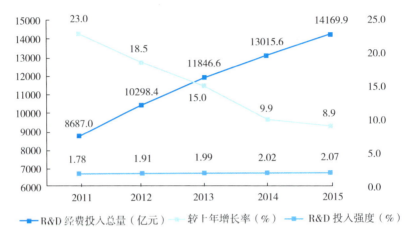

图 2－1　2011—2015 年我国研发投入总量、增长率及研发投入强度情况。

资料来源：2016 年中国统计年鉴。

图 2－2　2011—2015 年我国企业 R&D 经费支出、增长率与占全国研发投入经费比例

资料来源：2016 年中国统计年鉴。

2015 年，企业作为技术创新的主体，研发投入占据全国研发投入的较高比例，R&D 经费支出增长率保持较高水平，研发投入增长态势良好。在党中央国务院对科技创新工作的大力推进下，2016 年先后发布《国家创新驱动发展战略纲要》《国家"十三五"科技创新规划》等文件。

2015 年，企业研发人员规模保持在较高水平。从图 2 - 3 可以看出，2004—2015 年规模以上工业企业研发人员全时当量由 2004 年的 54.2 万人/年提高到了 2015 年的 263.8 万人/年，在全国企业中所占比例达到 70% 左右。

规模以上工业企业R&D人员全时当量（万人/年）　　━━ 占全国的比重（%）

图 2 - 3　规模以上工业企业 R&D 人员全时当量情况

资料来源：2016 年中国统计年鉴。

企业办R&D机构数（个）　　━━ 有R&D活动企业所占比重（%）

图 2 - 4　规模以上工业企业有研发机构企业与有研发活动占比情况

资料来源：2016 年中国统计年鉴。

从工业企业投资建设研发机构的数量和比例来看，呈现快速增长趋势。图 2 - 4 显示，2004—2015 年规模以上工业企业建立的研发机构数量大幅增长，规模以上工业企业开展研发活动的企业比例由 2004 年的 6.2% 提高到了 2015 年的 19.2%。

三、我国工业技术创新能力持续提升，创新成果不断涌现

党的十八大以来，我国着力实施创新驱动发展战略，成效显著。据世界知识产权组织、美国康奈尔大学和英士国际商学院共同发布的《2016 年全球创新指数》报告显示，2016 年，我国首次跻身全球创新指数 25 强。2015 年 12 月，国家统计局发布的《国家创新指数报告》显示，2014 年中国创新指数为 158.2（以 2005 年为 100），比上年增长 3.7%。在国际专利方面，2016 年，中国 PCT 国际专利受理 4.22 万件，其中广东、北京、江苏、上海和浙江排名前五。2016 年，国内授权发明专利达到 30.21 万件，同比增长 14.7%，发明专利总授权量累计达到 146.41 万件。

表 2-1　2016 年国内发明专利授权状况表　　（单位：件）

类别	当年累计			总累计	
	授权量	构成	同比增长	授权量	构成
职务	276007	91.4%	15.6%	1262205	86.2%
非职务	26129	8.6%	6.1%	201910	13.8%
小计	302136	100.0%	14.7%	1464115	100.0%

资料来源：国家知识产权局，2017 年 1 月。

表 2-2　2016 年国内发明专利授权前十位地区状况表　　（单位：件）

序号	地区	当年累计	同比增长（%）	总累计
1	江苏	40952	13.7%	165448
2	北京	40602	15.0%	207375
3	广东	38626	15.4%	200036
4	浙江	26576	13.8%	116896
5	上海	20086	14.1%	110195
6	山东	19404	14.9%	84776
7	安徽	15292	36.8%	45023
8	四川	10350	13.7%	46954
9	湖北	8517	9.7%	41992
10	陕西	7503	10.1%	38208

资料来源：国家知识产权局，2017 年 1 月。

2016 年，我国国内发明专利授权数量前十位的地区占 2016 年授权量的 75.4%，专利总累计量占全国总量的 72.2%，且与 2015 年前十位的地区相同，主要为我国江苏、北京、广东、浙江、上海等经济较为发达的地区，在同比增长方面，多数保持在 10% 以上，部分地区甚至高达 35% 以上的增长率。

在全国技术市场的交易情况方面，从图 2－5 可以看出，2008 年至 2015 年，我国技术市场成交额保持高速的增长态势。近三年仍保持 14% 以上的增长速度，2015 年，交易额达到 9836 亿元，2016 年全年我国技术市场成交额则突破 10000 亿元大关。

图 2－5　全国技术市场历年成交额

资料来源：2016 年中国统计年鉴。

在新产品销售方面，2015 年，全行业（含内外资企业）规模以上企业新产品销售收入为 150857 亿元，同比增长 5.6%，高于主营业务收入增长速度 5 个百分点。其中，内资企业新产品销售收入为 102077 亿元，占其主营业务收入的 11.8%；港澳台商投资企业新产品销售收入占主营业务收入的 21%；外商投资企业新产品销售收入占主营业务收入的 19.1%。我国内资企业新产品销售收入占主营业务收入的比重明显低于港澳台商投资企业和外商投资企业的同期水平。综合我国知识产权数量、技术交易金额、新产品销售情况等发展情况，我国工业技术创新能力得到不断提升，各项创新成果不断涌现。

四、科技创新对制造业发展的支撑能力有待加强，创新载体建设亟待加快

长期以来，我国制造业创新体系中存在着企业的创新主体作用发挥不够，科技与经济结合不紧密，产业协同创新不足，科技成果转化率较低等问题。据有关统计显示，我国科技成果转化率与发达国家相比差距很大。此外，我国产业共性技术的供给不足，在我国大院大所改革后，部分原来承担行业共性技术研究的科研院所被推向了市场，大院大所将更多的资金、人力和管理从行业共性技术领域抽离出来，投入到应用技术和商业化领域，技术到产业之间的创新链出现了断层，基础材料、基础零部件、基础工艺和产业技术基础薄弱成为严重制约我国产业发展的瓶颈。

当前我国在工业技术创新领域呈现创新载体分散重复建设，由此导致创新资金、设备等资源配置的重复浪费现象严重。现有创新载体无法发挥整合资源、协同创新的枢纽作用，创新过程中的"孤岛现象"十分普遍。自20世纪80年代以来，我国陆续建成各类创新载体，如国家工程研究中心、国家工程技术研究中心、国家重点实验室、国家工程实验室等，但这些创新载体对产业创新发展的支撑作用有限，各类载体处在"技术产生—扩散—首次商业化—产业化"链条上的不同位置，难以形成创新合力，导致一些重点领域迟迟无法实现整体突破发展。

第二节　中国工业质量品牌情况

当前，我国经济建设已经进入新常态，面对全球范围内掀起的科技革命和工业变革狂潮，激烈的竞争已经对工业产品质量提出了越来越高的要求，我国继续大力推行质量品牌战略，已经成为当前我国建设制造强国，促进工业提质增效、改善工业发展质量效益的必要手段，经过多年努力，我国质量品牌工作已经取得了多项突破，尤其是在2016年取得了新进展，整个"十二

五"时期，多地工作推进有亮眼表现。但由于我国质量品牌的系统性推进工作起步较晚，仍然存在诸多问题需要解决。

一、质量品牌工作取得一定突破

整个"十二五"时期，以工业和信息化部（以下简称"工信部"）为主的质量品牌重点工作取得巨大成绩，主要包括三方面：

一是提升产品质量。制定发布了《工业产品质量发展"十二五"规划》（工信部规〔2011〕520号），组织开展"质量兴业"活动，遴选确定全国质量标杆139个，参与标杆经验交流分享活动的企业达到3万多家，核定工业产品质量控制和技术评价实验室177家，累计培训质量管理人员220多万人次。

二是加强自主品牌培育。工信部牵头印发了七部委《关于加快我国工业企业品牌建设的指导意见》（工信部联科〔2011〕347号）。宣传推广先进经验，组织开展品牌培育试点工业的企业达到4000多家，培育了品牌培育示范企业175家。启动建设产业集群区域品牌，核定试点地区37个，逐步建成一部分区域品牌示范区，实现企业品牌与区域品牌互动发展。

三是加强工业产品质量安全保障。2011—2015年期间，工信部组织参与质量信誉承诺活动的企业多达5000多家，建成了行业自律规范和企业产品质量自我声明平台，强化企业质量主体责任。

四是知识产权保护力度不断加强。近年来，我国出台了多项知识产权保护政策文件，包括《关于印发社会信用体系建设规划纲要（2014—2020年）的通知》（国发〔2014〕21号），文件提出要"探索建立各类知识产权服务标准化体系和诚信评价制度"；还包括《关于加快科技服务业发展的若干意见》（国发〔2014〕49号），意见提出将知识产权服务作为九个重点任务之一，"建立健全科技服务的标准体系"；以及《国务院关于新形势下加快知识产权强国建设的若干意见》（国办函〔2016〕66号），意见明确提出了要改善知识产权服务业及社会组织管理，成为发展质量品牌战略和创新发展驱动战略的重要抓手。

二、质量品牌工作取得新进展

基于"十二五"的良好基础，2016 年的质量品牌工作取得新进展，以工信部为首的政府部门围绕实施质量品牌的规划（行动计划），加强组织领导，积极部署工作，在主管部门内部建立起了质量品牌推进工作的协同机制，统筹了质量品牌的建设工作，实现了"十三五"时期的良好开局。

（一）发挥合力营造质量品牌建设环境

国务院办公厅先后出台了《关于开展消费品工业"三品"专项行动营造良好市场环境的若干意见》（国办发〔2016〕40 号）、《关于发挥品牌引领作用推动供需结构升级的指导意见》（国办发〔2016〕44 号）、《消费品标准和质量提升规划（2016—2020）》（国办发〔2016〕68 号）。工信部联合质检总局、国防科工局、国家标准委等部门编制印发了《促进装备制造业质量品牌提升专项行动指南》（工信部联料〔2016〕268 号）、《装备制造业标准化和质量提升规划》（国质检标联〔2016〕396 号）等，在国家制造强国建设领导小组组成部门范围内组织实施，形成政策合力。

（二）扎实推进工业质量品牌管理提升

2016 年，工信部新核定工业产品质量控制和技术评价实验室 23 家，对 54 家首批实验室进行了复核，遴选确定了全国质量标杆 33 项、工业品牌培育示范企业 76 家、产业集群区域品牌建设试点单位 38 个，首次评选确定了区域品牌建设示范单位 6 个，推动引导地方和行业协会开展质量管理培训、先进质量管理方法推广、质量诊断咨询、品牌培育等活动。参加品牌培育试点的企业又增加到 1800 多家，其中多家企业的品牌管理体系实现了有效运行。

（三）产品质量提升工作取得务实推进

以工信部为代表的政府机关梳理了机械、电子等重点领域的非竞争性质量共性技术问题，积极争取中央财政资金，启动了质量品牌公共服务平台建设和行业非竞争性质量技术应用推广项目。在产业集群区域品牌建设试点示范区内组织开展质量升级活动，围绕"增品种、提品质、创品牌"等任务要求，总结打造优质产品团体标准、加强区域品牌宣传和保护、加大质量技术共性平台建设投入、引导产业联盟开展自律等形式的区域品牌建设经验，组织经验交流以及专家团队提供技术服务，加大对区域品牌建设的支持力度。

三、"十二五"时期部分地区质量品牌建设情况

（一）上海市以品牌经济为抓手加快促进产业转型升级

一是积极推进品牌经济概念的体系化研究和实施。建立了上海城市品牌、产业（区域）品牌、产品（企业）品牌的多层品牌经济发展架构，有效探索政府、社会、企业协同推进品牌经济发展的路径。一手牵品牌企业一手牵专业机构，搭建一个面向全社会优秀专业服务机构开放的、与品牌企业广泛接触的对接平台，以此激发企业品牌建设内在动力。二是深化供给侧结构性改革，把推动上海经济发展的各类政策举措聚焦到品牌经济发展之中。印发实施《上海市贯彻〈国务院办公厅关于发挥品牌引领作用推动供需结构升级的意见〉的实施办法》，其中在开展"品牌上海"系列认证、建立"老商标池"、设立"品牌创新券"等方面进行了政策创新。

（二）山东实施"互联网＋好品山东"行动，提升山东制造形象

山东省积极开展"好品山东"质量提升专项行动，运用"互联网＋"平台资源优势，创建"好品山东"市场营销服务平台，提高工业产品的网上销售率，提升山东制造形象。"十二五"期间，共推荐"好品山东"名企221家，"好品山东"名品334个；17275家企业完成平台上线，比2013年增长了225.9%，其中包括5223家上网实际交易的企业；"十二五"末带动企业完成509.04亿元交易额，较上年增长112.1%，成效显著。又出台了《关于推动资本市场发展和重点产业转型升级财政政策措施》（鲁政发〔2016〕20号），建设"政银保"贷款保证保险平台破解小微企业融资难问题。

（三）宁波市积极实施质量基础、质量提升和质量创先等工程，扎实推动经济社会转型升级

在实施质量基础工程上，通过加大投入、政策引导和措施创新，切实加强质量安全监管、质量技术支撑、质量信用、质量评价等四大体系建设，不断夯实计量、标准化、认证认可、检验检测等质量基础工作。先后投入10亿元建成全国领先的十大公共技术服务平台，对全市支柱产业和优势传统产业

的公共技术服务能力覆盖率达到 90% 以上，新兴产业服务支撑能力达到 60% 以上。在实施质量提升工程上，大力开展以联盟标准促进产业质量提升活动，共制订产业联盟标准 26 项，同时每年组织开展以技术、品牌、标准、服务为主要内容的产业（行业）质量提升项目，推动重点产业整体提升。在实施质量创先工程上，组织开展了争创质量强市工作十个先进行业、十个先进乡镇、百家先进企业、百名先进个人的"双十双百"争创活动，积极培育质量示范典型，激励企业、组织和个人崇尚质量荣誉，同时大力培育质量强市创建示范点，分区域、分领域、分层级分别树立了 80 多个创建示范点，通过召开创建示范现场会，总结交流创建经验，充分发挥示范点的辐射带动作用。

除以上地区，还有一些地方工作推进有较好成绩。2016 年，福建省政府出台《福建省促进大数据发展实施方案（2016—2020 年）》（闽政〔2016〕27号）。以大数据为核心要素、建设支撑的产业集群的大平台；同年，宁夏中小企业公共服务平台正式上线运行，该平台能够为辖区内中小企业提供多项有保证的公共服务，目前该平台以自治区平台为枢纽，覆盖节点包括市级综合窗口平台 6 个以及产业集群窗口平台 8 个，完全依托网络，实现公共服务资源和服务平台之间的互联互通，最终统筹辖区内所有服务资源，形成综合性网络服务平台。

四、中国质量品牌面临的问题与挑战

我国受到传统粗放型发展方式的长期影响，工业质量和品牌发展还存在诸多问题。一是产品质量发展差异大，部分产品质量低，难以与国际先进水平相抗衡，尤其是在产品的安全性、一致性、稳定性、可靠性和寿命等方面还存在瑕疵，使得我国产品的国际声誉难以提振。二是标准相对缺失，现有的部分标准与市场环境不匹配，表现出适用性差、无法贯彻执行的现象，尤其是新兴领域中，一些产品的标准以及检测方法都无法适应新研发的产品，更遑论高新技术和高附加值产品内含的高精尖技术，与之相匹配的检测技术还是空白，这种情况难以支持高速发展和高度竞争的市场需求。三是品牌建设相对落后，我国制造业的自主品牌有约 170 万之巨，虽然品牌数量多，但是市场认可度尤其是国际市场的认可度较低，品牌附加值和竞争力都不能与

国际知名品牌相抗衡。四是企业主体地位模糊，质量意识落后，对于质量信誉和品牌管理方面缺乏意识和经验，不能实现系统和有效率的管理，拖累了企业发展。五是质量安全保障体系作用发挥有限，监督检测能力还有待提升，产生恶劣影响的产品质量和安全事件仍不时发生，使得国内广大消费者对国货产生不信任感。六是质量基础建设能力投入不足，包括检测、控制和技术评价等基本能力无法得到有效培育，尤其是质量品牌领域的关键共性技术，有一批此类技术亟待突破，投入不足成为瓶颈。另外，质量品牌的公共服务供给与其企业需求的错位也是我国质量品牌建设进程中无法忽视的问题。

第三节 中国部分工业领域知识产权和标准情况

随着我国创新驱动发展战略的不断深入，科技创新的地位愈发凸显。政府政策引导、企业作为研发主体、科研院所不断深入，各类创新成果不断涌现，知识产权作为最具有代表性的创新成果之一，申请量与授权量逐年上升，继续保持快速发展态势。依据世界知识产权组织 2016 年 11 月 23 日发布的《2016 年世界知识产权指标》，2015 年，中国知识产权局受理超 100 万件专利申请，几乎相当于美国（589410 件）、日本（318721 件）和韩国（213694 件）的总和，专利授权量为 359316 件。同时我国的商标申请按类计为 283 万，工业品外观设计 569059 项，均处于世界第一。我国的新一代信息技术、新能源汽车、石墨烯等领域专利保持较高增长速度，专利申请布局意识明显提高。但是我国各领域专利在海外申请布局仍有待进一步提升，美国 2015 年的海外申请位于全球第一，为 237961 件，同比增长 6%，其次是日本，为 195446 件，德国为 101892 件，我国仅为 42154 件，相比之下，差距明显。

一、新一代信息技术

新一代信息技术是当前全球产业发展热点，市场规模急剧扩张，逐步成为带动世界经济复苏的新增长点。新一代信息技术作为我国战略性新兴产业发展迅速，在 2016 年 11 月 29 日国务院印发的《"十三五"国家战略性新兴产业发展规划》中，明确提出，要在2020年系统突破产业薄弱环节，总产值超过12万亿元。国家电网、华为、中兴通信、大唐电信、联想、腾讯等均为我国典型代表企业。

华为在新一代信息技术产品中，主要涉及移动终端、通信网络中交换和传输网络、无线与有线接入网络以及数据通信网络，产品及解决方案覆盖全球100多个国家，服务全球三分之一以上的人口。大唐电信同样是我国3G和4G国际标准的提出者、全球3G/4G重要专利的拥有者、国际标准演进的主导者、产业化的推动者、设备和芯片市场的主要提供者、移动通信产业生态系统的缔造者、我国集成电路产业升级的引领者、国家信息安全的主要保障者。

在物联网领域，依据英国知识产权局物联网专利分析报告，我国中兴通讯超过韩国LG和三星电子位列全球物联网技术研究第一位，华为位列第十位，我国企业在物联网领域的研究已经进入全球先进行列，已先后成立的国家物联网基础标准工作组和多个应用标准工作组，从标准制定层面为我国企业物联网知识产权布局奠定了坚实的基础。①

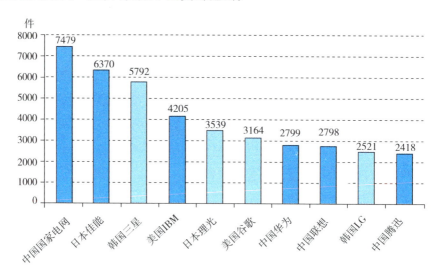

图2-6　截至2015年信息技术领域全球前十创新机构发明数量

资料来源：汤森路透2016全球创新报告，2016年5月。

---

① 《物联网专利布局还需注意产业转化》，中国知识产权报资讯网，http://www.iprchn.com/Index_ NewsContent.aspx？newsId＝86990。

截至 2015 年，在全球新一代信息技术专利申请的全部国家/地区分布上，美国专利商标局获得申请数量最多，为 1053369 件；其次为我国，我国国家知识产权局获得申请 463050 件，占全球比重为 20%，日本特许厅获取的申请数量为 281032 件，占全球比重为 12%；向韩国国家知识产权局提出的专利申请数量为 227009 件，占比 10%，位居全球第四；欧洲专利局获取的申请数量则共有 83186 件，占全球比重为 4%，位列全球第五位。其次为德国、法国、瑞士、芬兰、澳大利亚等国。从上述新一代信息技术领域专利数据可以得出，美国整体上仍处于全球领先位置，我国技术快速发展，紧随其后。日本和韩国则整体技术实力相当。而在新一代信息技术国内外申请人在我国专利申请布局方面，多数领域的申请量方面我国占据较大优势。但在高端装备和仪器制造、集成电路领域，我国申请人与国外申请人仍存在较大差距。[①]

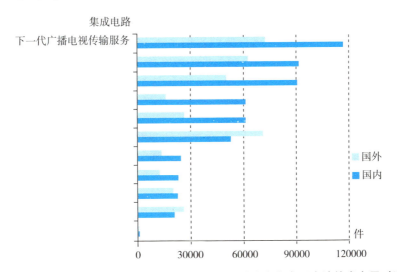

图 2 – 7　截至 2015 年新一代信息技术国内外申请人在华专利申请技术布局对比

资料来源：国家知识产权局，2016 年 3 月。

二、新能源汽车

新能源汽车已经成为全球各主要经济体的重点关注领域，尤其在全球日

---

① 专利统计简报：新一代信息技术产业专利技术动向分析报告（上）（2016 年第 17 期），国家知识产权局，http://www.sipo.gov.cn/tjxx/zltjjb/201603/P020160603258868367036.pdf。

趋严重的环境危机下，新能源汽车已经成为全球汽车行业的重点发展方向。近些年，我国高度重视新能源汽车发展，先后颁布了《节能与新能源汽车产业发展规划（2012—2020年)》（国发〔2012〕22号)、《关于加快新能源汽车推广应用的指导意见》（国办发〔2014〕35号)、《关于免征新能源汽车车辆购置税的公告》《"十三五"国家战略性新兴产业发展规划》（国发〔2016〕67号）等，致力于推动新能源汽车产业快速发展壮大，构建可持续发展新模式，明确实施新能源汽车动力电池提升工程。目前，我国新能源汽车产业规模全球领先，整体技术水平显著提升，涵盖产业链、技术链、创新链和产业集聚区的创新体系基本建立，比亚迪、北汽等企业的综合竞争力显著提升，充电桩等配套服务设施逐步完善。但是也存在着结构性过剩，技术水平较低等问题。在知识产权布局方面，我国新能源汽车企业在国际专利申请上明显低于发达国家，在知识产权协同方面，技术创新协同机制尚未建立，产业协同发展机制尚未完善，高校与企业的协同还不够深入。亟须提升产业技术创新能力和知识产权质量，积极参与新能源汽车领域标准制定工作。

2016年6月，作为我国首家制造业创新中心，国家动力电池创新中心在北京成立，致力于解决新能源汽车动力电池领域的行业共性技术。国家动力电池创新中心整个资产以知识产权为主，不直接生产产品，只是创造知识。公司知识产权运营方面，主要采取知识产权许可的方式，创新中心产生的知识产权所有权归属创新中心，知识产权使用方式按照市场化运作。2016年11月，工信部印发《制造业创新中心知识产权指南》（工信厅科〔2016〕159号)，用于指导和推动我国制造业创新中心建设实施过程中的知识产权创造、运用、保护和管理工作。

在全球新能源汽车专利申请原创国家/地区方面，日本遥遥领先，申请量为87434项，占全球总申请量的比重为46%，主要原因是日本经济发展迅速，但是资源相对匮乏，对能源需求量远高于自身可提供量，因此早在20世纪60年代就认识到了开发新能源汽车的必要性和重要性，并于1965年将电动车列入国家项目，比全球其他国家早了将近30年的时间，由于日本新能源技术起步早，国家重视程度高，因此奠定了其新能源汽车技术在全球的领先地位。我国新能源汽车技术起步较晚，但是发展迅速，目前申请量为34191项，位居全球第二，占比为18%，美国、德国相比于日本起步稍晚，发展平稳，目前位居全球第三和第四位。韩国近些年也在大力发展新能源汽车技术，目前以 14687 项的申请量位居全球第五。①

表 2 - 3　新能源汽车技术全球专利申请原创国家/地区分布表

排名	国家或地区	申请量（项）	排名	国家或地区	申请量（项）
1	日本	87434	11	意大利	425
2	中国	34191	12	澳大利亚	345
3	美国	20298	13	瑞典	330
4	德国	15850	14	印度	286
5	韩国	14687	15	加拿大	261
6	法国	4392	16	西班牙	227
7	国际局	4079	17	奥地利	221
8	欧专局	2695	18	巴西	218
9	英国	1205	19	荷兰	105
10	俄罗斯	495	20	瑞士	76

资料来源：国家知识产权局，2016 年 3 月。

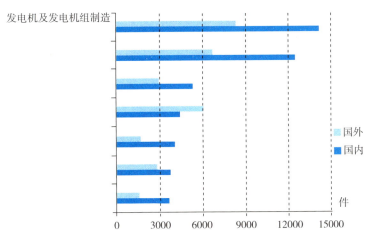

图 2 - 8　截至 2015 年新能源汽车国内外申请人在华专利申请技术布局对比

资料来源：国家知识产权局，2016 年 3 月。

① 专利统计简报：新能源汽车产业专利技术动向分析报告（上）（2016 年第 15 期），国家知识产权局，http：//www. sipo. gov. cn/tjxx/zltjjb/201603/P020160323522820930598. pdf。

三、新材料

2016年12月，国务院成立国家新材料产业发展领导小组，主要负责新材料产业发展的总体部署、重要规划，统筹研究重大政策、工程和工作安排，协调解决重点难点问题等。"十三五"国家科技创新规划明确指出，要围绕重点产业、战略性新兴产业等对新材料的重大需求，发展多种新材料的技术和应用。截至2015年，在全球新材料专利申请方面，日本以617716项位居全球第一，我国以252990项位居第二，美国则以200804项居于第三。第四位的德国仅为88668项。日美中三个国家远高于其他国家和地区，其中日本利用其新材料产业优势，在半导体材料、电子元器件等领域占据全球核心位置。我国虽然在新材料领域起步较晚，但是随着政府的大力支持和持续技术攻关，在部分领域也已经达到全球领先位置。

以石墨烯为例，2015年11月的《世界知识产权报告：突破性创新与经济增长》中，纳米技术被认为是未来最具有突破性创新的领域之一，其中石墨烯又是纳米材料中的佼佼者。我国在石墨烯领域起步较早，专利的申请量和授权量均处于世界领先地位。目前，我国石墨烯的专利申请量已经占据全球40%以上。在专利主要申请人方面，截至2016年，我国主要申请人为深圳海洋王共计400件专利，其中发明专利396件，实用新型专利4件；浙江大学共计238件专利，其中发明专利227件，实用新型专利11件；清华大学共计182件专利，其中发明专利180件，实用新型专利2件；上海交通大学共计151件发明专利；哈尔滨工业大学共计154件发明专利。但是在专利质量方面，从总被引频次、年平均被引、同组专利数和权利要求计数方面来看，我国石墨烯领域占据产业链核心位置的高价值专利相对较少，全球占据核心位置的主要为三星、IBM等公司。

表2-4 截至2016年三星石墨烯重要专利情况

公开号	总被引频次	专利剩余年限	专利公开年限	年平均被引	同族专利数	权利要求计数
US20090110627A1	111	13	6	18.50	9	21
US20090155561A1	81	13	6	13.50	5	20
US20090068471A1	69	13	6	11.50	9	33

公开号	总被引频次	专利剩余年限	专利公开年限	年平均被引	同族专利数	权利要求计数
US20090146111A1	58	13	6	9.67	4	12
US20100176337A1	45	14	5	9.00	2	25
US20090071533A1	47	13	6	7.83	4	19
US20110123776A1	24	15	4	6.00	3	21

资料来源：Thomson Innovation 数据库，2016 年 6 月。

表 2 – 5　截至 2016 年 IBM 石墨烯重要专利情况

公开号	总被引频次	专利剩余年限	专利公开年限	年平均被引	同族专利数	权利要求计数
US20090020764A1	81	12	6	13.50	2	20
US20100006823A1	41	13	5	8.20	2	20
US20110101309A1	28	14	4	7.00	2	8
US20110042650A1	28	14	4	7.00	9	5
WO2011057833A1	28	15	4	7.00	12	15
US20120056161A1	17	15	3	5.67	6	24
US20110068323A1	22	14	4	5.50	2	16
US20120085991A1	15	15	3	5.00	2	20

资料来源：Thomson Innovation 数据库，2016 年 6 月。

第三章　六大热点

热点一：迈进创新型国家行列，构筑国家先发优势

2016 年 7 月 28 日，依据《中华人民共和国国民经济和社会发展第十三个五年规划纲要》《国家创新驱动发展战略纲要》和《国家中长期科学和技术发展规划纲要（2006—2020 年)》，国务院印发了《"十三五"国家科技创新规划》，主要明确"十三五"时期科技创新的发展蓝图、发展目标、重点任务和主要举措，这是我国在科技创新领域的重点专项规划，更是我国迈进创新型国家行列的行动指南。

一、确立科技创新发展新蓝图

"十三五"时期，我国科技创新的指导思想是：深入贯彻习近平总书记系列重要讲话精神，坚持"五位一体"总体布局和"四个全面"战略布局，以创新、协调、绿色、开放、共享的发展理念，以深入实施创新驱动发展战略、支持供给侧结构性改革为主线，全面深化科技体制改革，大力推进以科技创新为核心的全面创新，塑造出依靠创新驱动、发挥先发优势的引领型发展，为建成世界科技强国奠定坚实基础。

"十三五"科技创新总体目标：国家科技实力和创新能力大幅跃升，创新驱动发展成效十分显著，国家综合创新能力世界排名进入前 15 位，迈进创新型国家行列、支撑我国实现全面建成小康社会目标。

二、构筑国家先发优势

为更好地支撑我国产业迈向全球价值链中高端，必须紧跟世界科技革命和产业变革新趋势，围绕我国产业国际竞争力提升的紧迫需求，突破产业转型升级和新兴产业培育的技术瓶颈，强化重点领域关键环节的重大技术开发，构建出结构合理、先进管用、开放兼容、自主可控的技术体系。

大力发展泛在融合、绿色宽带、安全智能的新一代信息技术，研发出新一代互联网技术，促进信息技术向各行业广泛渗透与深度融合，保障网络空间安全。重点加强极低功耗芯片、新型传感器、第三代半导体芯片和硅基、混合、微波等光电子技术和器件的研发[①]。重点加强 E 级（百亿亿次级）计算、云计算、量子计算、异构计算、智能计算、机器学习等技术的研发及应用，发展先进计算技术。重点加强一体化融合网络、软件定义网络、超高速超大容量超长距离光通信、无线移动通信、太赫兹通信、可见光通信等技术研发及应用，发展网络与通信技术。加快智能感知与认知、虚实融合与自然交互、语义理解与智慧决策、云端融合交互与可穿戴等技术研发及应用，重点发展自然人机交互技术。

三、发展引领产业变革的颠覆性技术

通过及时布局新兴产业前沿技术研发，加强对颠覆性技术替代传统产业拐点的预判，在信息、生物、制造、能源、新材料等交叉融合的方向，尽快部署一批具有重大影响力的科技、经济、社会、生态格局的颠覆性技术，从而争取我国能在新一轮技术变革中赢得竞争优势和地位。重点开发人工智能、移动互联、量子信息等技术，推动增材制造、无人驾驶汽车、智能机器人等重要技术的发展，重视基因编辑、干细胞、再生医学、合成生物等技术对生命科学、生物育种、工业生物领域带来的深刻影响，开发出氢能、燃料电池等新一代能源技术，发挥出纳米技术、智能技术、石墨烯等对战略新材料产

---

① 《国务院关于印发"十三五"国家科技创新规划的通知》，《中华人民共和国国务院公报》2016 年 8 月 30 日。

业发展的引领作用。

热点二：促进众创空间专业化发展，
增强实体经济发展的新动能

2016 年 2 月 18 日，国务院办公厅印发了《关于加快众创空间发展服务实体经济转型升级的指导意见》（以下简称《意见》）。该《意见》明确提出，要通过促进众创空间的专业化发展，为实施创新驱动发展战略、推进大众创业万众创新，提供低成本、全方位、专业化的服务，进一步释放全社会创新创业的发展活力，促进科技成果加快向现实生产力转化，从而增强实体经济发展新动能。

一、推进大众创业万众创新是增强发展新动能的重要途径

国务院陆续出台了一系列重要支持政策和举措，为经济平稳较快发展发挥了关键作用。作为实施创新驱动发展战略的重要支撑，推进大众创业万众创新是增强发展新动能、促进社会就业、提高发展质量效益的重要途径[①]。当前，全国各地涌现出一批有特色、有亮点、有潜力的众创空间，这些众创空间已经成为大众创业万众创新的重要阵地，聚集了无数的创新创业者，蓬勃发展的良好势头已初步呈现。

《意见》提出，为进一步调动各类创新主体的积极性和创造性，需要继续推动众创空间向纵深发展、更紧密对接实体经济，有效支撑我国经济结构调整和产业转型升级。通过龙头企业、中小微企业、科研院所、高校、创客等多方协同发展，打造产、学、研、用紧密结合的众创空间，促进各类创新要素高效配置和有效集成，吸引更多科技人员投身科技型创新创业，推进产业链创新链深度融合，不断提升服务创新创业的能力和水平。

---

① 《国务院要用"投贷联动"加码众创空间，"通过烧钱来孵化孵化器"时代到来》，http：//blog. sina. com. cn/s/blog_ 12bb28e380102vj98. html。

二、产业领域加快建设一批专业化众创空间

要通过重点在电子信息、生物技术、现代农业、高端装备制造、新能源、新材料、节能环保、医药卫生、文化创意和现代服务业等产业领域加快建设一批众创空间。鼓励龙头骨干企业围绕主营业务方向，按照市场机制与其他创业主体协同聚集，形成以龙头骨干企业为核心、高校院所积极参与、辐射带动中小微企业成长发展的产业创新生态群落。依托国家自主创新示范区、国家高新技术产业开发区等试点建设一批国家级创新平台。发挥重点区域创新创业要素集聚优势，与科技企业孵化器、加速器及产业园等共同形成创新创业生态体系。鼓励科研院所、高校围绕优势专业领域，建设以科技人员为核心、以成果转移转化为主要内容的众创空间，为科技型创新创业提供专业化服务。鼓励龙头骨干企业、高校、科研院所与国外先进创业孵化机构开展对接合作，提升众创空间发展的国际化水平。

尤其是要从财政资金支持、税收政策优惠、金融手段创新等方面支持众创空间的专业化发展。各有关部门和各省（区、市）要加强组织领导、示范引导、分类指导和宣传推广，为众创空间专业化发展创造条件，在全社会弘扬创新创业文化，激发创新创业热情。

热点三：建设北京科技创新中心，
支撑引领京津冀协同发展

2016 年 9 月 18 日，国务院印发了《北京加强全国科技创新中心建设总体方案》（以下简称《方案》），明确提出了北京要进一步加强全国科技创新中心建设的总体思路、重点任务和保障措施。

一、构建区域协同创新共同体

《方案》提出，要根据京津冀协同发展的总体要求，以构建科技创新为核心的全面创新体系为强大支撑，以中关村国家自主创新示范区为主要载体，

充分发挥中央在京单位作用的同时，通过增强原始创新能力，推动科技和经济紧密结合，构建区域协同创新共同体，塑造更多依靠创新驱动、更多发挥先发优势的引领型发展，持续创造新的经济增长点，在创新驱动发展战略实施和京津冀协同发展中发挥引领示范和核心支撑作用，从而为建设世界科技强国和实现"两个一百年"奋斗目标提供强大的发展动力。

二、北京全国科技创新中心的定位是全球科技创新引领者

《方案》明确，北京全国科技创新中心的定位是全球科技创新引领者、高端经济增长极、创新人才首选地、文化创新先行区、生态建设示范城。

分三个阶段明确，提出了北京全国科技创新中心中长期的发展目标：

——第一阶段，到 2017 年，科技创新动力、活力和能力明显增强，全国科技创新中心建设要初具规模；

——第二阶段，到 2020 年，全国科技创新中心的核心功能进一步强化，科技创新能力要引领全国；

——第三阶段，到 2030 年，全国科技创新中心的核心功能更加优化，能为我国跻身创新型国家前列提供有力支撑。

三、加强全国科技创新中心建设力度

一是通过统筹推进中关村科学城、未来科技城等建设，通过强化原始创新，超前部署基础前沿研究，建设世界一流高等学校和科研院所，打造世界知名科学中心。

二是通过实施技术创新跨越工程，夯实重点产业技术创新能力，加快技术创新，促进创新成果全民共享，构建"高精尖"的经济发展结构。

三是通过优化首都科技创新布局，构建京津冀协同创新共同体，推进协同创新，形成引领服务全国创新发展的良好局面，培育出世界级的创新型城市群。

四是通过集聚全球高端创新资源，提升开放创新水平，使北京成为全球科技创新的引领者和创新网络的重要节点，构筑全球开放创新高地。

五是通过推进全面创新改革，优化创新创业环境，推进人才发展体制机

制改革，加快国家科技金融中心建设，健全技术创新市场导向机制，完善创新创业服务体系，加快央地协同改革创新力度，形成能持续引领大众创业、万众创新的发展浪潮。

热点四：以协同创新为导向，创建有全球影响力和竞争力的先进制造基地

2016 年 7 月，工业和信息化部、财政部、国土资源部、环境保护部和商务部联合印发了《关于深入推进新型工业化产业示范基地建设的指导意见》。明确提出，要按照创新发展的新理念和新要求，以供给侧结构性改革为主线，以协同创新、集群集约、智能融合、绿色安全为导向，实施分级、分类指导的原则，加强动态管理，巩固提升已有发展优势，构建出从培育、创建、提升到打造卓越的示范基地体系，不断增强先进制造基地发展的核心竞争力。

一、总体要求

协同创新。鼓励示范基地通过加快技术产品、业态模式和体制机制创新，营造出有利于创新要素集聚和紧密协作的环境与平台，积极参与全球创新合作与产业交流，提高示范基地国际化水平，推动示范基地步入创新驱动的发展轨道。

集群集约。积极引导不同行业、不同地区的示范基地发挥出各自的比较优势，形成优势突出、特色鲜明、差异化发展的产业集群。促进生产要素集约高效利用，不断提高示范基地投入产出强度和能源资源综合利用水平。

智能融合。加快推动示范基地与"互联网 +"融合发展，推进示范基地内企业生产和园区管理的数字化、网络化、智能化水平。通过积极发展工业互联网，培育智能制造新业态新模式，把示范基地建设成为我国推进两化深度融合发展的示范平台。

绿色安全。按照产品全生命周期管理要求，大力发展循环经济，推动示范基地节能减排降耗，构建清洁、低碳、循环的绿色制造体系。建立健全安

全生产管理体系、产品质量追溯体系，加强应急管理，走绿色、安全、可持续的发展道路。

二、加强创新发展，增强竞争新优势

引导示范基地集聚创新资源，构建各创新主体紧密协作的创新网络，加快创新成果转化的同时加强知识产权保护力度，实现发展动力转换。

通过开展政产学研用深度合作，建设一批产业技术基础平台和服务支撑中心，推动共性技术研发和推广应用，依托国家级示范基地，形成若干具有强大带动力的区域创新中心。

支持示范基地采取品牌共享、合作共建等方式，探索跨区域合作发展新模式，增强示范基地品牌辐射力，推动跨区域协同创新与产业链深度整合。

鼓励示范基地企业承担国家各类科技计划任务、积极参与标准制定，引导企业提高整合运用国内外创新资源的能力和水平。

鼓励依托国家级示范基地建设"双创"示范基地，加强创新资源共享，推广新型创业孵化模式，支持示范基地建立完善大众创业、万众创新服务平台。

三、打造新产业、新业态示范基地

引导新兴产业领域示范基地的培育，重点推动工业设计、研发服务、工业物流等服务型制造领域、节能环保安全领域，以及围绕"互联网＋"涌现的新产业、新业态发展。

围绕工业设计等产业发展，服务型制造领域重点支持基于新技术、新工艺、新装备、新材料、新需求的设计应用研究，将设计服务支撑范围扩展到产品的生命周期全过程，促进工业设计向高端综合设计服务转变。

促进创新链、产业链与服务链协同发展，从关键技术、装备、产品和服务等方面，培育节能环保安全领域涌现出高效节能、先进环保、资源循环利用、应急产业等新业态。

在安全可控基础上提高互联互通水平，"互联网＋"领域重点围绕工业互联网等产业发展需求，加快网络基础设施建设，加强信息通信等企业与工业企业的融合对接，推动无线移动技术、IPv6 等互联网关键技术应用。

热点五：强化产业创新能力，
推进机器人产业健康发展

2016 年 3 月 21 日，工业和信息化部、国家发展和改革委员会、财政部印发《机器人产业发展规划（2016—2020 年)》（工信部联规〔2016〕109 号）。本规划明确提出机器人的研发及产业化应用是衡量一个国家科技创新、高端制造发展水平的重要标志，机器人是改善人类生活方式的重要切入点。

一、打造产学研用协同创新机器人产业链

"十三五"期间，机器人产业发展要聚焦"两突破"（机器人关键零部件和高端产品的重大突破)、"三提升"（机器人质量可靠性、市场占有率和龙头企业竞争力的大幅提升)，通过产学研用协同创新，以企业为主体，形成具有中国特色的机器人产业体系，打造机器人全产业链竞争能力，为我国制造强国建设打下坚实基础。

到 2020 年，力争形成较为完善的机器人产业发展体系，产品性能和质量达到国际同类水平，基本满足市场需求，技术创新能力和国际竞争能力明显得到增强。

二、强化机器人产业创新能力的主要任务

一是提早布局新一代机器人技术研究。针对智能制造和工业转型升级对工业机器人的需求和智慧生活、现代服务和特殊作业对服务机器人的需求，加强共性关键技术研究，重点突破制约我国机器人发展的共性关键技术。

二是重点聚焦前沿技术、共性关键技术研究。充分利用和整合现有科技资源和研发力量，组建面向全行业的机器人创新中心，建立健全机器人创新平台，打造政产学研用紧密结合的协同创新载体。

三是积极参与国际标准的制修订。支持机器人评价标准的研究和验证，

开展机器人标准体系的顶层设计，构建和完善机器人产业标准体系，加快研究制订产业急需的各项技术标准。

四是建立机器人检测认证体系。推动建立机器人第三方评价和认证体系，开展机器人整机及关键功能部件的检测与认证工作。

三、提出了四大保障措施

为贯彻落实好《中国制造2025》将机器人作为重点发展领域的总体部署，通过大力发展机器人产业，推动工业转型升级，从而打造中国制造新优势。

一是加强统筹规划和资源整合。加强对区域产业政策的指导，鼓励有条件的地区、园区发展机器人产业集群，引导机器人产业链及生产要素的集中集聚。二是通过工业转型升级、中央基建投资等现有资金渠道支持机器人及其关键零部件产业化和推广应用、提升技术水平。三是鼓励金融机构与机器人企业支持技术先进、优势明显、带动和支撑作用强的机器人项目，引导金融机构推广机器人租赁模式。四是制定工业机器人产业规范条件，研究制定机器人认证采信制度，构建机器人产业服务平台。

热点六：推动农产品加工业从要素驱动向创新驱动

2016年12月17日，为深入推进农业供给侧结构性改革，促进农产品加工业转型发展，满足城乡居民不断升级的消费需求，国务院办公厅印发了《关于进一步促进农产品加工业发展的意见》。

一、提升质量、创建品牌，提高农产品附加值

意见明确提出：认真落实党中央、国务院决策部署，在确保国家粮食安全和农产品质量安全的基础上，以转变发展方式、调整优化结构为主线，以市场需求为导向，以增加农民收入、提高农业综合效益和竞争力为核心，因地制宜、科学规划，发挥优势、突出特色，推动农产品加工业从要素驱动向

创新驱动、数量增长向质量提升、分散布局向集群发展转变，促进农产品加工业持续稳定健康发展。

明确提出到 2020 年，通过进一步优化结构，提升行业整体素质，突破关键环节核心技术和装备，支撑农业现代化和带动农民增收。规模以上农产品加工业主营业务收入年均增长 6% 以上，农产品加工转化率达到 68%，农产品加工业与农业总产值比达到 2.4∶1。

二、提升农产品精深加工水平

加大生物、工程、环保、信息等技术集成应用力度，开展精深加工技术和信息化、智能化、工程化装备研发，提高关键装备国产化水平，加快新型非热加工、新型杀菌、高效分离、节能干燥、清洁生产等技术升级。

鼓励主食加工业发展。拓宽主食供应渠道，加快培育示范企业，积极打造质量过硬、标准化程度高的主食品牌。研制生产一批传统米面、杂粮、预制菜肴等产品，加快推进马铃薯等薯类产品主食化。

加强综合利用。选择一批重点地区、品种和环节，主攻农产品及其加工副产物循环利用、全值利用、梯次利用。采取先进的提取、分离与制备技术，集中建立副产物收集、运输和处理渠道，加快推进秸秆、稻壳米糠、麦麸、油料饼粕、果蔬皮渣、畜禽皮毛骨血、水产品皮骨内脏等副产物综合利用，开发新能源、新材料、新产品等，不断挖掘农产品加工潜力、提升增值空间。

三、创新模式和业态

将农产品加工业纳入"互联网+"现代农业行动，利用大数据、物联网、云计算、移动互联网等新一代信息技术，培育发展网络化、智能化、精细化现代加工新模式。积极发展电子商务、加工体验新业态，引导农产品加工业与休闲旅游、养生养老等产业实现深度融合。

组建产业联盟，与农民建立稳定的订单和契约关系。引导农产品加工企业向前端延伸带动农户建设原料基地，向后端延伸建设物流营销和服务网络，构建让农民分享加工流通增值收益的利益联结机制。

行业篇

第四章　装备行业

装备制造业是制造业的核心和脊梁，是建设制造强国的重中之重，是国家综合实力和技术水平的集中体现，是供给侧结构性改革和科技创新的主战场。大力发展装备制造业，对于加快我国工业化进程和工业现代化建设，实现到 2025 年从制造大国迈入制造强国行列具有重要意义。2016 年，我国积极贯彻落实《中国制造 2025》（国发〔2015〕28 号），出台了《智能制造发展规划（2016—2020 年)》（工信部联规〔2016〕349 号）、《机器人产业发展规划（2016—2020 年)》（工信部联规〔2016〕109 号）等一系列政策，采取了一系列有效举措，我国重大技术装备自主化水平显著提高，新兴装备制造业得到快速发展，智能制造装备、新能源汽车、工业机器人等重点领域关键核心技术不断取得新突破，创新能力进一步增强，整个装备产业取得快速发展。

第一节　总体情况

一、重点领域技术创新、产业化发展情况

（一）智能制造

智能制造是基于新一代信息通信技术与先进制造技术深度融合，贯穿于设计、生产、管理、服务等制造活动的各个环节，具有自感知、自学习、自决策、自执行、自适应等功能的新型生产方式。近年来，美国、德国等制造强国均在积极部署，不断推出发展智能制造的新举措，通过政府、行业组织、企业等协同推进，抢占智能制造制高点。美国借助实施"先进制造业伙伴计

划"加强信息物理系统（CPS）软件开发和工业互联网平台建设；德国推行"工业 4.0"战略，搭建以 CPS 为核心的智能制造系统架构。2015 年，我国发布《中国制造 2025》，明确了智能制造是实施《中国制造 2025》的主攻方向，推进智能制造，能够有效缩短产品研制周期，提高生产效率和产品质量，降低运营成本和资源能源消耗，加快发展智能制造，对于提高制造业供给结构的适应性和灵活性、培育经济增长新能动都具有十分重要的意义。2016 年，我国出台多项政策推动智能制造产业发展，并在增材制造领域启动了创新中心的建设，加强关键共性技术和前沿技术的研发。

1. 政策支持力度不断加大

2016 年 4 月，工业和信息化部、发改委、科技部、财政部等 4 部委发布《智能制造工程实施指南（2016—2020 年）》，11 月，工信部出台《智能制造试点示范 2016 专项行动实施方案》，决定在 2016 年组织开展智能制造试点示范专项行动。12 月，工信部、财政部联合出台了《智能制造发展规划（2016—2020 年）》，提出 2025 年前，推进智能制造实施"两步走"战略：第一步，到 2020 年，智能制造发展基础和支撑能力明显增强，传统制造业重点领域基本实现数字化制造，有条件、有基础的重点产业智能转型取得明显进展；第二步，到 2025 年，智能制造支撑体系基本建立，重点产业初步实现智能转型。2016 年 4 月，工信部、发改委、财政部印发《机器人产业发展规划（2016—2020 年）》，明确"十三五"期间聚焦"两突破""三提升"，即实现机器人关键零部件和高端产品的重大突破，实现机器人质量可靠性、市场占有率和龙头企业竞争力的大幅提升，以企业为主体，产学研用协同创新，打造机器人全产业链竞争能力，形成具有中国特色的机器人产业体系。12 月，工信部、发改委等部门《关于促进机器人产业健康发展的通知》，重点从推动机器人产业理性发展、强化技术创新能力、加快创新科技成果转化、加强零部件等关键短板突破、开拓工业机器人应用市场、推进服务机器人试点示范、建立认证采信制度、实施工业机器人规范条件、完善公平竞争制度、鼓励企业参与人才培养等十个方面促进机器人产业健康发展。

表 4 - 1   《智能制造发展规划（2016—2020 年）》十大重点任务

《智能制造发展规划（2016—2020 年）》提出了十大重点任务①：

一是加快智能制造装备发展，攻克关键技术装备，提高质量和可靠性，推进在重点领域的集成应用；

二是加强关键共性技术创新，突破一批关键共性技术，布局和积累一批核心知识产权；

三是建设智能制造标准体系，开展标准研究与试验验证，加快标准制修订和推广应用；

四是构筑工业互联网基础，研发新型工业网络设备与系统、信息安全软硬件产品，构建试验验证平台，建立健全风险评估、检查和信息共享机制；

五是加大智能制造试点示范推广力度，开展智能制造新模式试点示范，遴选智能制造标杆企业，不断总结经验和模式，在相关行业移植、推广；

六是推动重点领域智能转型，在《中国制造2025》十大重点领域试点建设数字化车间/智能工厂，在传统制造业推广应用数字化技术、系统集成技术、智能制造装备；

七是促进中小企业智能化改造，引导中小企业推进自动化改造，建设云制造平台和服务平台；

八是培育智能制造生态体系，加快培育一批系统解决方案供应商，大力发展龙头企业集团，做优做强一批"专精特"配套企业；

九是推进区域智能制造协同发展，推进智能制造装备产业集群建设，加强基于互联网的区域间智能制造资源协同；

十是打造智能制造人才队伍，健全人才培养计划，加强智能制造人才培训，建设智能制造实训基地，构建多层次的人才队伍。

资料来源：《智能制造发展规划（2016—2020 年）》，2016 年 4 月。

2. 技术创新能力明显提升

2016 年，随着多个智能制造领域政策的发布以及智能制造业试点示范专项行动的实施，以高档数控机床、增材制造、工业机器人为代表的智能制造装备加速发展，一些产品技术取得了新突破，智能制造装备和先进工艺在重点行业不断普及，离散型行业制造装备的数字化、网络化、智能化步伐加快，流程型行业过程控制和制造执行系统全面普及。如上海电气电站设备有限公司发电机厂完成研发 1300MW 核电发电机数字化样机项目，实现工厂数字化三维设计应用新突破；广利核等公司共同完成我国首个具有完全自主知识产权的核电站数字化仪控系统（DCS）平台的研制，并实现了成果在二代、二代加、三代核电工程中的应用②。

---

① 资料来源：《智能制造发展规划（2016—2020 年）》，2016 年 4 月。

② 资料来源：中国机械工业联合会。

3. 国家增材制造创新中心通过论证

表4－2　国家增材制造创新中心

国家增材制造创新中心主要聚焦物理制造中的增材制造技术，重点解决我国增材制造研究力量分散，原创技术不足，企业力量薄弱、工程化水平低等问题。创新中心以行业规划、原始创新技术、核心技术攻关、标准与规范研究、成果产业化孵化、各层次人员培训和国际合作为主要任务，重点突破大型复杂金属增材制造装备、高性能复合材料增材制造工艺创新及先进装备等8个方向的关键技术，以增材制造创新技术为制造业新动力，全面提升我国制造业竞争能力。

创新中心以"公司＋联盟"的模式组建，突出以"网络服务云平台"模式运营和"政产学研金用"创新机制，构建西安、北京、武汉、渭南等多地增材制造创新网络，打造"海外院士＋中国院士＋知名学者"的高层次技术攻坚队伍，进行集成研发，建设成为调动全国创新力量的国家增材制造创新平台。目前，西安增材制造国家研究院有限公司和全国增材制造创新联盟，分别由西北有色金属研究院、北京金属增材制造创新中心有限公司等13家股东和97家成员单位组成，以开放的视野，吸收新股东和吸纳新会员。在中心运行方面，创新中心设立决策咨询委员会，负责对重大事项商和向股东会提出决策建议；运营公司设立股东大会、董事会和监事会，负责重大事项决策和公司日常运营；创新联盟设立会员大会、理事会、秘书处，负责联盟章程制定、创新中心重大事项协调与决策。

创新中心重点建设研发中试平台、公共测试平台、共性技术服务平台、双创及成果转化平台、人才培养基地和国际交流与合作6大载体。第　，研发中试平台，对增材制造工艺、装备、材料、软件等技术进行研发和中试验证；第二，公共测试平台，提供精度、强度、材料、生物相容性等产品测试服务；第三，共性技术服务平台，提供标准研制和云端共享服务；第四，双创及成果转化平台，推广增材制造技术成果；第五，人才培养基地，培育培养各层次人才，第六，国际交流与合作，探索国际创新合作新模式。

创新中心构建了从研发投入、项目筛选、研发执行，到技术扩散的完整创新价值链执行方案，采用市场化、网络化创新、知识产权管理、内部激励和人才建设相结合的机制。第一，市场化，运营公司采用现代管理和运行体系，最终实现经营活动自主决策，自负盈亏、自我发展；第二，网络化创新，建设覆盖成员单位的科研创新云端网络平台，实现多学科、跨领域、跨地区的技术创新；第三，建设标准化评价公共服务平台，评价项目进展；第四，知识产权管理，在科技成果或专利收购同时明确产权关系；第五，内部激励，研发成果的增值部分以现金奖励、薪酬、股权等方式激励研发团队；第六，人才建设，公开招聘各类管理和专业人才，引进海外增材制造高端人才。

资料来源：赛迪智库整理，2016年12月。

《中国制造2025》提出制造业创新中心建设工程，旨在聚集产业创新资源，发挥已有各类创新载体的作用，瞄准制造业创新链和供应链的薄弱环节及共性难题，促进科技成果转移扩散和首次商业化，形成以制造业创新中心为核心节点的制造业创新体系，支撑我国制造强国建设。国家增材制造创新中心是我国启动的第二家制造业创新中心。增材制造创新中心建设工作自2015年下半年开始启动，筹备组广泛调研，多次组织来自中国工程院、科研院所、高校和企业等专家召开研讨会。2016年9月，陕西省工信厅就《国家增材制造创新中心建设方案》组织召开专题研讨会，10 月，《国家增材制造创新中心建设方案》通过国家制造业创新中心专家组论证。

（二）新能源汽车

1. 新能源汽车产销量持续增长

近两年，国家相关部门出台了多项支持政策推进新能源汽车的发展。如《关于 2016—2020 年新能源汽车推广应用财政支持政策的通知》《关于"十三五"新能源汽车充电基础设施奖励政策及加强新能源汽车推广应用的通知》《电动汽车充电基础设施发展指南（2015—2020 年)》等政策对于加快新能源汽车发展具有重要意义。同时，国家出台了《汽车动力电池行业规范条件(2017 年)》《锂离子电池综合标准化技术体系》等一系列发展动力电池的相关政策，加快引导企业建立产品生产规范和质量保证体系，鼓励加强技术和管理创新，提高新能源汽车动力电池产品研发和制造水平，提升性能和质量，满足新能源汽车产业发展的需求。据统计，2016 年，新能源汽车生产 51.7 万辆，销售 50.7 万辆，比上年同期分别增长 51.7% 和 53.0%。其中纯电动汽车产销分别完成 41.7 万辆和 40.9 万辆，比上年同期分别增长 63.9% 和 65.1%；插电式混合动力汽车产销分别完成 9.9 万辆和 9.8 万辆，比上年同期分别增长 15.7% 和 17.1%[①]。

表 4-3 2016 年新能源汽车重要政策汇总

《关于 2016—2020 年新能源汽车推广应用财政支持政策的通知》	规定 2016 年新能源汽车各车型推广应用补助标准，并确定 2017 年至 2020 年的补贴退坡幅度为每两年下降 20%。
《关于加强城市电动汽车充电设施规划建设工作通知》	要大力推进充电设施建设，推动形成以使用者居住地基本充电设施为主体，以城市公共建筑配建停车场、社会公共停车场、路内临时停车位附建的公共充电设施为辅助，以集中式充、换电站为补充，布局合理、适度超前、车桩相随、智能高效的充电设施体系。原则上，每辆电动汽车要有一个基本充电车位，每个公共建筑配建停车场、社会公共停车场具有充电设施的停车位不少于总车位的 10%，每 2000 辆电动汽车至少配套建设一座快速充换电站，满足不同领域、不同层次电动汽车充电需求，支持和促进电动汽车推广应用。

---

① 数据来源：中国汽车工业协会。

续表

《关于"十三五"新能源汽车充电基础设施奖励政策及加强新能源汽车推广应用的通知》	为加快推动新能源汽车充电基础设施建设，培育良好的新能源汽车应用环境，2016—2020年中央财政将继续安排资金对充电基础设施建设、运营给予奖补，并制定了奖励标准。
《电动汽车充电基础设施发展指南（2015—2020年)》	根据各应用领域电动汽车对充电基础设施的配置要求，经分类测算，2015年到2020年需要新建公交车充换电站3848座，出租车充换电站2462座，环卫、物流等专用车充电站2438座，公务车与私家车用户专用充电桩430万个，城市公共充电站2397座，分散式公共充电桩50万个，城际快充站842座。
《电动汽车充电基础设施建设规划》	到2020年国内充换电站数量达到1.2万个，充电桩达到450万个。以充电桩均价2万元/个，充电站300万元/座计，未来六年国内新能源汽车充电桩（站）的直接市场规模有望达到1240亿元。
《节能与新能源汽车技术路线图》	路线图为"1+7"，主要包括：总体技术路线图、节能汽车技术路线图、纯电动和插电式混合动力汽车技术路线图、氢燃料电池汽车技术路线图、智能网联汽车技术路线图、汽车制造技术路线图、汽车动力电池技术路线图、汽车轻量化技术路线图。
《锂离子电池综合标准化技术体系》	根据通知，到2020年，锂离子电池标准的技术水平达到国际水平，初步形成科学合理、技术先进、协调配套的锂离子电池综合标准化技术体系，制修订标准80项，其中新制定70项（强制性标准3项、推荐性标准67项），修订推荐性标准10项，总体上满足锂离子电池产业发展需求。
《汽车动力电池行业规范条件》	明确要求锂离子动力电池单体企业年产能力不低于80亿瓦时，金属氢化物镍动力电池单体企业年产能力不低于1亿瓦时，超级电容器单体企业年产能力不低于1千万瓦时。系统企业年产能力不低于80000套或40亿瓦时。生产多种类型的动力电池单体企业、系统企业，其年产能力需分别满足上述要求

资料来源：新能源汽车网，2016年12月。

2. 关键技术取得新突破

我国新能源汽车技术屡有突破，宇通公司"节能与新能源客车关键技术研发及产业化"项目历经十年技术攻关，形成了多项关键技术创新，实现了纯电动、插电式、混合动力共平台开发，并完成了6至18米节能与新能源客车系列化产品。其中整车节能与控制技术、高压隔离电源变换技术、高密度电驱动控制技术等方面处于国际领先水平。该项目已获授权发明专利23项、实用新型专利142项、软件著作权14项，发表论文23篇，形成国家和行业标准4项[①]。

---

① 资料来源：《新能源汽车新闻》。

3. 国家动力电池创新中心成立

表 4 – 4　国家动力电池创新中心

国家动力电池创新中心是我国首家制造业创新中心试点，主要聚焦新能源汽车产业最关键的动力电池环节，重点解决我国动力电池共性关键技术和关键核心技术不强，成熟技术工程化和成果转移扩散能力不足，以及行业服务和协同创新机制不健全等问题。创新中心以技术研发、产业孵化、成果扩散、行业服务、人才培养、国际合作为主要任务，通过技术创新攻克动力电池产业发展瓶颈，支撑我国自主品牌电动汽车发展。

动力电池创新中心以"小核心、大协作"的模式组建。创新中心的"小核心"就是以国联汽车动力电池研究院有限责任公司（以下简称"国联公司"）作为核心运营公司，按照公司法组建现代法人治理结构，设立股东大会、董事会和执委会。国联公司同时围绕产业链吸纳政府、企业、社会资本加强创新中心建设，吸收地方政府、产业基金和整车企业、电池骨干企业、社会资本等，不断完善股权结构和法人治理结构。目前，国联公司主要包括北京有色金属研究总院、一汽、东风、长安、上汽、北汽、华晨、广汽、力神、华盖鼎盛基金公司等股东单位，后续还将吸收北京市政府投资公司，其他整车、电池企业入股，确保创新中心具有行业代表性，解决重大共性问题，并通过公司运作方式，提高创新中心的可持续发展能力。动力电池创新中心的"大协作"，就是按照"围绕产业链构建创新链"的原则，依托国联汽车动力电池研究院的股东单位、其他整车企业、其他动力电池企业、关联企业（关键材料、关键装备、关键零部件）、高等院校、科研机构等各类创新主体要素，构建中国汽车动力电池产业创新联盟，实现从基础研究、技术开发、产品制造、商业化应用全产业链的协同创新，打通前沿技术和共性关键技术研发供给、转移扩散和首次商业化的链条，打造协同的创新生态系统。目前，联盟成员单位达到 40 家以上。

动力电池创新中心以技术研发、成果转化和产业服务为主要业务，为保障未来自我可持续发展，在内部建立了市场化运行机制。主要包括：一是建立了政府指导市场主导的运营机制，政府通过财政、政策支持并引导创新中心的建设和运行，创新中心的运行采用市场化和产学研协同创新相结合的机制，开展技术研发、成果转化、行业服务。二是建立了有效协同的创新机制，对于重大关键共性技术的研发，创新中心择优选择团队，实现项目负责制；创新中心对项目实现全过程管理，包括规划、立项、实施以及后续转化。三是建立了知识产权共享机制，成员单位共享产业研究、测试验证标准和方法等方面的知识产权，技术创新成果根据项目来源具体规定，国家资助研究成果按国家有关规定执行；联盟设立项目知识产权归联盟所有，联盟成员单位优先使用研发成果；合作研究项目在项目研发合同中具体规定。

动力电池创新中心建设工作已取得初步进展。核心运营公司建设方面，截至 2016 年底，国联研究院总计可获得 11 家股东单位的股本金投资 8.5 亿元，2017 年通过进一步的增资扩股，预计还可再吸纳新股东单位的股本金投资 2 亿—3 亿元。四大平台建设方面，新一代动力电池协同攻关平台已组织专家完成总体技术路线图的制定；检验测试评价平台建设工作已经全面铺开，预计至 2017 年底可完成投资 3 亿元，建成完整的试验和分析测试硬件装备条件；科技成果孵化与转化平台、行业共性基础工作组织平台也已开始初步运行。技术研发方面，锂电升级工程技术方案通过专家论证，正极材料、负极材料和新型单体电池研发等方面均取得积极进展。同时，国联研究院申报的国家重点研究计划项目已获批立项。成果转化方面，国联研究院与相关企业签订了高性能三元正极材料和能量密度 200Wh/kg 动力电池成套制造技术转移输出协议，未来 2 年内可获得技术转让费 2 亿—3 亿元。此外，国联研究院已逐步开展国际交流合作。

资料来源：工信部科技司。

为加快突破动力电池关键共性技术，推动新能源汽车发展，国家首个制造业创新中心——国家动力电池创新中心于 2016 年 6 月正式挂牌成立。动力电池创新中心主要任务包括通过技术创新，带动动力电池产业，支撑我国自主品牌电动汽车发展，创新中心愿景是成为世界级汽车动力电池研发机构，国家级汽车动力电池产业协同创新平台。

二、重要数据

表 4－5　2015 年装备制造业分行业企业 R&D 人员、经费支出、企业办研发机构情况

行业	企业 R&D 人员（人）	经费支出（万元）		企业办研发机构（个）
		内部支出	外部支出	
通用设备制造业	284483	6326467	254038	5965
专用设备制造业	242589	5671357	108244	4806
汽车制造业	290196	9041561	756252	3107
铁路、船舶、航空航天和其他运输设备制造业	144092	4358980	745973	1277
电气机械和器材制造业	380990	10127297	333896	6947
仪器仪表制造业	91038	1809272	97042	1745

资料来源：《工业企业科技活动统计年鉴 2016》。

表 4－6　2015 年装备制造业分行业工业企业新产品开发、生产及销售情况

行业	新产品开发项目数（项）	新产品销售收入（万元）	新产品出口收入（万元）
通用设备制造业	32280	80435662	10058278
专用设备制造业	26692	60276517	8550488
汽车制造业	24859	190826260	7551450
铁路、船舶、航空航天和其他运输设备制造业	9565	64786477	135118708
电气机械和器材制造业	39587	165025929	29407862
仪器仪表制造业	11571	18734368	2164351

资料来源：《工业企业科技活动统计年鉴 2016》。

表 4 – 7　2015 年装备制造业分行业工业企业自主知识产权及修改情况

行业	专利申请数（件）	有效发明专利数（件）	专利所有权转让及许可数（件）	专利所有权转让及许可收入（万元）	拥有注册商标数（件）	形成国家或行业标准数（项）
通用设备制造业	52898	40413	1204	23509	18168	1947
专用设备制造业	52288	49732	1044	31414	18994	1669
汽车制造业	46820	23194	1223	28260	30191	825
铁路、船舶、航空航天和其他运输设备制造业	22147	17961	266	6713	9836	1203
电气机械和器材制造业	92865	63837	2226	42183	50528	2345
仪器仪表制造业	17996	16723	329	305	7862	850

资料来源：《工业企业科技活动统计年鉴 2016》。

第二节　主要问题

一、整体技术水平仍不足

目前，我国多数装备制造企业的技术创新仍然处于跟踪模仿阶段，像工业机器人领域的高性能交流伺服电机和高精密减速器、数控机床领域的功能性部件和 3D 打印机的核心部件激光器等核心技术部件目前主要依赖进口，对外依存度较高。同时，我国装备工业企业的研发投入强度也远低于发达国家水平，近几年一直徘徊在 2% 左右，而发达国家达到了 4%—5% 的水平。

二、创新承载主体分散化

当前我国装备领域重要创新载体包括企业技术中心、国家重点实验室、技术创新示范企业，力量相对分散，大部分企业的创新能力整体不强，缺乏能够主导集成创新、与跨国公司对抗的大企业。从研发经费具体的承担机构来看，发达国家大部分的研发经费是通过民间融资的方式来展开，如日本研发经费占 GDP 比重的 3% 几乎由民间承担，形成了以民为主的格局，我国企业技术研发是国有大企业为主的结构。同时，我国的研究机构也大都以单项技术为主设立，致力于某一领域的技术研发，存在体量小、学科单一、综合度低等问题，制约了产业技术的集成应用。

三、创新链环节相脱节

装备工业领域科技成果向产业转移转化不够，存在产业共性技术研发和产业化主体缺失的问题。主要原因在于原有的行业科研院所转制后，为了自身生存和应付资产保值增值等考核要求，无暇、更无力顾及共性技术研发，专业人才队伍不断弱化、流失。同时，装备工业领域产学研合作创新的有效机制尚未形成。由于高等学校、科研院所与企业拥有不同的评价机制和利益导向，各自创新活动的目的严重分化，产学研各创新主体之间还没有建立有效的合作机制，制约着科技成果在产学研之间顺利地转移转化，导致了创新链上研发与产业化环节出现脱节。

第三节　对策建议

一、加快自主创新，提升产业核心竞争力

一是按照《中国制造 2025》等部署和要求，加快组织实施制造业创新中心建设工程、智能制造工程、高端装备创新工程、工业强基工程、绿色制造工程等五大工程，推进制造业发展。二是继续组织实施装备领域科技重大专项及科研或产业化专项，论证启动机器人、3D 打印等一批新兴成长性产业扶持专项工程，引导企业加大研发投入，突破技术瓶颈。三是加快首台套重大技术装备保险补偿机制等创新应用政策的制定和推进，鼓励制造企业与使用部门共同开展研发，促进研发成果应用。四是鼓励产学研用加强合作，推动产业技术创新联盟建设，加快建立产业共性技术平台、行业检测试验服务平台，加强创新型、应用型人才培养。

二、建设制造业创新中心，补全产业创新链条

紧紧围绕《中国制造2025》确定的重点装备领域，兼顾制造业转型升级需求，聚焦"一带一路"、京津冀协同发展、长江经济带等国家重大战略，以现有的创新优势资源为基础，充分发挥政府、企业、高等院校、科研院所、行业组织的主体性和积极性，选择重点区域启动建设一批装备制造业创新中心，重点突破行业共性关键技术，解决制造业创新体系中存在的基础研究与产业化之间脱节的问题。创新中心依托企业、科研院所、高校，组建各类产业技术联盟，形成产学研协同创新共同体，要突出企业在技术创新决策、研发投入和成果转化中的主体作用；同时，依托制造业基础雄厚、研发创新实力强的省市探索创建一批区域级制造业创新中心。通过建设国家层面和区域层面的创新载体，探索实行课题来自市场需求、成果交由市场检验、绩效通过市场评估、经费分配由市场决定的运行机制，开展产业共性技术研究与成果产业化活动，并充分发挥创新中心的溢出效应，优化制造业创新生态环境，形成以国家和省级制造业创新中心为核心节点的多层次、网络化制造业技术创新体系，支撑制造强国建设。

三、提升智能制造水平，加快制造业转型升级

一是加快推进智能制造试点示范，推动智能制造在生产工艺过程、企业管理和服务、能源管理、物流等方面的广泛应用，加快开发一批智能装备和产品，推动智能制造生产模式的集成应用。二是加快组织实施智能制造工程，开发智能产品和自主可控的智能装置并实现产业化，建设重点领域智能工厂/数字化车间，建立智能制造标准体系和信息安全保障系统，搭建智能制造网络系统平台。三是结合"互联网＋"计划，加快开展工业云、互联网等新一代信息技术与制造装备融合的集成创新和工程应用，搭建合作平台，加速制造业智能化、服务化转型①。

---

① 资料来源：《中国工业报》。

第五章　原材料行业

原材料行业是国民经济各行业的基础，材料的发展水平直接影响了我国整体科技发展。改革开放近三十年以来，我国原材料行业已经取得较大成就，在全世界拥有举足轻重的地位。但是，随着我国经济发展进入新常态，社会发展进入"三期叠加"新时期，原材料行业的产能过剩、技术创新能力弱、后劲不足等问题逐步体现出来。2016年，我国原材料行业积极响应中央关于供给侧结构性改革号召，努力做到"三去一降一补"工作，钢铁等原材料行业不仅在去产能方面取得较大成果，在产业提质增效、转型升级、技术创新方面也取得较大进步。

第一节　总体情况

一、重点领域技术发展、创新及产业化情况

（一）钢铁行业

钢铁工业是国民经济的支柱产业之一，属于资源密集型、劳动密集型、大投入与大产出产业，又与国防工业、国民生产有着密不可分的关系。钢铁行业的健康发展也关系到国家宏观经济的稳定发展。钢铁产业链上游涉及矿石开采、运输和能源消耗，中游主要是炼铁炼钢，下游涉及制造业的各个领域。自新中国成立以来，我国钢铁产量经历了从无到有的过程，从新中国成立初期的钢材产量仅15.8万吨到2013年突破了10亿吨，至今为止连续19年占据世界第一位。2016年，钢铁行业的主题是供给侧结构性改革，随着下游固定资产投资速度放缓，我国钢铁行业整体产能过剩情况越来越明显。第二

季度，我国钢铁行业走出 2015 年全行业亏损局面之后，终于迎来行业全面复苏，去产能、债转股、兼并重组是 2016 年的关键词。2016 年，我国粗钢产量 80837 万吨，同比增长 1.2%。粗钢表观消费为 70900 万吨，同比增长 2%。2016 年前 11 个月实现利润总额 331.5 亿元人民币，上年同期亏损 500 多亿元。2016 年 12 月，国家发改委主任徐绍史在全国发展和改革工作会议上表示，全年钢铁 4500 万吨的目标任务已超额完成。前三季度，过剩钢铁产能已经完成 2016 年目标任务量的 77%。钢铁行业 2016 年的去产能规模估计超过 7000 万吨。在供给侧改革大环境下，2016 年钢铁业扭转深度亏损局面，全行业实现盈利。2017 年，我国将继续淘汰炼铁、炼钢产能。

1. 技术创新情况

2016 年，宝钢充分调动科研人员创新潜力，技术创新水平得到较大提升，集团共取得 23 项技术创新重大成果。排名第一的是"超级 13Cr 高抗腐蚀系列油套管产品及关键工艺技术开发"，极大提升了不锈钢在国内外油气田开采过程中腐蚀介质增多的情况下的耐腐蚀性能，特别是提升钢材在油气资源开采面临的二氧化碳腐蚀中的性能。目前，已形成 4 个牌号新品。产品覆盖 63 毫米油管到 244.48 毫米大规格套管，申请了 9 项国家发明专利，6 项技术秘密同时被认定。产品打破国外企业垄断，远销国内外，特别是"三超"油气资源开采，带来了良好的经济效益。排名第二的是"极薄一次冷轧高硅钢制造技术及装备的开发与应用"，申请国家专利 17 项，包括 10 项发明专利、1 项国际专利，同时认定企业秘密 49 项。技术诞生我国首台大压下率、极薄规格顶级取向的无取向硅钢批量生产设备，同时能耗大大下降。在此基础上，开发 B18R065、B20AT1500 等具有世界领先水平的取向硅钢及高牌号无取向极薄硅钢产品。

2016 年，武汉钢铁集团公司在变压器新材料上取得突破。通过自主创新，武汉钢铁集团公司研发出全套硅钢生产装备，以及完善相关工艺。目前，已经开放出百余个硅钢新材料品种，是我国硅钢生产的领导企业，极大提高了我国在硅钢领域的世界竞争力，同时也满足了我国各电力电气行业对高性能硅钢的需求。其中，HiB 钢厚度覆盖 0.18 到 0.30mm，成功装机 500kV 大型变压器。高端取向钢成功装机 1000kV、±400kV 等重大变压器项目；无取向硅钢已覆盖 0.15 到 1.00 毫米，成功装机风电、水电、火电、核电等。产品已远销国内外，国内在三峡工程、北京正负电子对撞机、秦山核电站、"神六""神七"载人飞船均有应用。其他方面，武汉钢铁集团公司在核电电机用钢、电驱动汽车电机用钢、高频电机薄带钢等高技术含量电工钢方面也取得较大成就，自主研发的新型高效压缩机、电机用无取向硅钢全部进入全球知名压缩机生产企业。

2017 年 1 月，历时 5 年研发，太原钢铁集团有限公司成功研发圆珠笔笔头用不锈钢新材料，打破球座体的生产设备和原材料长期依赖进口局面。目前，太原钢铁集团有限公司研发生产的不锈钢新材料，已应用于圆珠笔笔头，材料使用性能优异，可以完全替代同类进口产品。圆珠笔笔头用不锈钢的研发成功，标志着我国笔头用不锈钢材料的自主化迈出了关键的一步，对促进钢铁行业的提质增效和结构优化升级具有重大意义。

2. 全国钢铁行业政策发布情况

2016 年，围绕供给侧结构性改革的去产能，转型升级，我国各部委以及各省市均发布了相关政策文件，工信部主要发布了钢铁工业转型升级的"十三五"规划以及加强废钢铁加工已公告企业管理工作的通知，河北省、辽宁省、浙江省、安徽省等分别发布了关于钢铁产业化解落后产能的相关政策，具体见表 5 - 1。

表 5 - 1　2016 年我国发布的主要钢铁行业相关政策

政策名称	文件发布日期	发布单位
关于加强废钢铁加工已公告企业管理工作的通知	2016 年 11 月 30 日	工业和信息化部办公厅
钢铁工业调整升级规划（2016—2020 年）	2016 年 11 月 14 日	工业和信息化部
浙江省钢铁行业化解过剩产能实现脱困发展实施方案	2016 年 6 月 12 日	浙江省人民政府办公厅
安徽省出台关于在化解钢铁煤炭行业过剩产能中做好职工安置工作的实施意见	2016 年 6 月 10 日	安徽省人民政府
河北省发布实施六类标准促进钢铁行业去产能调结构	2016 年 6 月 8 日	河北省人民政府
关于印发辽宁省推动钢铁行业化解过剩产能开展安全生产执法专项行动方案的通知	2016 年 6 月 7 日	辽宁省安全生产监督管理局

续表

政策名称	文件发布日期	发布单位
关于加强工业企业结构调整专项奖补资金使用管理的通知	2016 年 6 月 7 日	财政部
工信部、发改委关于开展钢铁行业能耗专项检查的通知	2016 年 6 月 1 日	工业和信息化部办公厅、国家发展和改革委员会办公厅
安监总局等《关于推动钢铁煤炭行业化解过剩产能开展安全生产执法专项行动的通知》	2016 年 5 月 24 日	国家安全监管总局办公厅、国家煤矿安监局办公室
河南省印发钢铁行业淘汰落后产能专项行动实施方案	2016 年 5 月 23 日	河南省工业和信息化委员会、河南省发展和改革委员会
辽宁省印发钢铁行业淘汰落后生产设备专项行动实施方案	2016 年 5 月 19 日	辽宁省经济和信息化委员会、辽宁省发展和改革委员会
关于开展钢铁、煤炭行业排污费征收专项稽查工作的通知	2016 年 5 月 19 日	环境保护部办公厅
关于印发钢铁煤炭行业淘汰落后产能专项行动实施方案的通知	2016 年 5 月 4 日	工业和信息化部、国家发展和改革委员会、国家能源局、国家煤矿安全监察局
关于做好化解钢铁煤炭等行业过剩产能职工安置工作的实施意见	2016 年 4 月 25 日	河北省人民政府办公厅
关于支持钢铁煤炭行业化解产能实现脱困发展的意见	2016 年 4 月 17 日	中国人民银行、中国银行业监督管理委员会、中国证券监督管理委员会、中国保险监督管理委员会、
关于化解钢铁行业过剩产能实现脱困发展的意见	2016 年 4 月 16 日	质检总局
关于支持钢铁煤炭行业化解过剩产能实现脱困发展的意见	2016 年 4 月 15 日	国家安全监管总局国家煤矿安监局
关于积极发挥环境保护作用促进供给侧结构性改革的指导意见	2016 年 4 月 14 日	环境保护部

政策名称	文件发布日期	发布单位
关于钢铁煤炭行业脱困发展做好职工安置工作的意见	2016 年 4 月 7 日	人力资源社会保障部、国家发展改革委、工业和信息化部、财政部、民政部、国务院国资委、全国总工会
关于支持钢铁煤炭行业化解过剩产能实现脱困发展的意见	2016 年 3 月 30 日	国土资源部
关于钢铁业化解过剩产能实现脱困发展的意见	2016 年 2 月 1 日	国务院

资料来源：赛迪智库整理，2016 年 12 月。

（二）有色金属行业

我国有色金属产业在规模上已经是世界第一，但在技术创新、高精尖领域仍然与发达国家存在较大差距。产品方面，精炼铜、原铝、铅、锌等十种有色金属产量已连续九年位居世界第一。2016 年，我国有色金属产量仍然保持高位。1—12 月，全国统计的十种有色金属产量为 5283 万吨，同比增加 2.5%，增速同比下降 3.3%，较上年进一步下降。其中，精炼铜产量 844 万吨，增长 6.0%；原铝 3187 万吨，增长 1.3%；铅 467 万吨，增长 5.7%；锌 627 万吨，增长 2.0%。

1. 技术创新情况

2016 年，有色金属行业一共有 4 项科技创新获得国家科学进步二等奖。

一是"铵盐体系白钨绿色冶炼关键技术和装备集成创新及产业化"。这项技术成功研发出"磷酸铵－氟化钙"新体系白钨浸出技术，实现了对难处理白钨矿的绿色高效分解。同时，在系统研究磷铵体系氟盐分解白钨矿的反应热力学和动力学领域，形成了"铵盐－氟盐浸出白钨矿""氨溶析－冷却结晶回收磷铵""钨酸铵溶液净化""冷凝－蒸馏－磷酸吸收结晶氨尾气""钼铜渣循环利用"等技术，开发出一批新技术装备[1]。项目获得发明专利 6 项，突破关键技术 5 项。实现了高品质产品高效低耗的清洁化生产。在产业化方面，此项目已经年产 APT2500 吨，成功运行 4 年，成本、能耗下降，取得优异效

---

[1]　江西理工大学官网，http：//www.jxust.cn/view/9882。

益。这项技术完成的单位是江西理工大学、崇义章源钨业股份有限公司和赣州海创钨业有限公司。

二是"有色金属共伴生硫铁矿资源综合利用关键技术及应用"。该项目技术属于矿山开采技术领域，主要目的在于扩展铁矿资源，将硫铁矿从化工矿产拓展为铁矿资源。该项目获得 18 项发明专利授权，增加了我国铁矿的资源产量，同时改变了硫铁矿的属性。项目对推动我国硫铁矿资源综合利用、节能减排做出了重要贡献。完成这项技术的单位是：昆明理工大学、北京矿冶研究总院、云南冶金集团股份有限公司、铜陵化工集团新桥矿业有限公司、江西铜业股份有限公司德兴铜矿、南京银茂铅锌矿业有限公司和深圳市中金岭南有色金属股份有限公司凡口铅锌矿等。

三是"底吹熔炼－熔融还原－富氧挥发连续炼铅新技术及产业化应用"。该技术达到国际领先水平，实现了铅冶炼及金银回收技术领域的重大突破。攻克了熔炼、还原、挥发三个过程不连续的重大技术难题。突破了传统的高耗能、污染重的鼓风炉还原技术，开发了采用廉价还原剂熔融还原技术替代。该成果缩短了工艺流程，开创了以铅为捕收剂冶炼金银等贵金属的新工艺。该项目成果目前已成功应用于国内多家企业的 39 条生产线，获得授权发明专利 19 件、实用新型专利 14 件。完成这项技术的单位是：中国恩菲工程技术有限公司、山东恒邦冶炼股份有限公司、济源市万洋冶炼（集团）有限公司、河南金利金铅有限公司、安阳市岷山有色金属有限责任公司和中南大学等。

四是"红土镍矿生产高品位镍铁关键技术与装备开发及应用"。该项目主要创新点有五个，开发了红土镍矿生产高品位镍铁的熔炼关键技术与装备；开发了红土镍矿回转窑强化焙烧工艺和与之配套的焙烧回转窑；首创了喷吹与化学升温相结合的镍铁精炼技术；自主开发了低热损输送高温焙砂的机电一体化成套装备；开发了管状带式输送高黏性红土镍矿新技术。该项目共获国家授权发明专利 22 项，实用新型 1 项。完成这项技术的单位是：中国有色矿业集团有限公司、中国恩菲工程技术有限公司、太原钢铁（集团）有限公司、中色镍业有限公司、沈阳有色金属研究院、中国有色（沈阳）冶金机械有限公司和四川省自贡运输机械集团股份有限公司等。

2. 全国有色金属行业政策发布情况

2016 年，工业和信息化部相继发布了关于《有色金属工业发展规划

（2016—2020年）》和《稀土行业发展规划（2016—2020年）》，并出台了相关解读文件。文件为未来5年我国有色金属行业指明了方向和任务。指出，产业需求增速放缓，规模扩张阶段已经结束，有色金属消费增速将进一步放缓，产业改造升级将成为"十三五"期间重要目标。有色金属行业发展速度将由高速转为中高速，铜、铝、铅、锌等主要品种消费增速将由高速转为中低速，控产能、调结构、提质增效，推进供给侧结构性改革将是未来行业发展的主要任务[1]。稀土方面，工信部将到2020年稀土年度开采量控制在14万吨以内作为重要目标，同时严格市场准入制度，除六家大型稀土企业集团（包钢集团、中国五矿、中铝公司、广东稀土、赣州稀土、厦门钨业）外不再新增采矿权。

（三）石化和化学工业

2016年，全球原油市场探底回升。经历了2015年的不景气、原油价格屡创新低后，2016年，全球石油石化市场稳步回升，国际原油期货价格由年初1月份的26美元回升到53美元。同时，原油价格的止跌回升对我国石油炼化、化工、有机行业与高分子合成行业也形成了积极的影响。2016年全年，我国化学原料和化学制品制造业规模以上工业增加值同比增长7.7%，增速同比持续下降。各类主要产品方面，硫酸产量为8889万吨，同比下降0.8%，烧碱产量为3284万吨，同比上升8.8%，乙烯产量为1781万吨，同比上升3.9%，化学纤维产量为4944万吨，同比上升3.8%。[2]

2016年，石化行业十大关键词是，兼并重组，环保风暴，涨价，退城入园，现代煤化工，智能制造，科普，国企改革，"十三五"规划，原油双权放开。

1. 技术创新情况

2016年1月，中国石化经过了40余年科研攻关，完成的"高效环保芳烃成套技术开发及应用"项目被授予国家科技进步特等奖，同时使得我国成为继美国、法国之后第三个全面掌握该技术的国家。通过物理化学、设备调试、工艺工程、催化材料等工艺、流程改变与创新，中国石化集团公司的高效环

---

[1] 工业和信息化部：《有色金属工业发展规划（2016—2020年）》。

[2] 《2016年国民经济实现"十三五"良好开局》，国家统计局，2017年1月20日。

保芳烃成套技术已经达到国际领先水平，显著提升了芳烃生产工艺技术水平以及国际竞争能力，具有里程碑意义。每年生产的化学纤维可替代约 2.3 亿亩土地产出的棉花，取得了特别重大的技术突破、经济效益和社会效益，为中国制造再度添砖加瓦。

2016 年 4 月，北京三聚环保新材料股份有限公司与北京华石能源通过 5 年多努力，联合成功研发出我国首套自主研发的超级悬浮床工业示范装置。并且此装置已经一次开车成功并实现连续平稳运行。这标志着我国自主研发的超级悬浮床关键技术及装备实现了重大突破，标志着我国跻身重油加工技术世界领先行列。通过攻克了一系列重大技术难题，形成了多项自主知识产权的核心技术，有效降低我国原油进口依存，同时为出口做出重大贡献。

2016 年 12 月，神华宁煤集团经过 3 年多攻关的 400 万吨/年煤炭间接液化示范项目成功出油，该项目承担了国家的 37 项重大技术、装备及材料自主国产化任务。是目前世界上单套投资规模最大、装置最大、拥有自主知识产权的煤间接液化项目，项目国产化率达到 98.5%，打破煤制油化工核心技术、装备及材料的国外垄断，为石化行业的中国制造再度添砖加瓦。

2. 全国石化行业政策发布情况

2016 年 10 月，工业和信息化部发布《石化和化学工业发展规划（2016～2020 年）》①，明确了未来五年行业的发展情况。2016 年 8 月份以来，发改委接连发七文促油气改革、输配体制改革，《关于深化石油天然气体制改革的若干意见》即将出台。2016 年 11 月 17 日，国家能源委员会发布了《能源发展"十三五"规划》。

（四）建材行业

2016 年，建材行业在经过了 2015 年的持续低迷之后，今年随着房地产上游市场的止跌回升，建材行业，也开始出现了增长。产品方面，2016 年，水泥产量为 240295 万吨，同比增长 2.5%；平板玻璃产量为 77403 万重量箱，同比增长 5.8%。价格方面，建材价格整体呈现振荡上涨趋势，到 2016 年底，开始出现大幅涨价的趋势。水泥和玻璃价格连续上涨，主要是原材料涨价，

---

① 工信部：《石化和化学工业发展规划（2016—2020 年）》，2016 年 10 月。

家具用实木、五金、板材等均出现涨价。木材从 2900 元每方，上涨到 3300 元每方，海绵价格上涨 70%。2017 年，建材行业原材料涨价仍将继续。2016 年 5 月 18 日，国务院办公厅印发《关于促进建材工业稳增长调结构增效益的指导意见》部署了今后建材行业的淘汰产能、转型升级具体任务。2016 年 6 月 30 日，工业和信息化部印发《工业绿色发展规划（2016—2020 年)》。对于水泥行业要求到 2020 年，熟料综合能效要有效下降。

1. 技术创新情况

"超薄信息显示玻璃工业化制备关键技术及成套装备开发"获得 2016 年国家科技进步二等奖。该项目由中国建材集团下属的蚌埠玻璃工业设计研究院、中国建材国际工程集团有限公司等 5 家单位共同完成。该项目先后开发成功超薄浮法电子玻璃原料粒径级配技术、超薄 TFT–LCD 玻璃溢流成形技术等相关技术和装备，打破了国外多年垄断。形成了具有完全自主知识产权的超薄信息显示玻璃工业化制备关键技术及成套装备，是目前国内最薄的电子玻璃生产技术和生产线。产品已经成功应用于几十家国内知名厂家，成功替代国外进口产品。该项目打破国外的技术垄断和封锁，也是我国玻璃行业转型升级的典范。

"高性能玻璃纤维低成本大规模生产技术与成套装备开发"获得 2016 年国家科技进步二等奖。该项目由中国建材集团下属的巨石集团有限公司自主研发。该项目突破了玻璃纤维低成本大规模生产技术和成套装备，研发出高强度玻璃纤维，实现了大规模工业生产，水平达到国际先进，提高了劳动生产率、降低了能耗，提高了绿色水平。该项目已成功推广应用，并在国外建成生产线，对我国玻璃纤维行业的转型升级、提质增效具有重要意义。

2. 全国建材行业政策发布情况

2016 年 10 月，工业和信息化部印发了《建材工业发展规划（2016—2020 年)》①（工信部规〔2016〕315 号）（以下简称《规划》），作为未来建材工业发展的指导和规划。《规划》提出，以提高质量和效益为中心，以供给侧结构性改革为主线，以创新驱动发展为动力，着力压减过剩产能，改造提升传统产业，优化要素配置，构建产业新体系，拓展发展新空间，推动产业转型升

---

① 工业和信息化部：《建材工业发展规划（2016—2020 年)》，2016 年 10 月。

级，为建材工业"由大变强"奠定更加坚实的基础。《规划》提出了加快结构优化、强化协同创新、推进绿色发展、促进融合发展、推进国际合作等五大具体任务。《规划》明确了六大重点工程，包括绿色建材生产和应用工程、关键材料保障能力提升工程、矿物功能材料发展工程、协同处置推广工程、"三品"行动推进工程和服务平台建设工程；提出到 2020 年，新建建筑中绿色建材应用比例达到 40% 以上，特色产业园区产值达百亿元，水泥熟料原燃料中废弃物占比达到 20% 以上，一批先进无机非金属材料实现产业化，石墨烯等前沿新材料达到世界先进水平。

二、重要数据

表 5–2　2015 年原材料分行业企业 R&D 人员、经费支出、企业办研发机构情况

行业	企业 R&D 人员（人）	经费支出（万元）		企业办研发机构（个）
		内部支出	外部支出	
石油加工、炼焦和核燃料加工业	15867	698690	44733	285
化学原料和化学制品制造业	91598	3025421	214510	5696
黑色金属冶炼和压延加工业	109270	4729112	113398	1237
有色金属冶炼和压延加工业	50875	2412102	177524	1352

资料来源：《工业企业科技活动统计年鉴 2016》。

表 5–3　2015 年原材料制造业分行业工业企业新产品开发、生产及销售情况

行业	新产品开发项目数（项）	新产品销售收入（万元）	新产品出口收入（万元）
石油加工、炼焦和核燃料加工业	1581	25079049	43777
化学原料和化学制品制造业	24755	107041487	9853105
黑色金属冶炼和压延加工业	7903	4838219	66290940
有色金属矿采选业	6283	58170504	3789119

资料来源：《工业企业科技活动统计年鉴 2016》。

表5-4   2015年原材料制造业分行业工业企业自主知识产权及修改情况

行业	专利申请数（件）	有效发明专利数（件）	专利所有权转让及许可数（件）	专利所有权转让及许可收入（万元）	拥有注册商标数（件）	形成国家或行业标准数（项）
石油加工、炼焦和核燃料加工业	1912	2775	57	5269	1040	212
化学原料和化学制品制造业	28778	37649	837	13553	43829	2123
黑色金属冶炼和压延加工业	14085	12322	216	438	3699	374
有色金属矿采选业	10146	10451	175	2265	4740	814

资料来源：《工业企业科技活动统计年鉴2016》。

第二节　主要问题

一、产能过剩情况仍然存在

2016年，经过了一年的集中去产能，钢铁、有色、水泥等原材料行业产能情况明显取得好转，但仍然存在产能过剩的情况。2016年，我国钢铁产量8.08亿吨，表观消费量为7.09亿吨，存在0.9亿吨的产能过剩。全年水泥产量24亿吨。随着我国基础建设放缓，房地产等固定投资降速，未来对原材料行业的需求将进一步下降，因此，未来一段时间，原材料行业的去产能、调结构仍然是长期的主调。

二、产业创新技术供给不足

我国原材料行业普遍存在产业创新技术供给不足的问题，核心技术受制于人、科技创新能力弱，直接导致行业产品结构不合理，中低端产品产能过剩、占比较高，全行业的利润普遍低于其他工业行业。行业发展主要依靠要素投入、以投资为拉动的粗放型发展模式，而不是以创新为驱动的集约型发展模式。企业作为创新的主体，我国拥有的近千家钢铁企业作为创新的主体，但整体研发能力较弱；高校作为产学研的上游，我国从事冶金相关基础研究和教学的大学主要有北京科技大学、东北大学、重庆大学、安徽工业大学、河北理工大学、武汉科技大学、上海大学等，但研究与产业结合不紧密。目前，我国原材料行业未形成具有竞争优势的产业自主主导技术范式，主要依靠"引进—模仿—再引进—再模仿"技术路径。

三、协同创新载体缺失

一直以来，我国多数产业普遍存在科技与经济的"两张皮"现象，原材料领域产业协同创新机制尚未建立，企业、科研院所等创新主体仍各自为战。一方面，原材料领域的创新资源分散在相关企业、科研单位、行业协会等部门，产学研合作效果不明显，未能形成有效的协同创新合力。本土同类原材料企业之间恶性竞争严重，研发生产均属于闭门造车，同一技术重复研究，既浪费大量的研发时间和研发经费，又未形成有序、细化、科学的创新链、产业链。另一方面，我国原材料产业链上下游领域协同创新不足。在原材料冶炼、加工、设备制造和下游行业应用等相关领域未形成有效协同，在关键核心零部件研发、产品技术路线、产品标准、质量体系等一系列相关领域缺乏统一的研究合作。

第三节　对策建议

一、加快企业兼并重组，持续关停僵尸企业

全力推进钢铁工业供给侧结构性改革，着力化解过剩产能，是实现钢铁行业转型发展的关键。2016 年，经报国务院批准，宝钢集团有限公司与武汉钢铁（集团）公司实施联合重组，12 月 1 日，由宝钢与武汉钢铁集团公司联合重组而成的中国宝武钢铁集团公司 1 日在上海正式揭牌成立。此次宝钢和武汉钢铁集团公司联合，不仅是国企改革的一个标志性事件，同时，也是化解钢铁产能过剩的重要手段，这对推进钢铁行业供给侧结构性改革将起到重要作用。2017 年，面对整个原材料行业的产能过剩，结构性问题仍然存在的

情况，我们应该在钢铁、有色、水泥等原材料行业，继续加快企业的兼并重组。同时，对于地方僵尸企业，要下定决心，清理一家，关停一家，从源头消除低端产能过剩问题。

二、加大企业技术研发力度，提升关键核心竞争力

原材料相关企业应加大研发投入，保证每年研发投入占销售额的比例在国际合理水平，保持技术领先和持续的研发投入（特别是在新技术、新工艺、新装备、新材料、管理信息系统方面的研发及投入）。以钢铁行业为例，目前，日韩许多著名的钢铁企业研发投入为销售收入的1%以上，研发经费支出也都超出5亿美金，虽然这个比例在 IT 行业不算太高，但在钢铁行业就是很高的了。目前，研发支出额度较高的是宝钢、武汉钢铁集团公司、河钢集团等大型钢铁企业集团。但我国钢铁企业中研发投入比大多数低于1%。所以，未来我国钢企的研发投入力度仍需要进一步加大。

三、加快原材料行业创新中心建设，进一步完善创新生态系统

《中国制造2025》明确提出实施国家制造业创新中心建设工程，通过政府引导、整合资源，加快建立国家制造业创新体系，解决共性技术的持续来源问题、化解科技成果转化的阻梗。国家制造业创新中心是国家级创新平台的一种形式，是一种新型创新载体。它联合企业、科研院所、高校等各类创新主体，以企业为主体，组建独立法人，以现代化企业模式运行。原材料行业应加快创新中心建设，通过制造业创新中心建设，重点解决行业关键共性技术供给，针对技术研发、转移扩散和首次商业化等环节，重点突破科技成果工程化、产业化的"死亡峡谷"。以培育原材料相关产业国际竞争新优势为目标，汇聚整合行业科研院所、高校、企业等各类主体的资源及优势，打造贯穿创新链、产业链、资金链的行业创新生态系统。通过创新中心，建立高效协同的制造业创新体系，使创新链条各环节有机衔接，补全创新短板。通过创新中心，发挥企业在促进科技和经济融合中的主体作用，实现颠覆性技术突破。通过创新中心，为"三降一去一补"提供内生动力和活力，引领并形成产业创新发展的新局面。

第六章 消费品行业

2016 年，随着新一轮科技革命和产业革命的兴起及《中国制造 2025》的出台，我国消费品行业加快了技术改造升级和创新驱动发展步伐，产业整体创新实力进一步得到提高，在纺织工业、轻工业、食品工业及医药工业等相关领域实现自主创新，成效显著。这些技术创新活动推动了我国消费品工业"三品"战略的进一步落实和发展，促进了我国工业整体竞争力的提升。

第一节 总体情况

一、重点领域技术发展、创新及产业化情况

2016 年，我国消费品工业在生产上总体保持平稳，2016 年，消费品工业增加值同比增长 5.4%，其中，轻工（不含食品）、纺织、食品、医药和烟草等行业分别增长 6.3%、4.9%、7.2%、10.6% 和 −8.3%。重点行业产销率较高，皮革、毛皮、羽毛及其制品和制鞋业 97.9%，家具制造业 97.9%，造纸及纸制品业 98.0%，体育和娱乐用品制造业 97.4%，农副食品加工业 97.8%，食品制造业 97.2%，酒和饮料行业 95.8%，纺织业 98.4%，服装制造业 97.7%，化学纤维制造业 97.5%，医药制造业 99.2%。消费品工业出口交货值同比增长 1.9%，增幅高于全部工业 1.5 个百分点[①]。下面将分析消费品工业中纺织、轻工、食品、医药四个子行业的工业的科技创新情况。

---

① http：//www. miit. gov. cn/n1146285/n1146352/n3054355/n3057601/n3057608/c5448383/content. html.

（一）纺织工业

分行业看，2016 年规模以上纺织工业增加值同比实际增长 5.5%，增速创近十多年以来新低。这意味着在纺织产业内部正孕育着重大的结构调整①。

1. 智能化模式

在智能化方面，目前，线下传统零售日渐降温，线上需求逐步旺盛，面对我国中式服装行业的这一现状，上海三升服饰科技有限公司顺应时代变化，充分利用互联网技术进一步完善工艺和供应链的同时，更是联合小企业孵化基地打造"互联网 + 中式服装"平台。

其模式是让用户可以喝着咖啡登录 APP 购买商品，也可在 APP 下单后选择送货上门，以此实现线下向线上导流量，而门店则向手机 APP 导流，加强用户的移动 APP 沉淀。不仅如此，"互联网 + 中式服装"体系在帮助上海三升服饰科技有限公司彻底解决客源问题的同时，也有效解决了库存问题，特别是在当今服装季节性明显，更新周期越来越短的大背景下，"互联网 + 中式服装"体系很好地帮助上海三升扔掉包袱，实现资金运作的流畅化，进而进行更为长远的产业布局。值得一提的是，上海三升服饰科技有限公司"互联网 + 中式服装"体系在创建的同时，同样融入了大数据、互联网远程监控、互联网即时数据传输等技术。在这些技术的支持下，上海三升服饰科技有限公司"互联网 + 中式服装"体系逐步衍生出服装智能化、信息化服装生产整体方案，更为灵活地满足各类消费者的需求，同时降低季节、时尚潮流变化等因素对于企业发展的影响，实现企业更为持续性的稳定发展②。

2. 材料创新

在材料方面，T800 级碳纤维生产技术、苎麻技术等都取得了重大突破。

T800 级碳纤维生产技术取得突破。由哈尔滨天顺化工科技开发公司研发的 T800 级碳纤维生产技术取得重大突破，该公司经过一年刻苦攻关，利用自产千吨线生产的原丝，再次突破低成本 T800 级碳纤维生产技术。其优点在于：第一，使用该项技术生产的"天顺化工"12K 自主型号 T800 级碳纤维拉

---

① http：//www. tnc. com. cn/info/c – 001001 – d – 3594891. html.
② http：//news. ctei. cn/brand/gnpp/201701/t20170114_ 2345048. htm.

伸强度为 5495MPa，强度离散系数 Cv 值为 3.8%，拉伸模量为 290GPa，模量离散系数 Cv 值为 2.5%，各项指标均达到或超过日本 T800 级碳纤维技术水平。第二，成本低，哈尔滨天顺化工科技开发公司环氧树脂事业部开展邻甲酚醛环氧树脂原料国产化研究，确定生产工艺，国产原料已经全部用于高软、中软、低软全系列邻甲酚醛环氧树脂产品生产，降低成本 600 万元。目前，天顺化工规模化生产的 T800 级碳纤维成本仅为 350 元/公斤，该技术不仅打破了部分国家在高性能碳纤维领域对我国实施的贸易封锁，更将生产成本降到国际价格的三分之一①。

苎麻技术填补国际空白。苎麻这种特色纤维的产量只占所有纤维总量的1%，且产业都集中在中国。2017 年 1 月，湖南华升集团的苎麻技术填补了国际空白，斩获国家科技进步二等奖。通过艰苦的科研攻关，华升集团项目最终突破加工的关键技术瓶颈，形成了五大技术创新点：生态高效生物化学一步脱胶技术、苎麻纤维光洁化纺纱技术、苎麻高效织造技术、苎麻织物染整技术、高支低胶苎麻新品种培育技术。相关信息显示，"苎麻生态高效纺织加工关键技术及产业化"项目获授权发明专利 17 项，已建成 2 条产业化生产线，项目整体技术达到国际领先水平，实现了脱胶时间缩短 57%、能耗下降38%、废水 COD 降低 43%、用碱量减少 60%、胶质脱净率提高 13%、洗涤耗水量减少 48%、残胶率降低 38%②。

3. 印染技术突破

在印染方面，环保染色技术、高强高稳荧光染料技术和生物纺织酶技术取得重大突破。

环保无污染色技术取得新突破。由香港纺织科技顾问公司研发了一项从根本上解决纺织服装染色污染难题的新技术，其原理是采用阳离子技术，对不同种类的纺织材料（例如纤维、纱线、织物、成衣）进行预处理，然后通过纤维染色、纱线染色、匹染或成衣染色，达到出色的染色效果。其优点在于：一是颠覆了传统染色污染重的缺点，实现了无盐、无碱、连续化染色，且污水零排放；第二，整个染色工序的染色深度提高了 80% 以上，

---

① http://news.ctei.cn/Technology/gndt/201702/t20170203_ 2348662. htm.
② http://news.ctei.cn/company/qyxx/201701/t20170119_ 2347379. htm.

同时节约能源 50%、节水 80%、节约染化料 25%—35%、提高工作效率 40%—50%，且在无盐、无碱的环境下甚至能获得更佳的染色色深、更好的干/湿色牢度①。

高强高稳荧光染料技术获突破。该项技术由中科院大连化物所生物技术部研究团队研发，其原理是利用氮丙啶作为荧光团电子供体，有效抑制淬灭荧光和易使染料光漂白的分子内电荷转移态（TICT）的形成，获得了高荧光强度和光稳定性的系列新型荧光染料。该研究团队通过实验与理论计算相结合的方式，将荧光染料中常用的电子供体二烷基胺变换为三元环的氮丙啶，由于氮丙啶巨大的环张力和空间位阻，有效阻止了染料受光照激发后分子内电荷转移态的形成，从而极大地提高了荧光强度和光稳定性，相关成果发表在《美国化学会志》上②。

生物纺织酶技术取得重大突破。该技术由中科院天津工业生物技术研究所研制，该酶制剂专用于纺织品退浆精炼的染前处理步骤，替代传统碱处理工艺，达到了节能、节水、减排、提高品质和降低成本的效果，可推动我国纺织行业从传统的高能耗、高耗水、高污染工艺向绿色、环保、可持续发展的生物新工艺转型升级，将成为纺织行业发展技术革命的里程碑。据酶法前处理工艺在天纺集团和宁纺集团的生产试验结果表明，纯棉棉布和芳纶热波卡布的酶法前处理与传统碱法工艺比较，可分别降低成本 30% 和 70%，并且在军用迷彩布、帐篷防水布、泡皱产品、芳纶系列产品等多类纺织产品生产中也有显著效果，取得了可观的经济效益、社会效益和环境效益。在产业化方面，预计未来三年可完成 10 至 20 家纺织企业的推广应用，累积创造新增利润达 0.5 亿至 1 亿元人民币。同时，可推动更多纺织企业从传统工艺向绿色生产迈出"第一步"，将带来显著的社会效益和生态效益③。

（二）轻工业

轻工业是我国国民经济的重要组成部分，在出口创汇、提供就业、带动经济发展方面都起到很重要作用，2016 年，轻工业标准体系、质量、品牌工

---

① http://news.ctei.cn/Technology/gndt/201606/t20160614_2246955.htm.
② http://news.ctei.cn/Technology/gndt/201607/t20160727_2266219.htm.
③ http://news.ctei.cn/Technology/gndt/201607/t20160727_2266219.htm.

作得到进一步重视，取得了很多成就。

1. 家用电器

2016 年，在产业转型升级以及消费升级的持续推动下，家电业通过发掘新增长动力，为市场注入新的活力。

DTMB 技术研究获得突破。绵阳市企业四川长虹电子控股集团有限公司联手清华大学等单位共同参与的"DTMB 系统国际化和产业化的关键技术及应用"项目，荣获 2016 年度国家科学技术进步奖一等奖。该项目属广播电视工程技术领域的重大创新，在地面数字电视系统中，对数字电视信号进行信道编解码、调制解调、发射接收等地面传输技术处理，主要解决传输效率与可靠性问题。该项目发明了一种兼容单载波的多载波传输方式，解决了这一世界性技术难题。同时，还发明了一种 LDPC 纠错编码专利技术，这是 DTMB 标准的核心技术，使系统接收门限显著优于同类国际标准系统，开创了我国数字电视领域强制性标准在海外应用的历史，并带动了行业技术、产品、服务和文化产品成套出口。DTMB 标准还打破了数字电视标准领域美、欧、日的垄断，使得"中国标准"成为国际标准，被国际电联誉为全球数字电视发展四十年来的一个重大里程碑事件[①]。

海尔热水器再创黑科技。在电热水器的加热管上应用潜艇级材质是海尔热水器研制的又一项重大突破，其意义在于大大提升了加热管的抗压抗腐蚀能力。其优点在于，一是海尔热水器结合潜艇级耐腐蚀材质，对加热系统进行了全新升级，集储热、速热、瞬热功能于一体，可以满足用户不同的洗浴需求；二是可以轻松应对热水器内部中低温、高温不断变化的复杂温度环境，有效延长了热水器的使用寿命，由此海尔热水器做出了"包修 8 年"的服务承诺；三是加热速度提升 15 倍，海尔下一代瞬热洗型防电墙热水器在瞬热聚能环的作用下，加上长度增加了 50% 的折叠式速热加热体，以及商用级细腔匀热内胆，使水集中受热更高效、预热时间更短[②]。

光刻工艺取得突破。光刻机是液晶面板制造装备中投资份额最大的关键装备，其关键技术始终受制于国外企业，限制了行业发展。为打破液晶面板

---

① http://tech.cheaa.com/2017/0112/499888.shtml.
② http://tech.cheaa.com/2017/0118/500350.shtml.

行业光刻装备国外垄断的局势，针对电子信息领域对技术先进、节能环保的低成本曝光装备需求，中科院重庆研究院开展了基于 UVLED 光源的新型曝光模组研究，突破了 LED/LD 光学扩展量求解与束角变换理论、LED 多自由曲面精确配光技术、紫外波段自由曲面无机光学元件批量化制造技术、光机电系统集成等多项关键技术，成功研制了用于微电子光刻的"2—12 英寸 UV-LED 平行光曝光模组"及用于 PCB、液晶面板和触摸屏等光刻装备的"5kW、8kW、10kW 汞灯替代 UVLED 光源模组"系列产品，产品强度、均匀度等多项关键指标均优于国外原厂配置，并可满足 2μm 级线条的制作，产品技术达到国际领先水平。目前，研发团队已与重庆方正、深南电路等大型企业达成合作协议，配合企业完成光刻装备的升级改造，截至 2017 年 1 月，市场上该类光刻装备超过 5 万台，产值将达 50 亿元以上①。

2. 食品工业

2016 年，我国食品工业经济运营保持了稳中有进的良好态势。

现代食品工程化技术与装备创制取得重要突破。在非热加工技术方面，"现代食品工程化技术与装备"项目于 2016 年 6 月通过技术验收，该项目组研制了国内首台能够进行规模化生产的 350L 超高压设备，为我国实现批量制造规模化设备创造了有利的技术条件，打破了国外多年的技术垄断。在水产加工装备与技术研究方面，突破了很多我国制约性关键装备技术问题，尤其是水产食品加工高效前处理装备技术、品质优化装备技术及副产物高值化利用等方面，促进了水产食品加工领域的原料加工机械化、精深加工高值化、综合加工绿色化。在罐头加工方面，突破了通用型高温连续杀菌设备的研制生产，其意义在于降低了罐头吨产品耗水量，实现了食品杀菌工序节水节能及高效自动化，可以显著提升行业生产效率和生态效益。在食品表征属性与品质识别技术方面，成功研制出具有我国自主知识产权的感官品质仿生识别软硬件设备，突破了我国加工产品目标物富集、未知掺假物非定向筛选等共性关键技术难题。这些技术的突破进一步带动了食品加工技术与装备的升级，引领了食品工业向绿色高效、节能减排的方向发展②。

---

① http：//tech. cheaa. com/2017/0116/500092. shtml.
② http：//www. most. gov. cn/kjbgz/201607/t20160707_ 126402. htm.

采用膜分离技术提取大豆低聚糖技术。该技术由山东省高唐蓝山集团研制，其原理是通过热凝、膜分离等精制手段，回收之前作为废水排放的大豆乳清水中的糖类，生产出高附加值的大豆低聚糖。又通过浓缩热凝液的方法，回收了其中的蛋白，其中，大豆低聚糖总回收率达到90%以上，乳清蛋白回收率达到80%以上，废水COD减排率都达到90%以上，作为饲料添加剂，充分利用了大豆分离蛋白加工时废液的有效成分，做到了变废为宝、综合利用，达到了极好的效果。此工艺未见国内外报道，属于国际领先工艺。山东省高唐蓝山集团总公司于2012年1月应用"采用膜分离技术提取大豆低聚糖技术"，截至2016年8月，该项目累计生产大豆低聚糖3850吨，实现销售收入34457.5万元，新增利润25448.5万元，新增税收6362.125万元，具有良好的经济效益①。

功能性乳蛋白粉清洁生产技术。该技术由黑龙江飞鹤乳业有限公司研制，其原理是以膜技术和生物工程技术为核心，通过筛选适宜的膜组材料及研制设备和酶工程技术优化等研究，建立了以脱脂乳为原料，将原料乳中酪蛋白和乳清蛋白分开而分别制备酪蛋白胶束粉和天然乳清蛋白粉的技术，建立了干酪乳清回收技术而制备不同级别的乳清产品，其技术水平达到国际先进水平。其意义在于：干酪加工副产物乳清的梯次利用及产品开发，在国内首次系统地将微滤、超滤、纳滤等分级分离技术集成组合，应用到乳蛋白基料加工与干酪乳清综合利用上，解决了干酪加工中乳清回收的产业难题；建立了乳清脱盐技术，如纳滤脱盐率达到了45%，离子交换脱盐率达到了96%，成功制备出脱盐乳清粉、乳清浓缩蛋白和乳清分离蛋白等6个高附加值产品，并实现了产业化示范，取得显著综合效益。功能性乳蛋白基料粉生产关键设备国产化创制，自主研发、设计、制造了脱脂乳成分分级分离成套膜设备及乳清回收膜设备、CIP废酸碱液回收净化设备，使全套生产线关键设备实现国产化，显著降低了设备投入，实现了乳清回收和高效利用的绿色清洁生产目标。该项技术获省部级鉴定成果4项，申报专利6项，发表论文30篇（单篇SCI最高IF=5.49），自主研发新装备7套/台。项目成果在黑龙江飞鹤乳业有限公司推广应用后已生产乳清产品20300吨，实现销售收入7.69亿元，利税

---

① http：//www.agri.ac.cn/news/qtzcjg/2017112/n6362125412.html.

1.54 亿元。[①]。

3. 医药工业

2016 年是我国医药行业进行大变革的关键一年，在经济新常态下，医药行业的机遇与挑战并存。

塞卡病毒诊断试剂研制成功。在"艾滋病和病毒性肝炎等重大传染病防治"国家科技重大专项和"塞卡疫情防控科技攻关应急"专项的支持下，中国疾病预防控制中心病毒病预防控制所日前成功研制出塞卡病毒荧光定量 PCR 检测试剂。该试剂检测灵敏度较高，特异性较好，目前已分发给全国省级、计划单列市疾控部门以及我国重要口岸检疫部门，进行对塞卡病毒的筛查和诊断。

新型人肝癌细胞系成功构建。该成果由湖南大学团队完成，其名称为 HLCZ02 的新型人肝癌细胞系，为材料匮乏的肝癌研究领域高分化类型肿瘤实验带来了新的想象空间，可应用于细胞或动物模型，该成果已获国家发明专利授权。其原埋是：研究团队以原发性肝癌患者手术切除的新鲜肝癌组织为来源，构建 HLCZ02，HLCZ02 可以高分化、可模拟正常肝细胞生理功能的新型肝癌细胞系，对肿瘤药物敏感。HLCZ02 建立可用于发现肝癌标志物、肝癌发病及转移机制等研究，还可用于制备、筛选或评价抗肝炎病毒药物、抗肿瘤药物研究以及制备人造肝。总之，它可助力肝癌早期诊断，用该细胞系制备人造肝，将有望改善使用他人肝进行移植所引起的免疫排异等问题。目前，它已实现在免疫功能缺陷的小鼠上植入并成功成瘤[②]。

二、质量品牌建设情况

2016 年，是消费品行业质量品牌建设的重要一年，是落实《中国制造2025》的重要一年，强调加快提升产品质量、完善质量监管体系、夯实质量发展基础、推进制造业品牌建设，尤其针对消费品行业的食品、药品、婴童用品等涉及人身安全的产品，要建立完善质量安全追溯体系。全社会对消费

---

① http://www.ncpjg.org.cn/qgkjtghdsdcg/12805.jhtml.

② http://www.most.gov.cn/gnwkjdt/201609/t20160926_127935.htm.

品行业的质量品牌建设更加重视，加强消费品产品的质量与品牌建设的政策法规纷纷出台，用创新提升质量，用诚信建设品牌，促进产业转型升级，提升产品附加值及国际竞争力。

（一）相关政策纷纷出台，政府服务与监管力度加强

在工信部的《质量发展纲要（2011—2020）》（国发〔2012〕9 号）和《中国制造 2025》的指导下，相关政策陆续颁布以持续提高我国消费品行业的产品质量水平和品牌价值。

在纺织工业方面，依据《再生化学纤维（涤纶）行业规范条件》（2015年第 40 号）发布了《再生化学纤维（涤纶）行业规范条件公告管理暂行办法》（2016 年第 32 号）。要求各省、自治区、直辖市及计划单列市、新疆生产建设兵团工业和信息化主管部门（以下简称省级工业主管部门）负责本地区（单位）再生化学纤维（涤纶）生产企业规范条件公告申请的受理、审核、推荐及日常监督检查工作。工业和信息化部负责组织对省级工业主管部门推荐的申请材料进行审核和公告。对符合《规范条件》的企业予以公告，企业名单实行动态管理。

此外，工业和信息化部办公厅颁布《关于开展 2016 年服装家纺自主品牌建设调查工作的通知》（工厅消费〔2016〕763 号），要求着力培育优势品牌，对重点跟踪培育的服装家纺自主品牌企业要保持跟踪服务，优化完善扶持政策，引导企业建立完善品牌培育管理体系，提高品牌培育能力，提升品牌价值。加强"三品"战略宣传。及时总结本地服装家纺自主品牌建设成功经验，营造良好的市场环境，推动服装家纺品牌发展壮大。

2016 年 9 月，工业和信息化部出台《关于印发纺织工业发展规划（2016—2020 年）的通知》（工信部规〔2016〕305 号），要求提升产业创新能力、加强行业关键技术突破、推动纺织行业模式创新、大力实施"三品"战略、推进纺织智能制造，加快绿色发展进程、促进区域协调发展、提升企业综合实力。

在轻工业方面，2016 年 7 月，工信部发布了《轻工业发展规划（2016—2020 年）》，提出，要以提高发展质量和效益为中心，以深度调整、创新提升为主线，以企业为主体，以增强创新、质量管理和品牌建设能力为重点，大力实施增品种、提品质、创品牌的"三品"战略，改善营商环境，从供给侧和需求侧两端发力，推进智能和绿色制造，优化产业结构，构建智能化、绿色化、服务化和国际化的新型轻工业制造体系，为建设制造强国和服务全面建成小康社会的目标奠定基础。

在食品工业方面，2016年12月，由农业部、国家发展和改革委员会、工业和信息化部及商务部四部委联合国家食品药品监督管理总局于印发《全国奶业发展规划（2016—2020年）》（农牧发〔2016〕14号），提出以市场需求为导向，以优质安全、提质增效、绿色发展为目标，大力推进奶业供给侧结构性改革，加快转变奶业生产方式。强化标准规范、科技创新、政策扶持、执法监督和消费引导，着力降成本、优结构、提质量、创品牌、增活力，提升奶业规模化、组织化、标准化、品牌化、一体化水平，提高奶业发展的质量效益和竞争力。

在医药工业方面，2016年10月，工业和信息化部、国家发展和改革委员会、科学技术部、商务部、国家卫生和计划生育委员会、国家食品药品监督管理总局等部门联合颁布《医药工业发展规划指南》（工信部联规〔2016〕350号），要求促进医药工业规模效益稳定增长，创新能力显著增强，产品质量全面提高，供应保障体系更加完善，国际化步伐明显加快，医药工业整体素质大幅提升。

（二）质量水平得到有效提升

2016年是"十三五"规划的开局之年，也是消费品行业质量品牌发展的关键一年，国家在质量监督方面也加大了管理力度。2016年国家食品药品监督管理总局发布的公告显示，抽检粮食及粮食制品，食用油、油脂及其制品，水果及其制品等3类食品206批次样品，抽样检验项目合格样品202批次，不合格样品4批次。4月份抽检食用油、油脂及其制品50批次，不合格样品1批次，占2%；抽检水果及其制品45批次，不合格样品3批次，占6.7%；抽检粮食及粮食制品111批次，未检出不合格样品。国家食品药品监督管理总局组织抽检水果及其制品、焙烤食品、粮食及粮食制品和薯类及膨化食品等4类食品336批次样品，抽样检验项目合格样品332批次，不合格样品4批次。其中，抽检水果及其制品68批次，不合格样品 3 批次，占 4.4%。本次抽检的水果及其制品主要是蜜饯、果酱①。

（三）品牌价值初见端倪

随着产业链和价值链的不断发展，企业对品牌价值的追求越发强烈。特别是在消费品行业，产品的品牌直接影响了消费者的消费偏好。在我国产业转型升级的关键时期，培育自己的品牌显得尤为重要。2016 年，我国的消费品行业的品牌建设取得一定成就。

例如在轻工业方面，企业对自主品牌的认识越来越强烈，都认识到提高品牌附加值才能进一步提高产品利润率。很多骨干企业的品牌意识和品牌经营管理能力明显增强，涌现出了格力、美的、海尔等一批自主品牌，自主品牌占据了国内 80% 多的空调和冰箱市场，其中有一批品牌已经享誉国内外。例如，根据中国排行榜公布，2016 年全球十大冰箱品牌质量排行中，海尔位居榜首，还有美的及容声等均榜上有名。

三、重要数据

（一）研发投入

表 6 - 1　2015 年按行业企业 R&D 人员及企业 R&D 经费内部支出

	纺织工业②	轻工业③	食品工业④	医药制造业
R&D 投入人员（人年）	164663	231002	149899	177028
R&D 投入经费（万元）	3487978	4839037	4414311	4414576

注：下文涉及的纺织工业、轻工业和食品工业的计算方法均与该表中的相同。
资料来源：《工业企业科技活动统计年鉴（2016）》。

---

① http://www.cqn.com.cn/news/xfpd/ccgg/gjcc/2016/1137784.html.
② 纺织工业统计按纺织业，纺织服装，服饰业，皮革、毛皮、羽毛及其制品和制鞋业之和计算。
③ 轻工业统计按烟草制品业，木材加工和木、竹、藤、棕、草制品业，家具制造业，造纸和纸制品业，印刷和记录媒介复制业，文教、工美、体育和娱乐用品制造业，橡胶和塑料制品业之和计算。
④ 食品工业统计按农夫食品加工业、食品制造业及酒、饮料和精制茶制造业之和计算。

（二）知识产权

表6-2　2015年按行业分规上制造业企业专利情况　　（单位：件）

	纺织工业	轻工业	食品工业	医药制造业
专利申请数量	35186	53292	19361	16020
发明专利数量	5888	12846	7942	10019
有效发明专利数量	7709	25937	15186	31259

资料来源：《工业企业科技活动统计年鉴（2016）》。

（三）新产品产值

表6-3　2015年按行业分企业新产品开发经费支出与销售收入

（单位：万元）

	纺织工业	轻工业	食品工业	医药制造业
新产品开发经费支出	3571999	5636201	4394637	4279485
新产品销售收入	74762392	91435679	51877055	47362675

资料来源：《工业企业科技活动统计年鉴（2016）》。

第二节　主要问题

一、库存压力仍然较大，结构转型升级困难重重

2016年，在供给侧结构性改革的推动下，消费品行业也开展了主动结构性去库存的工作，并取得一定成绩，但是，在未来一段时间内，市场需求疲软现象持续存在，消费品工业将面临一定的去库存压力。据统计，2016年，轻工、医药等行业库存增速明显下滑，但纺织工业仍面临较大的库存压力，产成品存货同比增速较之上年同期增长2.3个百分点。从产成品存货占总存货的比重看，轻工、医药、纺织等行业均呈现不同幅度的上升，其中纺织工业增长0.6个百分点[①]。并且，消费品行业属于传统行业，在新一轮科技革命

[①]　http://field.10jqka.com.cn/20160804/c592156520.shtml.

和工业变革浪潮下，进行转型升级的困难重重。

二、有效供给不足，产品质量有待进一步提升

我国是消费品工业大国，却不是消费品工业强国，存在着制造能力较强而创新能力不足的结构性问题，有效供给明显不足，才会出现中国消费者海外代购、海淘、全球购等行为。例如，以亚马逊海淘为例，从地域范围上看，自亚马逊 Prime 会员上线以后，Prime 注册会员海外购订单覆盖了全国 31 个省市自治区的 380 多个市和地区，最南至海南三亚市，最北达黑龙江大兴安岭地区，最西为新疆喀什地区，最东延伸至黑龙江双鸭山市，几乎覆盖了全中国。从海淘的品种看，2016 年，最受消费者欢迎的十大品类中，服装鞋靴依然位居前列，而母婴和美妆品类的表现也非常抢眼，分别由 2015 年的第 8、9位成功跻身 2016 年第 3、4 位，基本为消费品行业产品。

三、品牌竞争力不足，有效需求流向国外

我国是制造业大国，但不是制造业强国，其中很大一个因素就是产品的品牌不强，很多有效需求流向了国外。尤其是服装、箱包、化妆品、鞋帽等消费品，国内消费者更青睐国外的轻奢品牌，全球知名的奢侈品和轻奢品牌基本来源于国外，2016 年，海淘统计数据显示，轻奢品牌呈现明显的增长趋势。这说明我国消费品的品牌竞争力与国外相比差距较大，竞争力不足，需要从长计议。

第三节　对策建议

一、加强顶层设计，积极推进产业转型升级

2016 年是我国"十三五"规划的开局之年，也是深入落实《中国制造2025》的重要一年，国家大力推进制造业的转型升级。一是要把握全球发展态势，深入落实相关政策文件，如深入贯彻落实国务院办公厅印发《关于开

展消费品工业"三品"专项行动营造良好市场环境的若干意见》（国办发〔2016〕40号），及国务院办公厅印发《消费品标准和质量提升规划（2016—2020年）》（国办发〔2016〕68号）。二是积极"去库存"，促进消费品产业结构转型升级。

二、引导企业做好市场定位，激发市场活力

针对消费品市场有效供给不足问题，要努力引导企业准确地做好市场定位。第一，从供给端着手，要以企业为主体，积极引导企业深入了解消费者最大偏好和愿望，及当前消费品市场的构成，整合市场资源，挖掘企业自身优势，做好市场定位。第二，鼓励双创，为消费品产业注入新的活力。积极落实国家关于双创企业的相关扶持政策，在融资、减负、简化行政管理等方面支持中小微企业发展，提高市场资源的分配效率。

二、积极落实"三品"战略，提升整体竞争力

要实现消费品制造强国目标，就要狠抓"质量"和"品牌"两把利剑。第一，要加大创新力度，提升供给质量。一是提升技术水平，提高产品质量，增加供给的附加值；二是加强创新投入，创造新产品，提供新供给；三是提高产品质量，增加供给附加值，引导消费需求。第二，加强品牌培育力度。一是培育企业品牌，提升产品附加值；二是提升品牌意识，准确定位产品；三是实施品牌战略，加大宣传力度。

第七章　电子信息产业

电子信息产业是战略新兴产业的重要组成部分，也是全球科技创新最活跃、创新成果最丰富，代表国家科技最高水平的领域。电子信息产业细分领域众多，包括数字视听领域、通信设备领域、计算机和智能终端领域、集成电路领域、新型显示领域、太阳能光伏领域等。经过改革开放近40年的发展，我国电子信息产业已经发展壮大，不仅在很多领域技术科技水平处于世界领先地位，同时也在集成电路、新型显示等电子信息新兴产业中开始崛起。电子信息产业年均增速多年来高于全国其他产业；产量和市场占有率上，电视机、手机、计算机等传统视频通信设备上，我国产品产量稳居世界第一。2016年，我国电子信息产业蓬勃发展，致力于由大变强，由粗变精，产业提质增效的过程，同时发力"互联网＋"、大数据等新兴电子信息产业，取得了广泛的创新成果。

第一节　总体情况

一、重点领域技术发展、创新及产业化情况

2016年，我国电子信息制造业整体平稳运行，生产总体平稳，出口增速由负转正。根据工信部发布消息，2016年规模以上电子信息制造业增加值同比增长10%，同比回落0.5个百分点；快于全部规模以上工业增速4个百分点，占规模以上工业增加值比重为7.5%。出口交货值同比下降0.1%。

（一）通信产品制造业

2016 年，我国通信设备行业生产仍保持两位数增长。其中，1—12 月，我国共生产手机 21 亿部，同比增长 13.6%，其中智能手机产量占比持续提高，共生产 15 亿部，同比增长 9.9%，占全部手机产量比重为 74.7%。移动通信基站设备一共生产 34084 万信道，同比增长 11.1%。全国出口交货值同比增长 3.4%，其中 11 月份增长 0.9%。

1. 手机产品

2016 年我国手机行业展现出产销两旺格局，并呈现出"国进洋退"的格局。共生产手机 21 亿部，同比增长 13.6%。智能手机已经开始成为手机主流，共生产 15 亿部，占所有手机产量的 74.7%。苹果手机的霸主地位逐渐退去，三星随着手机爆炸门的影响，销量出现大幅下滑，同时国产华为、小米、OPPO、VIVO、酷派、中信等品牌手机异军突起。10 月，根据 12 月中国电信发布的《天翼手机大数据报告》数据显示[①]，华为以 18.9% 的市场份额占据第一，三星 12.6%，苹果 10.6% 退居第二和第三位，第四、五、六、七位均为国产品牌，其中，OPPO 占 7.8%，酷派占 6.3%，VIVO 占 6.0%，中信占 4.4%。并且，华为和 OPPO 市场份额总和达 26.7%，超过苹果和三星的总和 23.2%。2016 年，国产手机华为与小米双雄争霸的格局有所改变，OPPO 与 VIVO 手机异军突起，5 月，OPPO 在中国手机市场的品牌份额已经超过 12%，直逼华为。第三季度小米的出货量仅为 OPPO 的一半。根据 IDC 的数据，第三季度，OPPO 和 VIVO 两家公司在全球的智能手机出货量增幅均超过 100%，总出货量超过了华为和苹果，打败了小米和联想，进入了全球智能手机前五阵营。

同时，2016 年，手机领域的新技术、新产品层出不穷。第一，快充技术得到大范围普及。2016 年，随着上游芯片厂商的支持，华为、OPPO 等手机品牌均推出了拥有自主技术的快速充电技术。无线快充技术得到一定发展，但仍然未大规模普及。二是曲面屏幕，2015 年较火的可折叠屏幕并没有在 2016 年出现，但是今年的曲面屏幕较火。2016 年末多款搭载曲面屏的产品同

---

① 中国电信发布，《天翼手机大数据报告》，2016 年 12 月。

时诞生。三是 4G + 网络，Volte 高清语音。中国联通和中国移动均已基本完成 4G + 布局。四是 Type – C 接口。五是光学防抖。六是 3D – Touch（压感屏技术）。同时，2016 年 9 月 16 日，苹果 7 上市，其中，HOME 键也不再是机械按压式，而是改为 TAPTIC ENGINE 压感体验，支持多种按压标准的操作功能；取消了耳机插口；采用了双摄像头，支持 OIS 光学防抖功能，拥有 f/1.8 的超大光圈；全新 A10 处理器，拥有 33 亿个运算单元，能耗更低；新型 "Retina HD display" 显示技术，亮度相比提升 25%。

2. 移动通信设备

2016 年，我国移动通信设备产业继续蓬勃发展，宽带基础设施稳步推进，量子通信相关技术迅速发展，5G 相关技术研究稳步推进。一是宽带基础设施日益完善，"光进铜退"趋势明显。2016 年，互联网宽带接入端口数量达到 6.9 亿个，比上年净增 1.14 亿个，同比增长 19.8%。互联网宽带接入端口"光进铜退"趋势更加明显，xDSL 端口比上年减少 6259 万个，总数降至 3733 万个，占互联网接入端口的比重由上年的 17.3% 下降至 5.4%。光纤接入（FTTH/0）端口比上年净增 1.81 亿个，达到 5.22 亿个，占互联网接入端口的比重由上年的 59.3% 提升至 75.6%[①]。二是移动通信设施建设步伐加快，传输网设施不断完善。2016 年，我国新增移动通信基站 92.6 万个，总数达 559 万个，其中 4G 基站新增 86.1 万个，总数达到 263 万个，移动网络覆盖范围和服务能力继续提升，新建光缆线路 554 万公里，光缆线路总长度 3041 万公里，同比增长 22.3%。三是 4G 用户数呈爆发式增长。全年新增 3.4 亿户，总数达到 7.7 亿户，在移动电话用户中的渗透率达到 58.2%。

2016 年，我国量子通信异军突起。8 月 16 日，我国制造的全球首颗量子科学实验卫星——"墨子号"在酒泉卫星发射基地发射升空。地面方面，截至 2016 年，我国已初步建设光纤量子网络，广宇量子通信体系开始建设。量子通信体系的落地，将对传统通信方式带来前所未有的挑战，颠覆通信及相关领域已有的产业结构和应用格局。量子通信产业正处于应用的前夜。量子通信的通信距离、通信基站和通信正确率三大难题都瓜熟蒂落，即将实现在

---

① 工业和信息化部：《2016 年通信运营业统计公报》，http://www.miit.gov.cn/newweb/n1146312/n1146904/n1648372/c5471508/content.html。

中国及至全球的应用。通信距离方面，中国科技大学团队已实现了97公里长距离传输；通信基站方面，我国全球首颗量子科学实验卫星项目和"京沪干线"量子通信网项目即将在2016年年底竣工；通信正确率方面，合肥城地面域量子通信网已经稳定运行4年，通信正确率达到99.6%，该数值超过了目前的移动通信水平。颠覆甚至彻底取代传统信息产业。量子通信在理论上是无须媒介传播、速度超光速和绝对安全的技术，这满足了人们对通信技术的全部要求，一旦量子通信产业步出应用前夜，将颠覆甚至彻底取代传统信息产业、集成电路和信息安全等产业，助推形成千亿量子通信产业市场。量子通信将率先在军事、政治、金融等领域开展应用，当通信设备、网络、运维和运营等实力成熟后，逐渐释放进入大众消费市场。随着量子通信曙光日渐来临，巨头和资本市场必将提前部署，蜂拥进入量子通信产业市场。

2016年，"第四代移动通信系统（TD－LTE）关键技术与应用"项目荣获2016年度国家科学技术进步奖特等奖。此项目由中国移动通信集团公司、工业和信息化部电信研究院、电信科学技术研究院、展讯通信等单位共同承担完成，经过多年科研攻关完成。项目联合了众多单位，包括高校、研究所、企业等，重点克服了技术、产业、组网、测试、组织机制五大挑战，突破重大核心技术，提出并主导TD－LTE国际标准，实现了全产业链的群体突破，带来了极大的经济效益。成功并在全球广泛应用，引领了4G时代的标准，实现了我国移动通信产业发展的历史转折[①]。

（二）电子视听产品制造业

2016年，我国家用视听行业生产增速放缓，但仍然继续增长。1—12月，全国共生产彩色电视机1.577亿台，同比增长8.9%，其中液晶电视机15714万台，同比增长9.2%；智能电视9310万台，同比增长11.1%，占彩电产量比重为59.0%。出口交货值同比增长1.8%。

智能电视方面。2016年，我国智能电视行业稳步发展，产量稳步上升，智能电视已经成为家庭互联网最重要的入口。全年累计智能电视新品发布超过百余款。一是大屏电视产销量逐步上升。随着成本下降，大尺寸电视

---

① 《第四代移动通信系统（TD－LTE）关键技术与应用获国家科技进步特等奖》，《电信工程技术与标准化》2017年1月15日。

逐渐成为市场主导。据奥维云网发布的数据显示，2016年上半年，彩电市场销量最大的尺寸是55英寸，市场份额为21.8%，较上年增长10.1个百分点。55英寸以上的彩电市场份额为28.8%，较上年增长11.8%，增幅达近70%，65英寸彩电的市场份额为3.6%，较上年上升2.2%。乐视2016年发布了4款超大屏幕智能电视机，85英寸的uMAX85和第四代超级电视X55、X65及X65S。二是"黑科技"层出不穷。智能电视行业首次迎来了虚拟现实（VR）、增强现实（AR）等。暴风TV推出了全球首款VR电视和AR电视，将VR、AR与电视体验完美结合，不过目前还在探索阶段。三是竞争格局由各自为营向开放共赢转变。传统电视厂商开始于内容厂商、互联网企业合作。9月，爱奇艺宣布与创维达成战略合作，在内容硬件上将全面合作。

虚拟现实（VR）异军突起。2016年可以说是VR元年。7月，任天堂推出的AR游戏《PokémonGo》，自登陆全球应用商店以来，引爆了VR、AR市场。游戏由任天堂、Pokémon、谷歌联合制作开发，迅速风靡全球。Pokemon Go只用了60天，全球累计盈利5亿美元，日活跃用户数3000万。8月，发改委印发《关于请组织申报"互联网＋"领域创新能力建设专项的通知》，提出"搭建虚拟现实/增强现实技术及应用国家工程实验室"以及建立技术及应用创新平台。9月，在工业和信息化部电子信息司指导下，由中国电子信息产业发展研究院、HTC公司和歌尔股份有限公司等联合发起的虚拟现实产业联盟成立。到10月份，虚拟现实（VR）产业更是异常火爆，10月4日，谷歌发布Daydream View，次日，Oculus Connect 3开发者大会召开；13日，索尼PS VR上市，11月，GDC大会的独立单元——虚拟现实开发者大会开幕。

（三）计算机产品制造业

2016年，受到智能手机和移动互联网的持续冲击，我国计算机产品制造业持续不景气，产量持续下滑。我国全计算机行业产量继续下降。1—12月，全国共生产微型计算机设备2.9009亿台，同比下降7.7%。

1. 超级计算机

北京时间2016年11月14日，新一期全球超级计算机500强榜单发布，我国的"神威·太湖之光"以绝对优势 Rmax 93 轻松蝉联冠军，继续问鼎全球超级计算机榜首。"神威·太湖之光"是全球首台 10 亿亿次级别的计算机，据称峰值算力达到 12.5 亿亿次每秒，常规算力可达到 9.3 亿亿次每秒。"神威·太湖之光"此次是第二次蝉联冠军，算上之前"天河二号"的 6 次问鼎，我国已经连续 8 次问鼎世界超级计算机榜首，可谓是独孤求败了。此次排行中，我国的"天河二号"超级计算机位居第二。同时，在超级计算机全球榜单 TOP500 中，我国以 167 台超过了美国的 165 台成为世界第一。

2. 个人计算机（PC）

2016 年，随着移动互联网、智能手机、可穿戴设备持续增长与普及，个人计算机（PC）整体出货量持续下降。1—11 月，全国共生产微型计算机设备 2.6204 亿台，同比下降 10%。本土厂商联想继续领跑个人电脑，根据全球知名市场调研机构 IDC 与 Gartner 发布的全球个人电脑市场份额排名，在 2016 年第四季度，联想以 1569 万出货量，继续领跑全球个人电脑销量第一，已经连续 15 个季度保持全球第一。同时，联想个人电脑市场份额达到 22.4%，稳步增长，创历史新高。

（四）电子材料、元器件制造业

2016 年，我国电子元件行业生产平稳增长。1—12 月，生产电子元件 37455 亿只，同比增长 9.3%。出口交货值同比增长 2.6%。特别是电子器件行业重点产品，其产量高位增长。生产集成电路 1318 亿块，同比增长 1.2%；半导体分立器件 6433 亿只，增长 11%。光伏电池 7681 万千瓦，同比增长 17.8%。出口交货值同比下降 0.7%。

集成电路方面，2016 年，我国集成电路产量仍然高速增长，高端芯片的需求量仍然较大。生产集成电路 1318 亿块，同比增长 21.2%。主要有以下特点，一是企业兼并力度加大。2016 年，中国集成电路企业和资本开始在国际市场上加大收购力度，OV，ISSI，NXP 射频和标准器件部门，视信源、思比科等企业均被国内资本收购。二是企业依靠金融市场力度加大。2016 年，景嘉微、兆易创新、汇顶科技等企业登陆中国资本市场，3 月，景嘉微登陆创业板；9 月和 10 月，兆易创新和汇顶科技分别登陆上交所。三是产业规模进一步扩大。8 月 14 日，中国半导体协会发布统计，大陆 IC 设计产值上季已超越台湾，上半年合计人民币 685.5 亿元，年增 24.6%。

（五）软件和信息服务业

工业和信息化部 2017 年 1 月 23 日发布的《2016 年 1—12 月软件业经济运行快报》显示[①]，2016 年我国软件和信息技术服务业运行态势平稳，收入保持两位数增长，盈利状况良好，产业内部结构不断调整优化，中心城市软件业保持领先增长态势。2016 年，全国软件和信息技术服务业完成软件业务收入 4.9 万亿元，同比增长 14.9%，增速较上年回落 0.8 个百分点。全行业实现利润总额 6021 亿元，同比增长 14.9%，与收入增长同步，较上年回落 4.6 个百分点。全国软件业实现出口 519 亿美元，同比增长 5.8%，增速较上年提高 4.1 个百分点。其中，外包服务出口增长 5%，扭转 2015 年同期负增长局面；嵌入式系统软件出口增长 6%，增速较上年回落 3 个百分点。

1. 2016 年（第 15 届）中国软件业务收入前百家企业发展报告公布

2016 年 7 月 28 日，工信部发布 2016 年（第 15 届）中国软件业务收入前百家企业。本届软件百家企业入围门槛为软件业务年收入 13.3 亿元，比上一届提高了 2.8 亿元，增长 26.7%。本届百家企业共有 14 家新上榜。总排名方面，华为技术有限公司以软件业务年收入 1786 亿元，连续十五年蝉联软件百家企业之首，中兴通讯股份有限公司、海尔集团公司分别列第二和第三名。并呈现出以下特点，一是整体规模持续扩大，效益实现快速增长；二是部分企业增势突出，有三成左右的企业收入增长率超过 20%；三是民营企业表现亮眼，收入同比增长 18%；四是研发投入大幅提高，软件前百家企业共投入研发经费 1233 亿元，比上届增长 47.3%；五是运用资本的能力不断提高，并购活动频繁。

---

① 工业和信息化部：《2016 年 1—12 月软件业经济运行快报》，http://www.miit.gov.cn/new-web/n1146312/n1146904/n1648374/c5473893/content.html，2017 年 1 月 23 日。

表7-1　2016年（第15届）中国软件业务收入前百家企业名单（前10名）①

序号	企业名称	软件业务收入（万元）
1	华为技术有限公司	17861603
2	中兴通讯股份有限公司	4600000
3	海尔集团公司	4122240
4	浪潮集团有限公司	1615323
5	海信集团有限公司	1128593
6	南京南瑞集团公司	1051215
7	杭州海康威视数字技术股份有限公司	1016933
8	中国银联股份有限公司	924136
9	株洲南车时代电气股份有限公司	921335
10	航天信息股份有限公司	913412

资料来源：工信部网站，2016年7月。

2. 软件和信息服务业相关"十三五"规划和解读发布

2016年，软件和信息服务业相关的"十三五"规划和解读发布。工业和信息化部印发《软件和信息技术服务业发展规划（2016—2020年）》和解读，坚持新发展理念，确立"二二四"的发展总基调，明确了"十三五"时期产业发展的指导思想和创新驱动、协同推进、融合发展、安全可控、开放共赢的发展原则。在总体目标方面，提出"产业规模进一步扩大，技术创新体系更加完备，产业有效供给能力大幅提升，融合支撑效益进一步凸显，培育壮大一批国际影响力大、竞争力强的龙头企业"，明确打造具有国际竞争力的产业生态体系。在具体目标方面，围绕产业规模、技术创新、融合支撑、企业培育、产业集聚5个方面提出了细化要求②。工业和信息化部印发《大数据产业发展规划（2016—2020年）》和解读，明确了"十三五"时期大数据产业发展的指导思想、发展目标、重点任务、重点工程及保障措施等内容，作为未来五年大数据产业发展的行动纲领。一是推进大数据

---

① http：//www. miit. gov. cn/newweb/n1146290/n4388791/c5169086/content. html，2016 - 07 - 29.

② http：//www. miit. gov. cn/n1146285/n1146352/n3054355/n3057656/n3057660/c5465635/content. html.

技术产品创新发展。二是提升大数据行业应用能力。三是繁荣大数据产业生态。四是健全大数据产业支撑体系。五是夯实完善大数据保障体系。通过定量和定性相结合的方式提出了 2020 年大数据产业发展目标。在总体目标方面，提出到 2020 年，技术先进、应用繁荣、保障有力的大数据产业体系基本形成，大数据相关产品和服务业务收入突破 1 万亿元，年均复合增长率保持在 30% 左右。在此基础之上，明确了 2020 年的细化发展目标，即技术产品先进可控、应用能力显著增强、生态体系繁荣发展、支撑能力不断增强、数据安全保障有力①。

二、重要数据

（一）知识产权

表 7 - 2　2015 年电子产品专利申请统计

企业类别	专利申请数（件）	有效发明专利数（件）	专利所有权转让及许可数（件）	专利所有权转让及许可收入（万元）	拥有注册商标数（件）	形成国家或行业标准数（项）
电子行业	100785	170387	1271	52071	29337	1252
大型企业	61145	134687	251	12880	14918	567
中型企业	19686	18422	377	33059	7517	345
国有企业	29859	58534	118	30625	6837	280
内资企业	68296	126557	943	36142	23673	909
港澳台资企业	14935	22318	133	4573	3409	228
外资企业	17554	21512	195	11356	2255	115

资料来源：《工业企业科技活动统计年鉴 2016》。

---

① http：//www. miit. gov. cn/n1146285/n1146352/n3054355/n3057656/n3057660/c5465655/content. html.

（二）研发情况

表7-3　2015年电子信息行业研发活动统计

企业类别	企业R&D人员（人）	经费支出（万元）	
		内部支出	外部支出
电子行业	518675	16116757	932935
大型企业	332721	12149586	817741
中型企业	110877	2400152	79645
国有企业	114395	3646719	72746
内资企业	325026	10734126	767812
港澳台资企业	101653	2685744	57369
外资企业	91996	2696888	107754

资料来源：《工业企业科技活动统计年鉴2016》。

（三）新产品产值

表7-4　2015年电子信息行业新产品情况

行业	新产品开发项目数（项）	新产品销售收入（万元）	新产品出口收入（万元）
电子行业	33410	30657278	156134829
大型企业	9745	263200941	146635356
中型企业	10680	29425561	7429665
国有企业	5661	48361564	11413050
内资企业	23327	125738647	34456526
港澳台资企业	4595	95517858	68584221
外资企业	5488	85320773	53094082

资料来源：《工业企业科技活动统计年鉴2016》。

第二节　主要问题

一、产业进入低速增长期，新一轮增长点亟待挖掘

目前，我国进入增长速度换挡期、结构调整阵痛期和前期刺激政策消化期这"三期叠加"时期，工业各领域增长速度放缓。电子信息产业虽然增速

较其他产业较快，但增速也明显放缓。产业结构急需调整，淘汰落后产能，发展新兴行业。计算机、数码相机、彩电、手机等成熟电子产品增速开始出现下滑，甚至产量同比开始下降。2016 年，计算机行业生产继续下降。1—11 月，我国微型计算机产量 26204 万台，同比下降 10%，其中笔记本电脑 14931 万台，同比下降 7.5%；平板电脑 7659 万台，下降 3.6%。出口交货值同比下降 5.50%，其中 11 月份下降 1.6%。在"三期叠加"效应影响下，电子信息产业如何通过结构调整、产业升级，发展新的消费点、寻找新的增长极显得尤为重要。

二、核心技术受制于人，自主技术发展仍待加强

我国电子信息产业创新能力仍然偏弱，核心技术仍然有待进一步积累，技术的产学研转化仍然需要继续落地。长期以来，我国消费类电子产品产业长期处于产业链下游，产品价格低、利润低、附加值低。究其原因则是我国电子信息产业创新能力弱，核心硬件、软件产品缺失，核心技术长期受制于人，高端产品研发能力弱，产品结构以中低端产品为主，高端芯片、高性能显示器、高精度传感器、高端电子元器件、操作系统软件等核心电子信息产品，我国均依赖国际进口，在基础软硬件方面产业链薄弱，CPU、内存、硬盘、操作系统等关键技术和产品严重依赖进口，导致我国电子信息产业严重受制于国外，相关安全风险严重影响整个产业、经济、国家的安全可控。我国在 CPU、操作系统等基础安全产品的自主核心技术上取得一定进展，但在整体技术、产品方面同国际差距仍然较大。我国每年进口芯片超过 2000 亿美元，桌面操作系统国产份额不到 5%。目前基础安全产业主要由国外的 Wintel 和 ARM + Android 体系支撑，只有建立能与前两者抗衡的自主可控基础信息安全产业体系，才能真正实现自主可控。但是，企业自主研发基础技术动力不足，考虑到市场利润和国际市场，无法集中精力放到基础技术研究。

三、协同创新能力弱，技术成果产业化不畅

电子信息领域产业协同创新机制尚未建立，企业、科研院所等创新主体仍各自为战。无论是国产芯片厂家还是国产操作系统公司，均处于各自为战

的局面，缺乏合作，未形成有序、细化、科学的创新链、产业链。同时，产学研合作效果不明显，未能形成有效的协同创新合力。一直以来，电子信息产业存在科技与经济的"两张皮"现象，电子信息领域产业协同创新机制尚未建立，企业、科研院所等创新主体未能统一。一方面，电子信息领域的创新资源分散在相关企业、科研单位、行业协会等部门，未能形成有效的协同创新合力。另一方面，我国电子信息产业链上下游领域协同创新不足。在设备生产、关键材料研发、产品制造、检验检测等配套设施搭建等相关领域未形成有效协同，在产品技术路线、产品标准、质量体系、回收等一系列相关领域缺乏统一的研究合作。

第三节　对策建议

一、深耕关键共性技术

目前，大规模集成电路、大型操作系统、大尺寸显示屏、LED 衬底技术等关键共性技术是制约产业进一步发展的主要因素，也是电子信息产业推动本土企业对国外企业"弯道超车"的主要阻碍。发挥政府的引导作用，聚集创新资源，联合企业、高校、行业协会等，加快建立国家创新中心等创新载体建设。完善国家关键共性技术研发制度，通过项目化管理，进行长期稳定的资金、政策支持；保持研发团队稳定性，加强科技人才培养与引进；建立项目考核机制，进行科研成果结合经济效益综合考核等。通过集中力量突破电子信息领域内亟待解决的关键共性技术，从而推动电子信息产业实现技术革命性突破和快速发展[①]。

对于企业而言，科技创新是企业的核心竞争力，是企业可持续发展的保障。电子信息产业相关企业应该加大研发投入，重视企业核心技术的培育与积累。首先，增强自身科研硬实力培育，通过企业设立研发中心，加强对前

---

① 赛迪工业科技研究所宋亮、何颖：《新能源汽车发展：深耕共性技术＋完善配套设施》，《中国经济导报》2016 年 9 月 7 日。

沿技术的跟踪，加快对市场紧需技术的突破；其次，加强人才保障，完善企业科研人才的储备、管理相关制度；最后，加强企业科技创新交流，通过与高校、科研单位等合作，加强产学研协作，鼓励参加相关国内外学术交流，提升企业科技创新软实力。

二、完善产学研创新体系

加强电子信息相关细分领域的创新中心建设。创新中心有助于电子信息行业创新生态系统构建。创新中心是以增强电子信息产业技术创新能力和活力，培育信息安全相关产业国际竞争新优势为根本目标，打造贯穿创新链、产业链、资金链的信息安全行业创新生态系统。电子信息产业创新中心将盘活从技术产生、转移扩散到首次商业化应用的整个创新链条的各个环节，从而形成跨界协同的创新生态系统。建设电子信息相关产业创新中心，将打通技术、组织、商业、资本之间的分割与壁垒，有效整合信息安全相关行业技术、人才、平台等创新资源，解决电子信息行业创新资源碎片化的突出问题，构建切实可行的电子信息行业创新生态系统。

三、重视质量品牌建设

疯狂扩张期的阵痛让我国电子信息产业深知质量品牌的重要性，未来我国电子信息产业必须全方位保障企业质量品牌。质量品牌是企业的立身之本。目前，随着电子信息市场的持续爆发，国内企业一拥而上，纷纷发力电子信息产业，在盲目追求速度与成果时，往往忽略产品品质，也导致市面上我国产品质量问题频出。长此以往，我国电子信息又将走上一条低质、低价的粗放型道路。对政府而言，应当加强监管，抓紧完善电子信息产业相关标准，提升我国电子相关产品整体质量水平，培育品牌；对于企业而言，加强内部质量控制，建立完善的企业质量追溯体系，树立品牌意识。

四、加强国际化进程

我国电子信息产业，一开始便应该重视企业的国际化进程。目前，我国电子信息相关细分领域相关企业处于高速发展期，多项指标均处于世界同步甚至领先地位，在此时期，企业应当更加注重国际化进展，加快"走出去"，率先抢占国际市场，在全球竞争中抢得先机。同时，企业应当充分利用国家"一带一路"倡议等，搭乘国家长期政策红利，加快步伐，瞄准亚非拉新兴市场以及欧美日韩高端市场，有的放矢，加强国际产能合作。以手机厂商为例，华为、小米、OPPO、VIVO等厂商已经开始布局东南亚市场，下一步，将是如何通过全球化战略，进军欧美市场，扩大我国产品国际市场占有率。

地　方　篇

第八章　北京市工业技术创新状况

2016 年，北京市正确把握新时期首都城市战略定位，积极建设全国科技创新中心，大力促改革、调结构，统筹京津冀协同发展各项工作，进一步疏解非首都功能，加快培育"高精尖"经济，为全国创新发展探索新的道路，经济社会保持了平稳健康发展。

第一节　发展回顾

在宏观经济复杂多变、经济下行压力不断增大的背景下，国务院印发《北京加强全国科技创新中心建设总体方案》（国发〔2016〕52 号），为北京技术创新提供了新的契机和提出了更高的要求。2016 年，北京市加快产业转型升级，促进经济提质增效，深入贯彻落实京津冀协同发展规划纲要，主动谋划部署，抓疏解、促协同、调结构，加快构建"高精尖"经济结构，各项工作取得了显著的成效。

北京作为全国科教资源集中地，拥有 90 多所高校，300 多家科研院所，一万余家的国家高新技术企业，聚集了全国一半以上的两院院士，构建"高精尖"经济结构，以创新引领发展，北京具有得天独厚的优势。2016 年，北京全面致力于全国科技创新中心建设，建设新的中国经济发展支撑带，积极探索京津冀协同发展新路径，共有 671 个优选"高精尖"大项目落户北京。

一、技术创新发展情况

1. 总体情况

2016 年是"十三五"开局之年，北京市全面落实习近平总书记系列重要讲话精神，系统推进全面创新改革，全面深化落实创新驱动发展战略，推进京津冀协同发展，全力部署建设全国科技创新中心，构建上下衔接、相互配套的创新政策体系，深度参与、融入世界科技创新的进程，"十三五"各项工作取得良好开局。根据《中国区域创新能力评价报告2016》发布的信息，北京市仍保持全国创新驱动发展领军地位，仅次于江苏省、广东省位居第三。

2. 主要做法

（1）坚持创新引领，构建"高精尖"经济结构

北京市以打造有世界影响力的原始创新策源地为目标，坚持创新引领，大力推进"高精尖"经济结构建设。为全面落实国家创新战略，北京市制定了《〈中国制造2025〉北京行动纲要》（京政发〔2015〕60号），重点实施"三四五八"行动计划，聚焦发展创新前沿、集成服务、关键核心、设计创意和名优民生五类高精尖产品，推动转领域、转空间、转动力三转调整，强化新技术、新工艺、新模式、新业态四维创新。关注重点高精尖产业发展，组织新一代移动互联网、新能源智能汽车、智能制造系统和服务、集成电路、云计算与大数据、自主可控信息系统发展与产业生态建设。加快国家级制造业创新中心建设，2016年6月，国家动力电池创新中心落户北京，作为我国首家制造业创新中心，该中心打通协同技术、人才、资金等资源链条，着力突破新能源汽车产业发展问题。对重点产业、重大项目进行支持，推动中国航发总部项目落户京城；支持华胜信泰通过消化吸收IBM高端计算系统技；支持中芯国际建设国内规模最大、工艺最先进的12英寸集成电路生产线。为解决高精尖企业创新发展的后顾之忧，北京高精尖产业发展基金正式启动，为企业解决资金难题，凝聚政府、投资机构、银行、企业等各方力量，重点支持《〈中国制造2025〉北京行动纲要》提出的重点产业，基金计划总规模200亿元。在此努力下，2016年，671个优选"高精尖"大项目落户北京，形成新的经济增长极。

（2）建设具有全球影响力的科技创新中心

新一轮产业变革正在世界范围内兴起，国际竞争加剧，科技创新成为重塑世界经济格局的利器。2016年9月，国务院常务会议部署建设北京全国科技创新中心，北京市明确定位，打造区域创新高地，发挥国家自创区、高新区辐射带动作用，大规模开展科技创新建设，极大地促进了创新创业活力持

续进发。北京市发布《"十三五"时期加强全国科技创新中心建设规划》，明确提出"十三五"时期重点任务布局。按照国家科技创新中心建设领导小组的部署要求，北京市政府坚持落实落细落小，细化落实形成了6个方面、16项具有战略性重大任务，推动实施约200余项的工作任务和重点项目。在一系列创新政策推动下，北京市创新要素聚进一步聚集，创新力进一步提升，北京市双创指数位列全国第一，新增科技型企业8万家，产生一批国际高水平重大创新成果。成功研制出全球首个5G大规模天线设备，成功制备出长度115米的铁基超导长线，世界首个碳纳米管集成电路计算器问世，成功发射世界首颗"墨子号"量子科学实验卫星。研制出新型石墨烯锂离子电池并投入批量生产。全球首个3D打印颈椎人工椎体植入材料、自主研制的国内首个骨科手术导航机器人、迷走神经刺激器获批上市。首次制备出世界上调控精度最高的多级纳米生物分子机器人。

（3）加速京津冀一体化，着力打造创新共同体

为建设创新共同体，北京市政府认真落实《京津冀协同发展规划纲要》。按照首都城市战略定位，有取有舍，疏解非首都功能产业，促进产业结构升级和提质增效，推动京津冀产业协同发展，取得显著成绩。如"4＋N"功能承接平台顺利建设，曹妃甸协同发展示范区北京项目开工26个，保定中关村创新中心入驻京企和机构28家，京津冀钢铁联盟（迁安）协同创新研究院建设成功，北京市累计关停退出一般制造业和污染企业335家，天津滨海—中关村科技园开始建设。京津冀在交通、医疗、新闻出版等方面一体化进程加快，首都经济圈规划初步方案正在反复论证，打造了一批跨区域的创新创业服务平台，如国内首个钢铁业节能减排环保基金、张北云计算基地等，这将有效促进京津冀技术转移转化，在更深层次推进协同创新。

3. 重点领域

（1）新能源汽车

为落实《清洁空气行动计划》（京政发〔2013〕27号），推动新能源汽车企业发展，北京市政府在推广新能源汽车方面推出系列举措。建成国家动力电池创新中心，即新能源汽车领域第一个国家制造业创新中心，该中心将集中进行关键共性技术研究及产业化。朝阳区积极搭建配套体系，共建充电桩107个，覆盖居民约3万余户，为新能源汽车用户解除后顾之忧。顺义区也加

大了清洁能源公交更新力度。在此带动之下，全年新增纯电动汽车7.3万辆，累计达到10.9万辆，北京市纯电动汽车示范应用规模达到了全国第一。启动实施《北京市智能网联驾驶技术创新工程（2016年—2025年）》，加快智能网联驾驶创新中心、示范中心、测试中心建设。

（2）先导与优势材料领域

北京市在先导与优势材料方面持续发力，在技术和应用方面都取得可喜成绩。140个晶体管碳纳米管集成电路成功研制。为抢占战略制高点，"石墨烯科技创新专项（2016年—2025年）"正式启动，超顺排碳纳米管阵列产业化、中科院纳米能源所怀柔基地等项目开工建设，推动成立北京石墨烯研究院。成立了中关村石墨烯产业联盟，力争打通石墨烯产业链中的产、学、研、用的任督二脉，形成具有活力和效率的产业链。继续巩固北京市在第三代半导体科技创新方面的领先地位，在第三代半导体领域，中低压、高压碳化硅材料、器件及其应用示范开始实施。在应用和产业化方面，石墨烯的应用也打开了新的道路，通州区在28条道路使用石墨烯路灯，节能20%—30%。

二、质量品牌发展情况

1. 总体情况

北京市委市政府历来重视质量工作，作为首都，北京的各方面工作在全国乃至世界范围都具有代表性、指向性。加强质量建设是我国的战略工程，北京身先士卒，在事关国计民生的重要产品质量上，严格把关，充分体现出首善标准。狠抓产品质量、工程质量，在标准化创新、质量监测、品牌建设等方面处于全国领先地位，这有力支撑了北京经济转型升级和提质增效，为推进质量强国建设注入首都力量。

2. 主要做法

（1）不断推进质量工作科技创新

标准建设已经成为全球科技创新共识，为提升质量工作水平和效率，北京市以标准建设为引领，不断创新完善质量工作方法。北京市大力实施首都标准化战略，贯彻落实《首都标准化战略纲要》，发挥标准对质量的"硬约束"作用，不断创新。成立了标准化委员会，发布了一系列支撑政策。充分发挥技术支撑、质量驱动作用，充分发挥标准引领、品牌带动作用，大力开展质量和品牌促进活动，为经济转型升级提供保障，加快重点消费品质量安全标准与国际接轨。成立了中关村标准化协会，作为一个科技创新标准化组织，该协会联合了 36 家中关村重点产业联盟、企业和科研院所，将推动建立和推广实施"中关村标准"，目前该协会发布了涉及新能源、智能制造、智能交通等领域的 7 项标准。同时，还承办了 39 届国际标准化组织（ISO）大会。

（2）贯彻质量发展纲要实施意见 2016 年行动计划

为提高质量品牌工作影响力，深入贯彻《国务院办公厅关于印发贯彻实施质量发展纲要 2016 年行动计划的通知》（国办发〔2016〕18 号）等文件精神，北京市制定发布《北京市贯彻质量发展纲要实施意见 2016 年行动计划》（以下简称《计划》）。根据《计划》要求，北京市努力推动产品、服务、工程等各领域质量提升，不断提升"北京创造"品牌质量，重点发力，对新能源汽车、机器人、集成电路、3D 打印等重点领域布局针对性的质量攻关，在消费品领域进行增品种、提品质、创品牌活动，提高品牌附加值，促进地方名牌、驰名商标涌现。为提升北京市质量工作的公众影响力，营造质量建设的良好社会氛围，举办了"质量之光"年度质量盛典、"2016 北京品牌 100 强"、2016 年度北京十大商业品牌网络投票等活动，切实提高了质量品牌工作影响力和公众认知度。

三、知识产权发展情况

1. 总体情况

北京市创新资源汇聚，知识产权发展优势得天独厚，市政府一贯注重知识产权工作建设。《中国知识产权指数报告 2016》显示，北京超过江苏、上海，连续 7 年保持全国第一的宝座。为加速建成知识产权首善之区，北京市出台《北京市"十三五"时期知识产权（专利）事业发展规划》等一系列政策，着力提升知识产权保护和运用能力，增加专利转化运用效益，健全治理体系，为打造全球影响力都市添油加薪。

2. 主要做法

（1）加强知识产权顶层设计

北京市力争构筑全国领先的知识产权战略高地，充分发挥知识产权促进推动创新作用，出台一系列针对性政策，强化知识产权顶层设计。北京市制定实施了《北京市"十三五"时期知识产权（专利）事业发展规划》《深入实施首都知识产权战略行动计划（2015—2020年)》《关于加快知识产权首善之区建设的意见》，逐步搭建起一个立体多维的知识产权政策网络。2016年，北京市积极融入全球竞争体系和规则体系，多措并举，全面提升北京市知识产权综合实力，着力提升企业、大专院校和科研院所等创新主体的知识产权创造能力，推动《北京市专利商用化促进办法》深入实施，探索产学研专利转移转化的创新机制。围绕《〈中国制造2025〉北京行动纲要》重点领域，布局一批核心关键技术专利，形成自主创新优势。打造"北京创造"品牌，提升品牌附加值和国际影响力，打造了一批具有国际美誉的知名品牌。知识产权发展体系不断完善，截至2015年底，北京市专利代理机构达到371家，执业专利代理人达到5030名，分别占全国总量的29.54%和39.84%。北京市知识产权工作为促进制造业核心竞争力提升，服务北京产业转型升级方面贡献了巨大力量。

（2）推进知识产权资本化

2016年，北京市进一步探索知识产权金融服务工作，通过开展知识产权融资服务，构建知识产权融资平台，为企业尤其是双创企业提供了必要的资金支持，促进了科技成果转化和产业化。2016年6月，建立了中关村核心区知识产权质押贷款风险处置资金池，首期规模为4000万元，将有力拓宽知识产权价值实现路径，以同方股份有限公司为例，同方股份将专利打包通过专利质押贷款获得资金，然后将资金投入大数据应用。在数字城市、新兴产业、环境科技等集群的布局中，知识产权资本化为构建新产业集群链条提供了保障。作为知识产权运用标杆企业的多维集团积极试水专利技术投资入股，合资设立新公司，促进了自主知识产权技术的快速产业化市场化，还为企业带来了实实在在的经济效益，加速了企业创新发展。

（3）多措并举推动知识产权服务业发展

北京市高新技术企业，尤其是中小微企业聚集，是创新发展的生力军。2016年，北京市政府完善知识产权服务，为大众创业、万众创新营造良好的知识产权环境。建成了知识产权公共信息服务平台，平台集成了近1亿件涵盖103个国家和地区的文献数据，将为企业提供更精准的知识产权数据服务，提升知识产权服务数字化水平。在全国建成中关村知识产权服务业集聚发展示范区，积极搭建知识产权融资平台，不断建立和完善专利产业化机制与平台。举办知识产权宣传和推广活动，如中关村科学城科技成果月度推介会、壹周创业秀等活动，提升创新意识和知识产权运用意识。加强相关知识产权服务体系建设，提供企业和金融机构对接沟通的渠道和平台，提供一站式全流程知识产权融资服务，内容涵盖材料收集、评估、质押、贷后管理等全融资流程。

第二节　发展特点

一、深入落实发展创新驱动，加速推进全国科技创新中心建设

随着全国科技创新中心建设成为国家战略，北京市政府对于全国科技创新中心建设做出了全面部署。北京市以全球科技创新引领者为发展目标，制定发布了《北京加强全国科技创新中心建设总体方案》（以下简称《总体方案》），明确了北京加强全国科技创新中心建设"三步走"发展方针，要求充分发挥中央在京单位作用，增强原始创新能力，构建区域协同创新共同体。提出了强化原始创新，打造世界知名科学中心等五大重要任务，为科技创新中心建设提供了战略指导。2016 年 9 月，北京市发布了《"十三五"时期加强全国科技创新中心建设规划》（京政发〔2016〕44 号），提出实施知识创新中心计划，抢占世界未来科技发展制高点，提出了"十三五"时期全国科技创新中心建设的原则思路、重点任务布局。召开全市科技创新大会，推进"三大科学城"建设，继续加强中关村示范区建设。

二、知识产权运用能力显著增强

知识产权运用是知识产权战略的关键，是为企业创造价值的利器，北京市政府提升对知识产权运用的重视，进行了一系列推进行动，促进了企业知识产权运用意识和能力的显著提升。首先，推动《北京市专利商用化促进办法》深入实施，为创新型企业、高校、科研机构搭建沟通对接的渠道，探索

知识产权产业化机制。举办了 2016 制造强国知识产权论坛，总结工业企业知识产权运用能力培育工程，推广知识产权运用标杆企业成功经验，发挥示范带动作用。开展专利保险工作，继续推动专利质押贷款的探索。开展石墨烯等新材料的国内外专利布局态势分析，扶持"智谷"等民营知识产权服务机构发展，开展北斗卫星导航产业专利评议。全国首家知识产权服务业联盟在中关村成立，开始为区内企业提供知识产权综合服务的综合性方案，为创新添油加薪。

三、推进知识产权运用能力培育工程

北京市经济和信息化委员会（以下简称"北京市经信委"）深入贯彻实施工业和信息化部有关实施工业企业知识产权运用能力培育工程（以下简称"培育工程"）的部署和安排，通过创新机制和服务模式、营造良好氛围等有效举措，显著提升了本地区企业知识产权资本化能力，为北京市构建高精尖产业体系，实现经济和信息化发展稳中有进、稳中提质提供了有力支撑。加强相关实务培训，提升知识产权资本化运营意识和能力，奠定知识产权资本化坚实基础；推动科研院校高新科技成果、知识产权资源落地转化实施，积极营造活跃、健康的知识产权资本化市场环境。

第三节　典型案例

一、中国首钢集团：践行创新发展理念　全面提升知识产权能力

首钢坚持创新驱动，致力于技术和管理创新，在汽车板、管线钢、耐候钢、电工钢、少渣冶炼等领域培育和形成了一批具有核心竞争力的自主知识产权的创新技术。2012 年，首钢总公司被工信部、财政部认定为"国家技术创新示范企业"，首钢技术中心在 2013 年国家认定的 887 家企业技术中心评估中名列第二，"首钢牌"钢铁产品获得"北京知名品牌"称号，获"全国用户满意企业奖"。

1. 以知识产权为主线，健全现代企业管理体系

近年来，首钢建立、健全集团的知识产权管理体系，加强专利信息化建设，为知识产权的创造、运用、保护和管理提供了保障。不断健全和完善包括专利、技术秘密、商标、合理化建议和技术合同等相关知识产权的现代企业管理制度，以制度推动逐步树立技术创新活动中以知识产权为主线的管理理念，为促进发明创造奠定基础。

在专利、商标等方面建立知识产权预警工作机制，提高知识产权保护意识，避免知识产权维权困局。在配合公司对外技术合作、技术交流、投资控股、企业改制等活动中，主动跟踪企业的知识产权保护情况，维护首钢知识产权权益。

2. 知识产权创造全面进步，积累企业创新基础

截至2015年底，首钢已申请专利3942件，其中发明专利2243件；获国家专利授权2440件，其中发明专利932件；获"中国专利金奖"3项、"中国专利优秀奖"13项、北京市发明专利奖3项；70%以上的专利技术付诸实施和推广。此外，首钢认定技术秘密项目3346项；145项技术获计算机软件著作权登记；参与制定国际标准64项；国家标准136项，行业标准77项；首钢分别注册了"SG"图形和"首钢"文字2个商标，2个商标都被认定为驰名商标。首钢被评为"全国专利工作先进单位"和"北京市专利工作先进单位"，是首批"北京市专利工作示范单位"，并通过了北京市知识产权局《企业知识产权管理规范》认证。

3. 推进知识产权工作信息化，提升管理运能水平

建立知识产权信息化管理平台，利用信息化手段提高知识产权管理、知识产权战略分析和知识产权保护、预警等工作的水平，加强专利技术信息的二次开发与运用。围绕公司科研项目，开展专利战略研究分析，研究开发所取得的成果，及时提出适当的知识产权保护建议，形成自主知识产权，争取市场竞争的优势。形成了以知识产权为重点内容之一的技术创新绩效评价体系，在科技评价要素上，以知识产权作为重要衡量因素或进入的门槛，提高知识产权因素的权重。通过推动知识产权产业化，加大知识产权风险防范，促进新产品与新技术的应用，为提高首钢创新能力和竞争力提供了强有力的支撑。

二、大唐电信科技产业集团：创新抢占全球布局先机

大唐电信科技产业集团（以下简称"大唐电信"），是国务院国有资产监督管理委员会管理的一家专门从事电子信息系统装备开发、生产和销售的大型高科技中央企业，拥有雄厚的科研开发和技术创新实力。大唐电信以创新为企业发展理念，积极推进知识产权运用，多次获得"全国知识产权示范企业""全国专利运营试点单位""在京央企知识产权领先工程单位"等荣誉称号。近年来，大唐电信积极开展知识产权全球布局，推进了企业创新实力的稳步提升。

1. 积极参与主导标准制定，掌握行业技术制高点

大唐电信一直将创新贯彻在全产业链研发生产中，充分运用企业专利，积极参与和主导国际国内标准制定。目前，大唐电信拥有无线移动通信、集成电路、信息安全、战略性新兴产业和产业金融五大产业板块，目前在移动互联网、物联网、云计算等方面进行全球布局。大唐电信力争为我国无线移动通信领域实现"3G 追赶，4G 同行，5G 引领"的目标，不但是是第三代移动通信国际标准 TD－SCDMA 的提出者、制定者，还拥有第四代移动通信国际标准 TD－LTE－Advanced 核心基础专利，大唐电信还依托在 3G、4G 关键技术和标准化方面的经验，不断创新，在 5G 领域取得突出成绩。

2. 战略进行专利布局，实施创新发展战略

伴随着创新驱动战略的有效实施，围绕标准化进程及产业布局，大唐电信深刻把握通信产业发展规律，制定和实施集团知识产权战略，成为全球通信产业的重要贡献者。截至目前，大唐电信提交国际标准提案数已破万件，并且围绕产品开发、测试、组网等多环节，完成前瞻性、多元化专利布局。截至目前，大唐电信全球累计申请专利超过 2 万件，专利布局覆盖中、美、欧、日、韩等世界主要国家和地区，形成较为完善的专利网，连续 8 年荣获"中国专利奖"，取得了令人瞩目的成果。

3. 多元运营知识产权，促进企业创新力提升

大唐电信依托深厚的知识产权积累推动了产业生态环境的建设，同时提升了企业的竞争能力，运用知识产权创造企业价值。为形成可持续健康发展

的产业格局，大唐电信作为 TD 产业的引领者，通过建立产业联盟等多种方式开展知识产权、技术创新领域的国内外合作。多年来，大唐电信集团始终秉承开放、合作、共赢的原则，通过国内外双边、多边合作等形式开展知识产权授权、转让，推动核心技术在整个产业领域运用。大唐电信面向优秀的国内厂商输出先进的专利技术，积极探索利用知识产权投融资等知识产权资本化模式。多元化的知识产权运营，为大唐电信创新提供可持续发展的保障。

三、中国移动：创新专利运营模式，推动产业技术进步

中国移动一直坚持量质并重的专利发展策略，强调"以数量形成专利布局，以质量实现竞争优势"。截至 2015 年底，公司累计提交中国专利超过 8000 件，共获得专利授权超过 3000 件，位居全球运营商前列。在坚实的专利积累基础上，公司高度重视专利运用工作，在专利运用实践和管理方面取得了显著成绩。

1. 积极开展专利运营，推动行业技术进步

中国移动每年产生数千件优质专利技术成果，这些专利技术不仅可以在自身生产经营中使用，而且对合作伙伴也有很大吸引力。公司通过专利经营，推动整个行业采取最新技术成果，同时也使自身遭受专利侵权的风险得以疏导。例如：围绕"增强室分吸顶天线""高层覆盖垂直面大张角天线"等创新特型天线，中国移动向十家天线厂商进行专利许可授权，有效满足高层居民楼、电梯、室分等特殊场景的覆盖需求，打通了公司内部创新成果向产业界推广的渠道，受到授权厂商的普遍认可。再如，中国移动与测试厂商间就通信同步测试产品的专利许可谈判，确定专利许可方案。不仅满足了自身网络建设规模扩大的需求，也能满足其他运营商、铁路、电力、部队的同类需求。

2. 积极筹建国际 LTE 专利池，推动专利规则更加公平、合理和透明

中国移动积极筹建国际 LTE 专利池，推动 LTE 产业专利规则更加公平、合理和透明，以使全球通信行业专利政策能够符合最终用户的利益，并使中国消费者能够以经济合理的代价分享全球通信技术进步。作为 TD - LTE 技术标准及产业的主要推动者，中国移动坚持以改善产业界知识产权大环境为目

标，合理使用专利权，营造良好的产业发展环境。近年，中国移动以自身拥有的标准专利为基础，积极参与并深度影响了 LTE 国际专利池的创建和运行，促使 LTE 知识产权环境合理化、透明化，鼓励产业链各方发展，致力于打造了以中国企业为主导的 TD—LTE 健康产业链条，推动了整个 TD – LTE 产业的发展，有助于 TD – LTE 和 LTE – FDD 的专利问题融合解决。

中国移动的专利运用工作将带动专利形成闭环管理，通过专利运用引导企业研发生产一体化的实践，夯实央企的创新研发基础，带动中国通信产业的技术进步与升级，进一步提升了中国企业的国际影响力和规则话语权。

第九章　江苏省工业技术创新状况

第一节　发展回顾

2016 年，江苏省全年规模以上工业增加值比上年增长 7.7%，其中轻工业增长 7.6%，重工业增长 7.7%。分经济类型看，国有工业增长 4.2%，集体工业增长 5.5%，股份制工业增长 9.3%，外商港澳台投资工业增长 5.3%。在规模以上工业中，国有控股工业增长 4.0%，私营工业增长 10.6%。[①]

表 9 – 1　2016 年江苏省规模以上重点工业行业产值

工业重点行业	产值（亿元）	增长率
汽车制造业	7967.7	13.1%
医药制造业	3992.4	12.3%
专用设备制造业	6450.7	8.4%
电气机械及器材制造业	17986.5	9.4%
通用设备制造业	9401.6	6.4%
计算机、通信和其他电子设备制造业	19438.7	2.3%

资料来源：《江苏省 2016 年国民经济和社会发展统计公报》。

一、技术创新发展情况

（一）总体情况

江苏省创新能力仍保持一贯强劲势头，连续八年保持全国第一。全省科

---

① 《2016 年江苏省国民经济和社会发展统计公报》，2017 年 2 月 25 日。

技进步贡献率达61%，比上年提高1个百分点。90%以上的大中型企业建立了研发机构，省级以上众创空间384家。全年授权专利23.1万件，其中发明专利4.1万件。万人发明专利拥有量18.5件。全年共签订各类技术合同2.9万项，技术合同成交额达728亿元，比上年增长4.0%。全省企业共申请专利33.9万件。[①]

（二）主要做法

1. 不断提升产业技术创新能力

江苏省加快建设省级层面的产业技术研究院，积极探寻一所两制、合同科研等市场化改革措施，最大限度展现"试验田"作用。江苏省一直着眼于"一区一战略产业"的布局，着手批准和启动了省级产业技术创新中心的建设，分为医疗器械、纳米技术和智能装备三个领域，旨在将其作为核心引擎，加快推进产业创新。现阶段，江苏省拥有依托于行业骨干企业的国家和省级产业技术创新战略联盟共45个。

2. 全面推进大众创业万众创新

江苏省着手建设灵活和富有成效的创新创业生态系统。第一，启动诸多创新创业示范工程，包括"创业中国"苏南创新创业示范工程以及创业江苏"六大行动"等。第二，争取进入国家级创新管理体系，江苏省被纳入国家级科技企业孵化器管理体系的众创空间有8家。第三，积极推进企业科技孵化，目前已有约3000万平方米土地面积用于建设科技企业孵化器，拥有超过3万家在孵企业。

3. 持续加大政策扶持力度

江苏省依托"40条政策"加强创新制度建设。2016年，江苏省政府公开发布《关于加快推进产业科技创新中心和创新型省份建设的若干政策措施》（以下简称《措施》），《措施》含40条政策措施，可简单概括为"一简一增三个着力"，即最大限度简政放权和千方百计增加创新投入，同时着力强化科研人员创新动力、着力强化企业创新能力、着力激发大众创业万众创新活力，全省将在未来3年内投入千亿元资金支持科技创新。

[①] 《2016年江苏省国民经济和社会发展统计公报》，2017年2月25日。

（三）重点领域

1. 电子信息行业技术创新

2016 年，江苏电子信息企业创新活跃。全国首条 12 英寸 28nm 先进封装测试全制程生产线由南通富士通微电子股份有限公司设计生产，能够为全省乃至全国电子信息产业发展提供高端技术支持；70 英寸等级大型核电叶片制造工艺由无锡透平叶片有限公司研发创新，核电装备产业发展又获得一项关键技术支持；国内首条 T700 级 PAN 碳纤维工程产业化生产线由中简科技股份有限公司自主研发，为我国高性能碳纤维产业加快发展提供助推器。同时，全省积极利用高新区载体推动电子信息产业技术创新，比如推进宜兴开发区成为光电子产业发展的主要阵地，形成投影、特种显示、LED 照明等产业加速聚集的态势，并汇聚清投视讯、灏渤科技等一批规模化、自主创新型企业，实现了以开发区为载体的光电子产业创新发展。

2. 物联网行业创新

江苏省物联网行业创新成绩抢眼。2015 年 5 月，我国主持的物联网体系架构国际标准项目 ISO/IEC30141 得到国际组织 WG10 物联网标准工作组的正式确认，由无锡物联网产业研究院专家继续领导，无锡代表中国拿下国际物联网顶层架构设计的主导地位。此前，无锡作为第一个攻克物联网技术创新、演示运用和产业化的城市，已经主导参与 54 项物联网标准，9 项中国标准，制定了超过半数的物联网国际标准。以美新半导体为代表的创新型企业，在无锡进行了多项创新型尝试，例如利用物联网技术的"车卫士"，已经在全国 16 个省市得到应用，使电动车盗窃发案率得到有效控制，未来，无锡还将尝试建设"物联网特色小镇"，以镇为单位首度示范应用物联网技术。目前，仅在无锡，物联网产业实现了从 2009 年 220 亿到 2016 年的 2000 亿的营业收入，实现了营收增幅连续 3 年超 30%，2016 年，物理网全球总产值超过 6 亿美元，无锡美新一家就超过 5000 万美元，有 10 亿部手机、4000 万辆汽车得到市场应用。

二、质量品牌发展情况

（一）总体情况

江苏省积极贯彻质量品牌战略，工业产品品牌竞争力提升巨大。2016年以来，江苏省积极贯彻质量品牌建设工程，累计培育2426个江苏名牌，建设43个"江苏省优质产品生产示范区"，拥有全国第三的中国驰名商标占有量，全省制造业名牌产品销售额占据了约35%的规模以上工业销售额。江苏省还拥有36家工信部品牌培育示范企业，全国排名第3。2016年，江苏省还制定了《江苏省省级质量标杆培育交流活动方案》，遴选出质量品牌管理经验10项，树立为省级质量标杆，举办了"自主工业品牌五十强"宣传活动，南京南瑞集团、常熟开关制造有限公司、江苏悦达集团等48家企业获得"自主工业品牌五十强"荣誉。

（二）主要做法

1. 以科技创新提高供给质量

江苏省积极推动质量创新，积极释放和提高企业质量效益。积极推动质量创新，江苏省政府正在组织人力物力，计划攻克一批共性关键技术，以提升整体质量水平；同时积极支持和引导对制造业企业质量技术的改善，2016年实施了一大批加快产业质量提升和更新换代的技改工程。

2. 将标准体系建设置于突出位置

江苏省重视标准体系建设，积极推动标准研发与技术创新同步。昆山好孩子集团每年推向市场的新产品有400余款，参与制定和修订国际国内标准共181项，在中国八成儿童用品行业标准的制定中都有参与。"好孩子"积极将国内标准与国际标准对接的策略，对自身成长为全球性的知名儿童用品提供极大助益。

3. 打造全国质量先导示范区

江苏省将发展眼光扩大到整个省，致力于打造多个影响全国乃至全世界的质量标杆。目前，江苏省正在苏南五市建造全国质量先导示范区，旨在培育江苏省优质产品生产示范区，成为全国知名的示范区，示范区载体包括旅游和服务业园区、高新技术开发区、现代农业区和制造业园区。"十三五"时期，江苏省将继续促进特色优势产业提质增效，计划培育在全国市场排名领先的高端制造品牌 100 个、与国内外知名品牌同标准同质量的日用消费品品牌 100 个、有世界影响力的品牌 50 个。

（三）重点领域

1. 塑造本地物流行业品牌

苏州打造物流行业本地品牌——"江苏快货"，将其作为全省极力培育推广的行业品牌。该品牌自 2008 年起开始评选，其中包括"江苏快货"品牌线路和"江苏快货"品牌企业。货运企业要申报"江苏快货"品牌，必须配备专用干线运营车辆，这些车辆的货运班线必须与班次数相适应，为确保这些车辆接受实时监控，还必须配备动态监控设施。另外，评选内容还包括货场有无、货场面积、货物理赔以及货物运达时间等多项标准。截至目前，江苏省已经拥有多个拥有"江苏快货"品牌的货运公司，运输区域已覆盖全国大部分省市，有效保证了区域内物流企业的服务质量。

2. 塑造非遗文化产品品牌

江苏省拥有丰富的非遗资源，但现阶段市场化程度不高。江苏省积极塑造非遗品牌，对非遗产业与金融、科技、创新等融合发展提出一揽子措施。比如，发挥扬州工艺美术优势，推进其与现代先进技术结合，积极建设工艺坊，建设传统文化产业载体，打造独具特色的工艺美术产业集聚区。"十二五"末期，扬州市工业美术行业达到了 100 亿元以上的交易额。再如，积极做强盆景品牌，建立规模化盆景生产基地，扩展园林展示外延，由此，江苏省形成了种、培、赏、销一体化的盆景产业链条，进一步拓展了品牌知名度。

三、知识产权发展情况

（一）总体情况

"十二五"时期，江苏省深入实行知识产权战略，取得积极成效。全省知识产权综合发展指数年均增长率排名全国第一，区域知识产权综合实力跃居全国第二，知识产权大省地位牢固确立，为推进创新型省份建设和知识产权强省建设奠定了坚实基础。"十二五"期间，新增专利申请 217 万件、授权 116 万件，其中发明专利申请 64 万件、授权 10 万件，分别是"十一五"时期的 3.2 倍、3.6 倍、4.9 倍和 5 倍；万人发明专利拥有量达到 14.22 件，增长近 5 倍；PCT 专利申请量增长 3 倍。专利申请量和授权量、发明专利申请量和授权量、企业专利申请量和授权量六项指标位列全国第一。新增有效注册商标 28.7 万件，版权作品登记 22.5 万件，植物新品种授权 384 件，分别是"十一五"时期的 2.9 倍、5.2 倍、2.5 倍，均居全国前列。①

（二）主要做法

1. 进一步提高知识产权运用能力

通过省重大科技成果转化、省级专利技术实施等计划项目实现产业化的专利达到 15000 余件，实现了 5000 多亿元的产品销售收入。"十二五"末期，全省实现了高于 70% 的专利转化实施率，有效运用了专利技术；实现超过 5500 亿元的版权产业增加值，实现超 8% 的 GDP 比重，实现将近 3000 亿元的核心版权产业产值和超过 500 亿美元的版权产业出口额。GDP 中的自主品牌企业增加值占比为 11%，知识产权对经济社会进步的支持效应进一步显现。

2. 知识产权保护环境显著优化

相继颁布《江苏省软件产业促进条例》《江苏省专利行政执法规程》等，全省法院共受理 4 万余件知识产权案件，实现高达 85% 的审结率。知识产权行政管理部门查处 6.8 万件知识产权案件，达到 70.8% 的知识产权保护社会认知度。全省共接受 35042 起知识产权咨询和举报投诉，向执法部门移送 1585 起案件，共有国家级知识产权维权援助中心 8 个。知识产权国际合作取得新成绩，与美韩等国家建立了稳固的知识产权交流和合作机制。

3. 推动发展知识产权服务业

"十二五"期间，一批国家级重要服务载体落户江苏，包括国家知识产权局专利局专利审查协作江苏中心等。全省原拥有 47 家专利代理机构，现发展到 201 家，原拥有执业专利代理人 223 人，现增加到 813 人，分别实现了高达 3.3 倍和 2.6 倍的增长。商标代理机构原有 227 家，现发展至 685 家，一批全国知名的品牌服务机构成长起来。目前，全省拥有 1800 余家各类知识产权服务机构，新兴知识产权服务业逐渐崛起，包括知识产权信息检索、金融保险

---

① 《江苏知识产权工作"十二五"期间取得跨越式发展》，2016 年 2 月 24 日。

和产业预警等。

4. 壮大知识产权人才队伍

江苏省与工信部、国家知识产权局三方共建，成立了南京理工大学知识产权学院。建立 13 个国家、省级知识产权培训基地、8 家研究机构、扎实开展知识产权人才培育和探求工作。江苏省工程师职称序列新纳入企业知识产权工程师，累计培训 1.6 万企业知识产权工程师、超过 1000 位企业总监、超过 500 位企业总裁。

（三）重点领域

1. 注重知识产权海外合作和建设

近年来，江苏省积极推进知识产权的国际化进程，与多个国家签署知识产权谅解备忘录，包括美国专利商标局、韩国知识产权局等，合作内容包括人才培养和信息获取等多个方面；与多个国家和地区建立了合作机制，尤其是中欧知识产权转移中心共建工作有序开展，已经与英国、法国的法国集群成功合作了这项建设工作。省内还组织了赴美法等多国的专业培训，培训人次已经达到了 200 多名，积极组织企业学习国外知识产权保护制度，目前参加培训的企业达到上千家，2016 年江苏省知识产权国际化进程更进一步，省政府颁布《关于促进外贸回稳向好的实施意见》（以下简称《意见》），《意见》提出要强化外贸知识产权保护，探索向海外重点市场驻派知识产权专员。

2. 积极提升专利质量

江苏省连续数年在专利申请和授权量上在全国名列前茅，如何在提高数量的同时提升专利质量，成为江苏省一直致力解决的问题。目前，江苏省在知识产权领域的提质战略定位于战略性新兴产业和传统优势产业的创新，在这些关键技术领域创造高价值专利，力求达到创新能力强、权利状态平稳、市场竞争力强劲的质量水准。为此，江苏省积极推动高校对其优势学科科研成果的保护和转化，例如推动南京理工大学在先进焊接领域的专利布局，该学校在该领域拥有专利 100 余件，实现专利转化的企业有 50 余家，取得江苏省重大成果转化成果 12 项，实现产值 20 亿元。积极推动企业运用先进技术，优化产品性能，比如推动大全集团建立智能电力电器高价值专利培育示范中心，实现专利申请约 113 件。同时，建立了良好的高价值专利培育机制，引导高校、企业和服务机构协同合作，形成了系统的优质专利创新和保护体系。

第二节 发展特点

一、依托高新区创新发展

高新区引领和支撑了全省创新驱动发展。江苏省以苏南自主创新示范区为高新区代表，2016 年，常州、武进两个国家高新区成为省级众创集聚区；武进区获批全国首批大众创业万众创新区域示范基地（全国 17 家、全省唯一）；江南石墨烯研究院获批全国钢标委薄层石墨材料工作组组长单位和科技部科技服务业试点单位两块"国字牌"招牌。围绕重点产业创新需求，示范区企业承担省级以上项目 394 项，争取经费 5.23 亿元，再次实现历史性新突破。其中新誉集团的国家重点研发计划项目"空天车地信息一体化轨道交通运营与安全综合保障技术研究与应用示范"获科技部专项资金支持超 5850 万元。常州、武进两个国家高新区分别获省苏南办奖补资金 2580 万元、2400 万元，位居苏南前列。

二、重视和完善知识产权宏观管理

与国家相关部委合作，江苏省共同推进了重点项目 100 余项，聚集了一批国家知识产权优质资源。进一步完善了省知识产权联席会议的统筹协调机制，得到落实的重点任务达到 400 余项。全省范围内有 16 个国家知识产权试点城市、13 个示范城市、18 个国家知识产权强县工程试点县（区）、6 个示范县（区）、14 家国家知识产权试点示范园区，总数在全国名列第一。省委省政府发布和执行了《关于加快建设知识产权强省的意见》，进一步加强了部省合作、省市县共同发力推进建设知识产权强省的布局。

三、积极提升供给侧产品品质

近年来，江苏认真执行贯彻《中国制造 2025 江苏行动纲要》，大力培育工业品牌，品牌竞争实力大幅提升，但商品质量不高的问题一直客观存在，与国际先进水平仍有一定差距，针对这一问题，江苏省致力于科技创新，提升供给侧产品质量，留住中高端购买力，推动本省经济持续健康发展。为此，省政府专门出台企业装备升级和互联网化提升两大部署，同时兼顾软硬件升级，协助诸如吴江亨通集团等行业龙头，建设"互联网＋制造"的智能化工厂；同时积极推进标准研制、监管方式创新和全国质量先导示范区建设等多元化举措，结合"去产能"手段，增加优势产品供给。

第三节 典型案例

一、江苏恒瑞医药：积极防范应对纠纷，捍卫知识产权成果

江苏恒瑞医药股份有限公司（以下简称"江苏恒瑞医药"）是有创新能力的大型药企，是国内最大的抗肿瘤药和手术用药的研究和生产基地。江苏恒瑞医药一直积极利用知识产权策略维护知识产权成果，维护了公司效益，保障了公司业绩的稳定发展。

未雨绸缪，防范知识产权侵权纠纷。随着我国医药企业逐步发展壮大，以及仿制药的巨大价格优势，被仿制的原研药市场份额呈急速下降之势。为维护市场垄断份额，跨国医药巨头将专利诉讼变为打压竞争对手的工具，有的诉讼在没有证据的情况下，直接发起侵权之诉，并持着法院受理通知书到相关医院宣传，给竞争对手产品造成恶劣影响。仿制药的上市对原研外国公司的影响很大，例如江苏恒瑞医药的多西他赛产品，上市后销量很大，很快占有国内的一半市场，外国公司为了延缓国内企业仿制药的上市，频频以专利侵权为由挑起事端。为此，江苏恒瑞医药在研发生产全过程都积极采取主动防范措施，规避风险。在产品立项之前做充分调研，对相关专利进行充分论证；在研发阶段积极防范，在专利文献检索、产品和工艺是否侵权以及如何绕开他人专利权保护范围等方面都进行了精心准备；在生产经营过程中注意证据的收集和保存，被诉后积极应诉，或对外国专利的效力发起无效之诉，

或准确找出技术特征的不同点，在一定程度上掌握了专利诉讼的主动权。

釜底抽薪，主张对方专利无效。面对竞争对手挑起的诉讼纠纷，江苏恒瑞医药积极组织应对，并通过策略性地采取主张对方专利无效等方式，在一系列诉讼案件中取得主动权，较好地维护了自身合法权益。比如，与伊莱利利的专利无效案。江苏恒瑞医药取得了伊莱利利的雷洛昔芬仿制药批件，检索发现该产品的用途和晶型专利获得了授权，但经过认真的分析后认为这两件专利均存在缺陷，不具备专利性。江苏恒瑞医药主动出击，先后针对用途专利和晶形专利向专利复审委员会提交了无效宣告请求。江苏恒瑞医药经过检索，以一份申请日之前公开的刊载于科技杂志的论文作为对比文件，主张用途专利不具有创造性，最后获得了复审委的认可。晶形专利也是因不具有创造性被专利复审委员会宣告全部专利权无效。一审、二审法院均维持了复审委对这两件专利的无效判决。再如，与欧里恩公司、赫思公司的专利无效案。涉案专利是一个用途专利，江苏恒瑞医药在上市说明书中避开了这件专利保护的用途。经过充分的检索分析，江苏恒瑞医药以该件专利不具有新颖性和创造性提交无效宣告请求，最终专利复审委员会以该专利不具有新颖性而宣告全部权利要求无效。专利权人上诉至北京一中院，一中院维持了专利复审委的无效判决，对此专利权人没有再上诉。

仔细比对，有效抗辩获支持。江苏恒瑞医药申报了庚铂的注册药品批文，申请了抗癌药物铂配合物的制备工艺专利，并被授予专利权，按照该专利所保护的制备方法从事铂配合物的生产活动。韩国公司鲜京工业株式会社向江苏恒瑞医药发出警告信，警告江苏恒瑞医药侵犯专利 ZL97120205 的专利权。ZL97120205 是 ZL92102045.7（申请日 1992 年 3 月 23 日）的分案申请。该专利申请的原始申请要求保护的是具有抗癌活性的、特定结构的铂配位化合物。该专利在美国、欧洲等国家地区的同族专利都被授予了化合物专利。但是由于 1993 年之前我国不授予化合物专利，因此在审查过程中申请人将请求保护化合物的产品权利要求修改为制备产品的方法权利要求。江苏恒瑞医药所使用的制备铂配合物的方法（以下简称"恒瑞方法"）是利用了不同的原料和工艺的制备方法，与 SK 的专利方法完全不同。江苏恒瑞医药已申请专利并获得授权。收到警告信后江苏恒瑞医药请知识产权专业机构分析江苏恒瑞医药的方法和涉案专利中的方法是否等同。经权威机构分析后确认江苏恒瑞医药的专利方法和涉案专利中的方法不构成等同。最后，一审法院认定江苏恒瑞医药使用自行发明的专利向国家药品监督管理局申请药品生产资格的行为，不构成对涉案专利的侵权。

二、中电科十四所：自主创新，引领我国预警探测技术发展

中国电子科技集团公司第十四研究所（以下简称"中电科十四所"）作为中国雷达工业的发源地，始创了国家诸多新型、高端雷达装备，是具有较强国际竞争能力的综合型电子信息工程研究所，也是我国电子信息行业的龙头企业。

自主创新，攻克关键技术。中电科十四所作为集科研与生产于一体的大型军工电子研究所，产品呈现品种多、批量小的特点，可借鉴的技术较少，均要自主创新，打破国外对我国的技术封锁和禁运，围绕雷达、通信、信息系统、天线微波、高功率技术、数据处理、软件、信号处理、射频仿真、电子对抗、机电工程、工艺制造、应用磁学、特种元器件等数十个专业技术领域，进行关键技术攻关，形成代表国家队技术水平的自主创新成果，以引领我国预警探测技术领域的发展。对在完成国家指令性任务及自筹资金项目的过程中会产生的发明创造，根据发明创造的不同及时地申请不同的知识产权，从而有效地排除竞争对手，抢抓技术领域。

跟踪积累专利信息，加强创新竞争优势。通过对专利信息进行检索、阅读、加工处理，达到对技术发展、专利保护等专利战略要素进行分析和管理的目的，从而使中电科十四所对所在行业领域内的各种发展趋势、竞争态势有一个综合了解，加强了创新技术竞争优势。如中电科十四所自行研发获得授权的 6063 铝合金 Nocolok 无腐蚀钎剂气保护炉钎焊工艺方法专利，该专利来自对行业技术发展和技术需求的深刻了解，它已经成功应用于 6063 铝合金钎焊组件的气保护炉钎焊，解决了 6063 铝合金采用真空钎焊生产效率低、成本高，且仅适用于平焊缝的技术难题，使适合于雷达系统高散热要求的导热系数高、可热处理强化的 6063 铝合金，得以广泛应用。目前，采用此项专利技术钎焊的 6063 铝合金钎焊机箱、冷板等散热功能构件已全面推广应用，几乎覆盖中电科十四所所有雷达产品，大大提高了军用电子装备制造生产质量

和工艺水平，满足了武器装备生产需求，每年产生直接经济效益千万元以上。

积极规划、布局、利用和推广自主知识产权。目前，中电科十四所从军、民用雷达电子装备总体技术到各个具体的技术领域的专项技术进行技术秘密、专利、计算机软件著作权等知识产权的布局规划，并合理运用这些基本专利等知识产权开拓市场，谋取最大的经济效益。在对原始创新进行知识产权保护的同时，中电科十四所也加强了对已有知识产权的利用及推广工作，建立以市场为导向，产学研相结合的开发机制，通过高校合作、组建校企联盟、与政府合作共创产业园、与高校联合办学等多种形式，联合实施科技成果转化。近几年，中电科十四所与西电、成电、南大、南航、北航、北理工、清华、空军雷达学院等院校开展合作项目共400多个，在技术理论研究、电路设计、环境试验等方面都有着成功的合作经验。通过与国内著名高等院校和中科院的密切技术合作，不但解决了中电科十四所技术水平或研制周期不能满足产品要求的实际困难，还做了许多前期的理论研究工作，为雷达性能的提高提供了新思路、新想法。

第十章 浙江省工业技术创新发展状况

第一节 发展回顾

2016 年浙江省经济持续平稳健康发展，全年规模以上工业增加值比上年增长 6.2%，其中轻工业增长 3.0%、重工业增长 8.6%。全年规模以上工业企业销售产值 67222 亿元，比上年增长 4.5%；实现利润 4323 亿元，比上年增长 16.1%；新产品产值率 34.3%，比上年提高 2.3 个百分点（见表 10-1）。[1]

表 10-1 2016 年浙江省规模以上工业重点产业增加值

行业	绝对数（亿元）	比上年增长（%）
高新技术产业	5624	10.1
装备制造业	5430	10.9
战略性新兴产业	3206	8.6
高耗能产业	4691	3.7
信息经济核心产业制造业	1600	13.6
高端装备制造业	1957	9.6

资料来源：《浙江省 2016 年国民经济和社会发展统计公报》。

---

[1] 《浙江省 2017 年国民经济和社会发展统计公报》，2017 年 1 月 22 日。

一、技术创新发展情况

(一) 总体情况

近年来，浙江省技术创新能力逐步提升，2016 年，全年全社会研究和发展（R&D）经费支出 1130 亿元，占地区生产总值的比例为 2.43%，比上年提高 0.07 个百分点。国家认定的企业技术中心 101 家（含分中心），184 家省级重点企业研究院。新认定高新技术企业 2595 家，累计 9474 家。新培育科技型中小企业 7654 家，累计 31584 家，企业技术创新能力位居全国第二。[①]

(二) 主要做法

1. 主动对接国家重大战略，提升科技创新能力

浙江省紧密对接"一带一路"和长江经济带两大国家重大战略，着重提高全省科技创新能力，着眼全球战略布局，积极打造海洋经济强省。出台《浙江省参与长江经济带建设实施方案》，打造以杭州国家自主创新示范区、宁波"中国制造 2025"试点示范城市等为主的科创中心；大力发展以高端船舶设计制造、信息化港口物流、新一代海水淡化和海洋药物开发技术为主的绿色临港产业技术创新能力；加快传统船舶制造业转型升级，打造以高端船舶、海洋工程装备为主的海洋战略性新型产业，目前浙江省共有 8 家企业入围工业和信息化部《船舶行业规范条件》企业名单。

2. 集聚高端创新要素，打造多种科技创新平台

出台《浙江省科技创新"十三五"规划》，政府突出制度供给，聚焦于创新服务，优化各类创新资源布局，培育企业、科研院所等多级创新主体，打造以杭州城西科创大走廊、杭州国家自主创新示范区、宁波国家高科技园区、青山城、宁波新材料科技城、嘉兴科技城、舟山海洋科学城、环杭州湾高新技术产业带等综合性科技创新平台，引导新兴产业良性发展。

---

① 《浙江省 2016 年国民经济和社会发展统计公报》，2017 年 1 月 22 日。

表 10 – 2　浙江省科技创新平台建设情况

高端创新要素	相关举措	科技创新目标
杭州城西科创大走廊	突出制度供给、集聚创新企业、引进科研院所、吸引高端人才等	具有全球创新影响力的信息经济中心、国家级创新策源地等
国家自主创新示范区	以杭州高新区、萧山临江高新区、宁波新材料创新区域等为主体	全球影响力的"互联网＋"和先进制造中心
高新科技园区	通过管理体制改革、激励机制和淘汰机制等措施，支持引导园区发展	创建全球一流高科技园区和具有国家影响力高新区等各级园区
特色科技城	通过政策支持、产业引导等进一步提升宁波、嘉兴、舟山、温州等特色优势	各科技城独具特色，具有国际、国家或区域影响力，推动全省产业转型
环杭州湾高新技术产业带	统筹规划发展空间、功能和产业定位	对接上海、集聚战略性新兴产业、创业创新平台、科技金融结合等，建设高新技术产业带

资料来源：赛迪智库整理，2017 年 1 月。

3. 积极建设"特色小镇"，发展转型升级新模式

浙江省高度重视特色小镇建设，将其打造为政府与市场的新纽带，用创新的方法和模式探索浙江省转型升级和供给侧结构性改革等工作。自 2015 年 1 月浙江省政府工作报告明确提出建设特色小镇以来，相关政府部门先后出台了《关于加快特色小镇规划建设的指导意见》《关于发挥科技创新作用推进浙江特色小镇建设的意见》等文件，公布了共计两批 79 个省级特色小镇。特色小镇的建设做法得到中央领导的肯定，并获得国务院第三次大督查通报表扬，部分地方正借鉴其做法逐步开展全国推广。在产业方面，特色小镇致力于将某一特色产业做大做强。如云栖小镇专注于大数据和智能硬件产业，目前入驻各类企业 400 余家，以云计算、智能软硬件企业为主。新昌智能装备小镇专注于智能装备产业，集聚了中柴机器等数十家装备制造企业，致力于通过高端化、智能化引领装备制造企业转型升级。在创新生态方面，特色小镇致力于通过制度创新，集聚整合资本、人才、孵化器等高端要素，形成创新性企业研发高地。特色小镇以优越的科技创新环境，培育经济发展新动能，助力浙江省产业转型升级。

（三）重点领域

1. 新一代网络信息技术产业

浙江省依托长江经济带等国家重大战略优势，在新一代网络信息技术中起步早、发展快，位居全国前列，重点集中于集成电路与新型元器件、通信网络、物联网、云计算、高端软件等领域。2015 年，浙江省规模以上信息经济核心产业同比增长 9.3%，新一代信息技术产业增速居浙江省战略性新兴产业首位。仅在物联网方面，先后发布《浙江省物联网产业发展规划（2010—2015 年)》和《浙江省物联网产业"十三五"发展规划》，重点做好数字安防、网络通信、智能装备系统集成、车联网等优势领域和新兴技术领域，成立浙江省物联网产业协会，预估仅物联网产业规模已超千亿元。依托世界互联网大会等契机，不断巩固自身在大数据、物联网等新一代网络信息技术领域的优势，在知名企业方面，具有阿里巴巴、海康威视、先临三维、恒生电子、信雅达等众多新一代网络信息技术领域国内外领军企业。

2. 船舶与海洋工程装备产业

浙江省依托临海优势，积极打造海洋经济强省。在船舶与海洋工程装备产业，利用舟山、宁波的海岸优势和产业技术基础，通过船舶与海洋工程装备科技专项、引进国内外先进企业和研究机构，大力发展船舶与海洋工程装备制造集聚区，2012 年，舟山被工业和信息化部列为船舶与海洋工程装备领域国家新型工业化产业示范基地。金海重工、浙江欧华、扬帆集团、长宏国际等 8 家企业先后入围工业和信息化部《船舶行业规范条件》企业名单。在技术创新对产业链覆盖方面，以长宏国际为代表的企业，涵盖了船舶与海洋工程装备的造、修、拆全产业链，建有占地数千亩，投资数十亿的长宏国际产业园等多个技术创新载体。

二、质量品牌发展情况

（一）总体情况

浙江省大力推进标准强省、质量强省、品牌强省建设，先后出台了打造"浙江制造"品牌等措施，不断提升企业质量品牌意识，培育了物产中大、吉利控股、万象集团、阿里巴巴、超威电源、天能电池等一大批全国知名品牌，驰名商标 562 件，处于全国领先地位。在 2016 年中国企业 500 强中，浙江省入围 44 家，位居全国第四。在企业质量管理方面，导入卓越绩效管理的企业高达 5000 家。浙江省拥有国家质检中心 44 个，在检验检测能力方面高居全国第二。先后获批创建 9 个、成功创建 3 个全国质量强市示范城市，位列全国第一。目前浙江名牌战略推进委员会共确定 849 个浙江名牌产品。2016 年 9 月，进一步出台《浙江省标准强省质量强省品牌强省建设"十三五"规划》。

（二）主要做法

1. 建立"浙江制造"品牌市场化培育机制

成立了浙江省质量强省工作领导小组，在政策方面，先后出台《关于打造"浙江制造"品牌的意见》《关于扶持"浙江制造"品牌发展的意见》《关于"浙江制造"品牌建设三年行动计划（2016—2018 年)》等文件；在资金方面，技术创新类资金对开展"浙江制造"品牌工作成效显著的相关市县给予倾斜；在组织机构方面，建立了"浙江制造"国际认证联盟，开展企业等相关认证；在宣传引导方面，利用互联网新媒体、电视广播报纸等传统媒体，加大对"浙江制造"品牌的宣传推广，同时着重推广"浙江制造"的典型案例、优秀经验和举措。先后共计 44 个产品通过"浙江制造"认证，助力浙江省质量效益提升、品牌建设和产业转型升级。

2. 建立多元化产品质量市场机制

浙江省率先建立了产品质量市场反溯监督机制，通过建立健全质量责任保险制度，全面加强产品质量安全监督，提升多元化产品质量救济能力。浙江省积极探索产品质量社会共治方式，将产品质量监督权下放行业协会等组织，推动行业协会等社会团体成为全省质量品牌建设的中坚力量，同时开展多项社会参与度高、贴近百姓生活的质量监督抽查活动，带领行业协会、法人团体、普通百姓等多方共同关心、重视、参与产品质量监督，营造良好的产品质量市场氛围。

（三）重点领域

1. 新能源行业

2015 年，浙江省新能源汽车产量为 7 万辆，占全国比重 20%。浙江省金华市全力打造新能源汽车领域特色小镇，具有以众泰、吉利等为代表的著名新能源汽车品牌，其中众泰集团新能源汽车销量连续多年位居全国前列。在新能源动力电池领域，具有万向、超威、天能等业界知名品牌。其中天能集团以动力电池为主，集聚动力储能领域的关键材料制品、镍氢、锂离子电池等为一体，是目前国内最大的新能源动力电池制造商，产销量连续18年位居全国同行业首位。同样，比亚迪在杭州建有新能源汽车生产基地，支撑公司多种新能源车型生产重任。

2. 纺织行业

浙江省是我国纺织大省，拥有绍兴纺织印染基地、海宁纺织（产业用纺织品）基地、嵊州纺织（真丝产品）基地、义乌纺织（针织品）工业园区、诸暨纺织（袜业）基地5家纺织行业的国家新型工业化产业示范基地，涵盖纺织行业上中下游全产业链。拥有雅戈尔集团、桐昆集团、申洲针织、洁丽雅等著名纺织品牌。其中雅戈尔集团以品牌服装为主，多次位居全国纺织服装品牌第一，被评为"中国最佳服装品牌""最受消费者欢迎的男装品牌"等。

三、知识产权发展情况

（一）总体情况

浙江省2016年全年专利申请量、授权量分别为39.3万件和22.1万件，分别比上年增长27.6%和−5.8%，其中发明专利授权量为2.7万件，同比增长13.8%，专利申请量、授权量均位于全国前列[①]。2015年6月发布《深入实施知识产权战略行动计划（2015—2020年)》，在《中国知识产权指数报告2016》中，浙江省知识产权指数继续位居全国第五。2015年，浙江省新增注册商标10万件，主导制定国际标准、国家标准、行业标准分别为3项、44项和64项。修订国际标准27项、国家标准1201项、行业标准2494项。同时浙江省为知识产权国家试点示范省，国家知识产权示范企业数量位居全国前列。

---

① 《浙江省2016年国民经济和社会发展统计公报》，2017年1月22日。

（二）主要做法

1. 开展电子商务领域专利保护工作

2015 年，浙江省电子商务领域专利侵权案件共计受理、结案 6.4 万起，查处侵权网店、商品等共计 3.9 万余个，查处专利侵权数位居全国第一。浙江省综合省经信委、省知识产权局、公安系统、海关系统等联合执法，全方面打击查处各类知识产权侵权行为。浙江省《2015 知识产权白皮书》显示，2015 年，浙江省专利执法案件立案上报 8584 起，结案率高达 99.9%；查处商标违法案件 4138 件，知识产权侵犯案件 4510 件，其中打击知识产权侵犯犯罪案件 1141 起。

2. 积极推动知识产权质押融资活动

2015 年，浙江省政府机构、企业院所、金融部门多方联动，不断引领扩大知识产权质押融资规模。省工商局联合相关部门开展了"商标质押百亿融资专项行动"，重点扶持解决新型科技型企业、拥有著名商标或相关知识产权的优质企业、中小微创新企业等质押贷款难题，同时面向从事浙江省信息、环保、健康等七大万亿产业的企业开展商标质押融资行动。

第二节　发展特点

一、以企业技术创新为主体，深化产业协同创新

浙江省在实施创新驱动发展战略中，着力突出企业创新主体地位，大力引进国内外科研院所、创新机构等创新资源，深化产学研协同创新。2015 年，浙江省企业专利申请量为 19.27 万件，占全省专利申请总量的 62.71%，企业专利授权量为 15.24 万件，占全省专利授权总量的 64.88%，企业创新主体地位进一步突出。在产业方面，以七大万亿产业为主，通过税收减免、研发费用加计扣除等优惠政策，培育引进新一代信息技术、船舶和海工装备等重点行业龙头企业，大力发展高新技术企业、创新型企业和中小微科技型企业等。在新能源汽车、装备制造等领域，重点建设工业企业研发机构，提升科技活

动覆盖面，积极打造先进制造业基地，提高浙江制造产品质量品牌，加速"浙江制造"向"浙江智造"转型发展，建成了184家省级重点企业研究院。在互联网与制造业协同创新发展方面，充分发挥互联网市场开拓推广能力，有效推动制造业制造方式和营销方式的转型。在企业技术改造升级方面，浙江省持续加大投入力度，推动新技术应用，2015年，工业技术改造投资6701亿元，同比增长高达23.6%，有效推动现代技术创新产业集群发展。

二、加快科技成果产业化，培育创新发展新动能

2016年，浙江省紧密围绕科技成果产业化，制定多项政策、开展多项行动，突破科技创新产业化"死亡之谷"，培育经济发展新动能，推动大众创业、万众创新，实现科技成果市场效益化。在新一代信息技术、智能制造等领域创新技术推广应用方面，充分利用国家级省级高新区、特色小镇、科技孵化器、创业基地、科技园区、研究机构院所等科研载体，提升科技成果产业化能力。在科技成果交易方面，引导技术交易中介机构发展壮大，培养专业的技术交易、价值咨询评估等人才，建立完善政府和公益性质的技术交易服务体系。通过完善技术创新成果交易市场，进一步明晰高等院校、科研院所和地方企业、企业之间的技术交易联系，实现多方的技术供需挖掘匹配，通过实体、网络等交易平台媒介，利用技术供需发布、定向推送、竞价拍卖等手段，助推科技成果交易并实现产业化，利用技术创新推动浙江省经济新发展。

三、全面实施知识产权战略，加快建设知识产权强省

浙江省分阶段分梯次实施知识产权战略，以杭州、宁波等重点城市为核心点，全面带动全省知识产权能力水平；省市县联动，从知识产权强市、强县、强企三个方面支撑强省建设；结合产业结构调整，着力打造一批具有国际影响力的知识产权标杆企业。在知识产权运用方面，通过强化制度建设、完善政策体系，构建分析评议体系等手段，全面提升以企业为主体的区域知识产权运用能力。在知识产权保护方面，通过制定严格的保护制度、营造公平竞争的环境、建立电子商务领域知识产权执法对接机制、建设知识产权信

用体系等手段，遏制知识产权滥用行为。在知识产权融资方面，通过开展知识产权金融试点、创建知识产权投融资实验区、开展知识产权证券化交易试点和专利保险试点等工作，进一步提升知识产权对企业发展的支撑作用。

第三节　典型案例

一、超威电源有限公司：强化知识产权管理，支撑技术创新

超威电源有限公司（以下简称"超威"）是一家致力于新能源动力电池和储能电池研发制造的国家技术创新示范企业。主导产品为动力电池、储能电池、锂离子电池，市场销售位居行业第一，覆盖全国各省、市、自治区并出口海外。截至2015年底，公司授权专利近600项，其中发明65项。超威将知识产权管理建设作为公司技术创新战略体系的重要一环，通过进一步强化知识产权管理，完善了公司在知识产权风险防范、获取、维护、运营等方面的水平，并在公司内部形成深厚的知识产权文化，为公司科技创新提供知识产权引导与支持，进一步加快推动了超威知识产权战略布局。

建立知识产权管理体系，营造良好创新环境。超威知识产权管理与运用工作始终围绕风险防范、获取、维护、运营展开。通过完善制度、流程，规避风险、激励和引导创新、提高技术人员的创新能力以及市场人员的维权意识；包括：建立专利风险防控流程、《市场产品购买反馈制度》，开展专利运营，完善公司的专利布局，不断加强培训，提升知识产权管理意识，强化各部门协同与配合。集团建立了良好的沟通与协调机制，有效推进知识产权工作的开展。截至目前，公司已拥有专门的工作人员4人，兼职的工作人员6人，其中拥有专利代理人资格的2人等，各部门的全面协同配合，确保了知识产权工作顺利推进。

以市场为导向，推动专利储备提质升级。超威运用知识产权激励机制、专利导航等机制，引导与服务公司科研成果研发，加快知识产权专利成果产出。通过调整的专利奖励制度，大幅增加了专利运营的专利奖励金额，引导

员工的技术创新需要从实际产生效益出发，保证了员工的发明创造与公司的战略需求相一致，同时，进一步加快公司知识产权专利成果的产出。超威通过专利导航，为技术人员提供本领域某一技术主题的技术发展路线，如：正负极铅膏技术，技术人员在了解现有技术的基础上进行创新，既节省了不必要的研究时间，也大大扩宽了员工的创新思路，进而提高了公司专利的创造能力。超威注重专利质量与价值评估，促进了高价值专利的聚集，减少了知识产权成本。知识产权部在2014年底会同市场、技术等部门对目前公司的自有专利进行评价，对于没有价值的专利予以转让或放弃，共放弃40多件无价值专利，为公司节约了不必要的财务支出。

提升专利运营能力，有效规避知识产权法律风险。超威一方面在公司技术研发过程中，从不同方向、不同维度上进行专利布局，保证了公司在这一技术领域的专利技术优势，如锂电池防火防爆技术等；另一方面，通过对当前热点技术的专利检索分析，提高了公司的专利运营能力，如石墨烯电池，提供法务意见（如是否购买、是否存在风险等）给管理层，帮助公司专利战略的推进实施。超威通过有效推进知识产权工作，进一步规范了采购、技术合作、入职以及离职等合同中涉及知识产权条款的内容，通过完善的知识产权条款，大大降低了日后发生知识产权风险的可能。

二、天能电池集团有限公司：知识产权工作常态化，创领绿色能源新标杆

天能集团是目前国内最大的新能源动力电池制造商，公司主要以动力电池生产为主，集动力储能领域的镍氢、锂离子电池、关键材料制品的科研、生产、销售于一体的综合性企业。企业产品及业务主要包括电动车用镍氢电池、锂离子电池、高性能铅蓄电池、太阳能风能储能电池等新型能源产品及废电池回收利用资源再生业务。公司主导产品新能源动力电池的产销量连续18年位居全国同行业首位。公司先后被评为国家重点扶持高新技术企业、国家火炬计划重点高新技术企业、国家技术创新示范企业、全国轻工行业先进集体、浙江省工业行业龙头骨干企业、浙江省创新型示范企业等。公司拥有国家级博士后工作站、国家认定企业技术中心、省级高新技术研究开发中心、

省级重点企业研究院、省级工程技术研究中心和省级院士专家工作站等多个科研创新平台。

提升知识产权战略地位，描绘创新发展蓝图。天能秉持"责任为魂，创新共赢"的核心价值观，将知识产权建设工作提升至集团战略高度。以建章立制为基础，重点抓好专利保护与运用，专利申请，专利资产管理，专利信息利用，专利技术实施，奖酬兑现等主要环节，使专利工作切实成为天能技术创新的重要组成部分，提升企业自主创新和市场竞争力。同时严格按照工作计划开展知识产权建设工作，将知识产权运用作为提升天能竞争力，取得最大价值的重要手段。

围绕主要产品工艺，开展知识产权布局。公司不断加大知识产权保护力度，公司的主要产品为新能源动力电池，围绕电池生产的各个工艺流程，企业制定专利布局，针对电解液、板栅合金、化成方法、铅膏配方等主要方面展开大量专利布局，对核心知识产权进行保护。2013 年，天能牵头成立了"新型电池产业技术创新联盟"，实施知识产权交叉许可、转让，达到资源共享，形成天能特有的专利布局。

大量积累知识产权，为创新发展奠定基础。天能注重知识产权建设工作，2012 年开始，天能以年专利受理超 300 件的速度进行专利布局与储备，截至2015 年底，累计拥有授权专利超 1500 件，发明专利 150 余件；2015 年受理专利 300 余件，其中发明专利超百件；授权专利 300 余件，其中发明专利 39 件。发明专利"一种动力用铅酸蓄电池胶体电解液 ZL201010246783.3"获得第十六届中国专利奖优秀奖。拥有注册商标 118 件，其中国际商标 19 件，国内商标 99 件。

第十一章　辽宁省工业技术创新发展状况

辽宁省地处我国东北部，是推进新一轮全面振兴东北老工业基地的关键省份，又因其既临海又沿边的区位优势，在推进我国"一带一路"建设中发挥着重要作用。辽宁省认真贯彻习近平总书记振兴东北老工业基地提出的"四个着力"要求，坚持"四个驱动"共同发力，加大培育"六个新的增长点"，多措并举积极进取，在实施创新驱动发展战略、制造强国战略、"一带一路"倡议、自由贸易试验区建设等多项国家战略中发挥了示范带头作用，并对东北区域乃至全国具有广泛的辐射影响。

第一节　发展回顾

"十二五"期间，辽宁省受国际金融危机、国内产业结构深度调整，以及地区内部市场机制改革滞后等多重影响，经济增长趋势持续走低。截至2016年末，辽宁省地区生产总值22037.88亿元，同比下降2.5%，位居全国中游水平。与此同时，辽宁省积极承接国家振兴东北战略规划和国家创新驱动战略，加快推动科技创新体制机制改革，营造良好的创新创业生态环境，区域产业结构不断优化，高新技术产品占比稳步提升，区域创新能力显著增强。"十二五"期间，辽宁省在产业结构不断优化，科技创新能力显著增强，高新技术产业比重逐步加大，截至2015年末，辽宁省三次产业增加值占地区生产总值的比重由2014年的8.0∶50.2∶41.8调整为8.3∶46.6∶45.1①。其中，航空航天装备、新能源汽车产业、海洋工程装备、智能装备等高端装备制造业发展迅猛，主营业务收入占装备制造业整体比重的16.2%。化工精细化率

---

① 《2015年辽宁省国民经济和社会发展统计公报》。

达到 50.7%，冶金领域鞍钢、本钢的高附加值和高技术含量产品比重已占总产量的 85% 以上，建材行业新型建材产品的比重达到 62%。

一、技术创新发展情况

（一）总体情况

1. 区域综合创新竞争力有待提升

"十二五"期间，辽宁省科技研发经费投入不断增长，但与我国其他省份相比依然存在不小的差距，且主要以政府投入为主体，受科研体系分割问题依然严重，科技创新基础设施建设滞后，科技成果转化市场体制机制不健全等多重因素影响，区域创新综合竞争力未有显著提高，甚至有些指标还出现了退步的迹象。《中国区域创新能力报告》显示，2015 年，辽宁省创新绩效较 2010 年增长 6.97，全国排名提升 9 位，而其余创新环境、企业创新、知识创造、知识获取等指标分别为 26.81、23.33、21.35、28.66，较 2010 年分别下降 3.55、2.87、2.24、10，位次相应出现小幅下滑。

表 11-1　2010—2015 年辽宁省区域创新竞争力情况

指标		2010 年	2011 年	2012 年	2013 年	2014 年	2015 年
创新环境	分值	30.36	33.07	32.07	28.52	25.13	26.81
	位次	12	11	7	15	12	14
创新绩效	分值	27.26	35.21	34.87	33.75	36.19	34.23
	位次	24	9	15	17	15	15
企业创新	分值	26.2	29.74	35.03	25.96	18.53	23.33
	位次	15	14	12	14	20	17
知识创造	分值	23.59	23.37	20.93	23.14	22.49	21.35
	位次	12	16	14	11	13	13
知识获取	分值	38.66	38.5	35.21	39.07	34.97	28.66
	位次	5	6	6	6	5	8

资料来源：《中国区域创新能力报告》。

2. 产业创新能力出现下滑迹象

"十二五"期间，辽宁省在关键基础零部件、高端装备、基础工艺和技术等领域取得了良好的绩效，共获得压缩机轴流与离心共轴结构设计、高档智能化数控机床关键核心技术、90—65nm 等离子体增强化学气相沉积设备、ZZDFPZ－250000/500－800 换流变压器、发动机缸体/缸盖柔性加工自动线等 200 多项关键技术突破。但近几年，受整体经济下滑影响，辽宁省规模以上工业企业科技创新要素投入均呈现不同程度的下降。2015 年，辽宁省 R&D 人员全时当量 49097 人年，同期下降 22.52%，R&D 经费也由 2014 年的 324.23 亿元下降至 2015 年的 241.88 亿元，新产品项目数（项）亦出现大幅回落。与此对应，2015 年辽宁省新产品销售收入 3337.35 亿元，较 2014 年的 4036.96 亿元下降 17.33 个百分点。

表 11－2 "十二五"期间辽宁省规模以上工业企业科技创新情况

指标	2011 年	2012 年	2013 年	2014 年	2015 年
R&D 人员全时当量（人年）	47513	52064	59090	63374	49097
R&D 经费（亿元）	274.71	289.5	333.1	324.2	241.9
R&D 项目数（项）	6799	7710	7813	8608	5422
新产品项目数（项）	7416	8641	8568	8857	5494
开发新产品经费（亿元）	286.65	288.63	336.05	317.3	244.2
新产品销售收入（亿元）	2959.9	3193.6	4093.2	4036.9	3337.3
新产品出口销售收入（亿元）	415.0	225.7	372.7	435.6	343.1
有效发明专利数（件）	4207	5054	6923	9055	10372

资料来源：国家统计局。

3. 科技创新基础条件逐步完善

截至 2015 年末，辽宁省拥有各类研发机构 1694 家，其中，省级以上重点实验室 353 个、工程实验室 113 个、工程技术研究中心 524 个、工程研究中心 95 个，数量居于全国前列。建有公共研发平台、协同创新中心等各类创新服务平台 349 家，各类众创空间达到 156 家，累计毕业企业 2066 家，科技企业孵化器 61 家，孵化面积 269 万平方米，国家级孵化器 28 家①。

（二）主要做法

1. 实施科技创新驱动发展战略

2015—2016 年，辽宁省人民政府陆续发布《辽宁省改革驱动战略实施方

---

① 《辽宁省科学和技术发展"十三五"规划》。

案》《辽宁省科技创新驱动战略实施方案》《辽宁省市场驱动战略实施方案》《辽宁省开放驱动战略实施方案》《辽宁省科学和技术发展"十三五"规划》《关于印发辽宁省发挥品牌引领作用推动供需结构升级实施方案》等创新驱动发展战略规划及政策措施。通过构建"三个层次"新的科技计划框架体系和"五位一体"新的科技资源配置模式，推动创新要素更有效地向经济和社会发展的关键环节汇集。《辽宁省科学和技术发展"十三五"规划》中明确提出，要完善科技成果转化机制，深化科技计划体系改革，强化科技管理机制改革，围绕支柱产业和新兴产业发展需求，构建自主创新生态体系，破解制约科技创新能力提升的体制性、机制性难题。

2. 加快推动供给侧结构性改革

2015—2016 年，辽宁省人民政府先后发布并实施《辽宁省传统工业转型升级实施方案》《关于推进工业供给侧结构性改革的实施意见》《辽宁省人民政府关于优化产业布局和结构调整的指导意见》等政策措施，围绕优化供给结构、补齐工业发展短板，化解过剩产能、引导产业有序发展，创新融合发展、培育工业供给新动能，供需协同、扩大工业有效供给等四条主线，通过科技创新打造新的经济体，大力推进传统产业转型升级，加快培育新的动能。2016 年 12 月，辽宁省发布《辽宁省八大门类产业科技攻关重点方向》，围绕航空装备、海洋工程装备及高技术船舶、节能与新能源汽车、电力成套装备等辽宁省重点产业领域开展技术攻关。

3. 推动区域性协同创新体系

辽宁省幅员辽阔，但各地产业发展水平呈现出不平衡。为充分发挥沈阳经济区、沿海经济带和辽西北的区域比较优势，辽宁省积极实施差异化发展战略，围绕产业集群主导产业，形成产业上下联动、大中小企业协作配套、产业协同的发展格局，积极打造沈阳经济区、沿海经济带和辽西北经济区。其中，沈阳经济区充分发挥沈阳的核心带动和辐射作用，重点建设沈阳铁西装备制造产业集群、沈阳汽车及零部件产业集群；重点发展辽阳汽车零部件产业集群、抚顺化工与精细化工产业集群、辽阳芳烃和精细化工产业集群、海城灯塔纺织服装及皮革皮草产业集群。沿海经济带重点建设大连湾临海装备制造产业集群、大连汽车及零部件产业集群、丹东汽车及零部件产业集群、金州装备制造产业集群、瓦房店轴承产业集群、丹东仪器仪表产业集群、营口汽车保修装备产业集群、盘锦石油天然气装备产业集群。辽西北地区重点建设阜新液压产业集群、铁岭专用车产业集群、昌图换热设备产业集群、朝阳汽车（新能源汽车）及零部件产业集群。

（三）重点领域

根据《辽宁省工业发展"十三五"规划》战略布局，辽宁省重点发展先进装备制造业，调整优化原材料工业，做优做精消费品工业，做大做强电子信息产业，建设具有国际竞争力的先进装备制造业和高加工度原材料基地，加快发展高端装备制造、节能环保、节能及新能源汽车、新一代信息技术、生物医药及生物医学工程、新材料等新兴产业，建设国家战略性新兴产业基地。其中，高端装备重点发展高档数控机床、机器人及智能制造装备、3D 打印、高端船舶和海洋工程装备、航空航天装备、节能及新能源汽车等 12 项重点装备制造业。电子信息重点发展集成电路、数字视听、现代通信、太阳能光伏等价值链高端环节。具体见表 11 – 3。

表 11 – 3　"十三五"期间辽宁省重点发展产业

先进装备制造	高档数控机床、机器人及智能制造装备、高端船舶和海洋工程装备、航空航天装备、航空航天装备、先进轨道交通装备、节能及新能源汽车、输变电装备、新能源装备、高端工程装备、冶金石化成套装备、节能环保装备、农机装备
原材料	原油加工、有机化工原料、化工新材料、专用化学品、传统精细化工、高品质特殊钢、新型轻合金材料、特种金属功能材料、建材
消费品	轻工业、农副产品、包装材料及制品、日用品和辽宁特色品、纺织服装

资料来源：《辽宁省工业发展"十三五"规划》。

二、质量品牌发展情况

（一）总体情况

质量和品牌作为制造业综合能力的集中体现，是培育制造强省的核心竞争力关键所在。当前，辽宁省制造业质量和品牌发展滞后，已成为制约辽宁省制造业向全球价值链高端跃进的关键因素。加快供给侧结构性改革势必要求将"三品"战略放在首要位置，落实和增强企业的质量主体地位与品牌意识，通过建立工业企业创新发展驱动机制，推动辽宁省工业从规模扩张向质量效益方向转变，从而实现低端无效供给的降低和中高端供给的增加。为提升工业产品质量，落实"质量为先"的要求，辽宁省适度增加质量检验认证机构数量，加大产品质量的管理力度，提升全省的工业产品质量水平，为全省工业提质增效奠定基础。

表 11 - 4　2015 年辽宁省质量检验认证机构建设情况

统计项	数　　量
产品质量检验机构（个）	1248
国家检测中心（个）	24
质量认证机构（个）	2
产品认证机构（个）	2
质量管理体系认证证书（种）	25163
法定计量技术机构（个）	150
强制检定计量器具（万台件）	312
修订地方标准（项）	172

资料来源：《2015 年辽宁省国民经济和社会发展情况公报》。

辽宁省强化更加严格的市场监管体系建设，加大专项整治联合执法行动力度，严厉打击侵犯知识产权和制售假冒伪劣商品行为。"十二五"期间，辽宁省产品质量抽查合格率得到有效提升。2015 年，全系统共出动执法人员 27602 人次，检查生产企业 9935 家，查办各类违法案件 477 件，查获涉案货值 185 万元，移送司法机关案件 5 件。监督抽查企业 2749 家，抽查产品 3426批，不合格产品批次仅 206 家，抽查合格率 93.99%，较 2014 年提升 2 个百分点，高于同期全国 92.75% 的抽查合格率。详情见表 11 - 5。

表 11 - 5　2010—2015 年辽宁省产品质量监督抽查情况

指标	2010 年	2011 年	2012 年	2013 年	2014 年	2015 年
省级监督抽查企业（家）	2303	2478	2530	2576	2921	2749
省级监督抽查产品批次	2589	2760	2906	2933	3470	3426
省级监督抽查不合格产品批次	282	215	281	258	278	206
辽宁省抽查合格率（%）	89.1	92.2	90.3	91.2	91.9	93.9
国家抽查合格率（%）	88.3	91.7	92.6	92.0	91.9	92.7

资料来源：WIND 数据库。

辽宁省一直注重产品的品牌建设，一方面通过内部培育，强化自主品牌建设，2001—2014 年，共有 59 家企业获得省长质量奖，在全省企业质量管理领域发挥了不可替代的示范带动作用。2015 年，共有 219 项产品获得"辽宁名牌产品"称号，其中，沈阳机床股份有限公司和大连造船厂集团有限公司获得首届中国质量奖提名奖，特变电工沈阳变压器集团有限公司获得第二届中国质量奖提名奖。另一方面，辽宁省积极开展国际合作，通过并购、合作等形式增强国际品牌建设。"十二五"期间，辽宁省加快推进企业海外并购与技术引进工程，不断强化先进技术、质量品牌和国际营销渠道建设，进一步增强企业综合实力和国际竞争力。全省共实施海外并购项目 208 项，引进海外先进技术 206 项，培育了大连远东工具等 6 户世界行业排头兵企业，培育了北方重工、大连瓦轴、辽宁三三工业等 50 户国内外知名的跨国企业。以大连远东工具为例，大连远东工具通过并购德国维克刀具和美国格林菲尔德刀具公司，迅速成为全球高速钢刀具行业的龙头企业，高速钢切削刀具全球市场占有率40%。

（二）主要做法

1. 推动消费品供给侧结构性改革，优化标准供给结构

2016 年 12 月，辽宁省制定《辽宁省消费品标准和质量提升工作方案（2016—2020 年）》，面向家用电器、食品及相关产品、轻工日用品、农副产品、纺织服装等行业领域加快推进消费品供给侧结构性改革，通过推动优化消费品标准供给结构，建立政府主导、市场自主制定的新型消费品标准供给体系，培育发展社会团体、商会、学会等社会组织制定高于国家、地区标准的团体标准，支持企业采用国际标准和国外先进标准体系，鼓励支持绿色产品、智能产品等新兴产品和业态标准化建设，简化推荐性地方标准修订程序。

2. 稳固质量技术基础，着重体现企业质量主体作用

为了使企业质量更好地发挥主体地位，辽宁省积极开展消费品生产企业质量状况调查，建立生产企业产品质量档案，详细掌握企业质量管理和经营状况、产品质量水平的具体情况。通过引导企业开展质量对标、质量攻关、质量提升等活动，进一步推广先进质量管理经验。与此同时，辽宁省积极开

展标准创新基地和创新型企业建设，强化消费品领域计量测试服务体系和质量技术基础创新能力建设。为化解生产企业产品质量制约因素，辽宁省积极开展消费品生产企业帮扶行动，根据《国务院办公厅关于印发消费品标准和质量提升规划（2016—2020年）的通知》（国办发〔2016〕68号），建设质量技术基础公共服务平台，培育标准化服务、品牌咨询、质量责任保险等新兴质量服务业态，为消费品生产企业和各类科技园、孵化器、创客空间等提供全生命周期质量技术支持。

3. 增强区域品牌建设，扩大"辽宁制造"影响力

为强化产业集群辐射和带动作用，辽宁省积极培育一批特色鲜明、竞争力强的区域品牌。2016年8月，辽宁省开展知名品牌创建示范区建设，积极推动辽宁省泳装产业知名品牌创建示范区、辽宁省草莓产业知名品牌创建示范区等15个园区建设辽宁省知名品牌创建示范区。在提升品牌形象方面，辽宁省充分发挥行业协会、品牌促进会，以及其他中介机构作用，从企业产品质量品牌文化着手，强化企业品牌研究和品牌设计，推动企业品牌经营管理体系的创新。为提升区域品牌质量，辽宁省建立和完善消费品质量安全追溯系统和跨境消费售后维权保障机制，并通过建立质量信用档案数据库，实施质量信用分类制度，营造良好的区域品牌形象。

三、知识产权发展情况

（一）总体情况

近年来，辽宁省深入贯彻落实国家知识产权战略，制定实施《辽宁省深入实施知识产权战略行动计划（2015—2020年）》，提高辽宁省的自主创新能力，增加关键产业和重点领域的自有知识产权成果数量，推动科技成果产业化和商用化，使知识产权的市场价值不断提升。从专利授权量来看，2015年，辽宁省授权专利25182件，较2014年增长28.97%，其中，发明专利6569件，实用型专利15706件，外观设计专利2907件，分别同比增长65.26%、16.93%、37.25%。

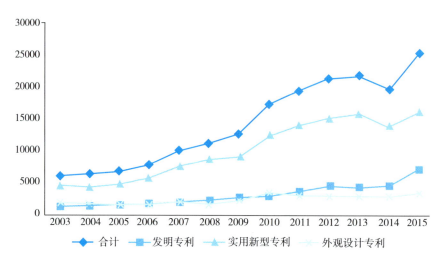

图 11 − 1   2003—2015 年辽宁省专利申请和授权情况

资料来源：wind 数据库。

从技术合同成交情况来看，2015 年辽宁省技术合同成交量为 11578 项，技术合同成交额达 67. 49 亿元，同比增长 23. 01%。其中，辽宁省输出技术合同 11878 件，成交金额 267. 5 万元，吸纳技术合同 10883 件，成交金额 231. 3 万元。

图 11 − 2   2005—2015 年辽宁省技术合同成交情况

资料来源：wind 数据库。

（二）主要做法

1. 推进知识产权管理体制机制改革

为紧密结合新一轮老工业基地振兴国家战略，2016 年 7 月，辽宁省发布了《辽宁省人民政府关于新形势下加快知识产权强省建设的实施意见》（以下简称《实施意见》），明确提出加快推进知识产权管理体制机制改革，在沈阳、大连国家自主创新示范区优先开展知识产权综合管理改革，同时围绕辽宁省重点产业，建立创新发展评价制度和重大经济活动知识产权评议机制，并将知识产权纳入到国民经济核算中。

2. 建造知识产权创造运用生态体系

为进一步激发辽宁省高等院校、科研机构以及创新企业的知识产权创造运用能力，辽宁省建立了知识产权申请绿色通道，引导企业从"专利审查高速路"中迅速获得海外知识产权，为企业"走出去"提供了强有力的支持。在职务发明制度方面，辽宁省进一步完善职务发明管理制度，为提升知识产权附加值和国际竞争力，辽宁省在高端装备、关键材料、基础零部件等领域实施专利质量提升工程和品牌战略，推动知识产权密集型产业发展。与此同时，辽宁省加快推动专利许可制度运用，不断强化知识产权交易平台建设，创新完善相关的投融资模式，积极探索开展专利、品牌等无形资产评估。

3. 加强重点产业知识产权海外布局和对外合作

为增强区域重点产业的国际影响力和竞争力，辽宁省积极推进输变电设备、数控机床、汽车及零部件、海洋工程装备等高端装备的国际专利布局规划，鼓励支持企业与科研机构、高等院校联合开展海外专利申请和建立专利收储基金，并编制发布美国、欧盟、日本等国专利申请实务指引。在对外合作方面，辽宁省一方面利用官方渠道深化与美国、东盟、欧盟、日本等国家和地区的合作交流；另一方面，积极支持知识产权中介机构与国外相关组织的合作交流，推动科研机构、高等院校与国外研究机构建立国际知识产权智库。

第二节 发展特点

一、夯实创新基础，振兴老工业基地

针对制约辽宁省工业转型升级和质量提升的关键薄弱环节和基础零部件，《辽宁省"十三五"工业规划》明确提出。在先进装备、金属材料、精细化工等领域建立区域性制造业创新中心，推动企业开展联合研发，同时吸纳国际先进创新要素支撑辽宁工业转型升级。为进一步发挥创新创业在辽宁老工业基地新一轮全面振兴发展中的重要作用，辽宁省先后发布《关于加快众创空间发展服务实体经济转型升级的实施意见》《关于促进高等院校创新创业工作的实施意见》《关于加强校企协同创新联盟建设的实施意见》等政策措施，通过破解市场体制瓶颈全面营造良好的创新创业生态环境。其中，在促进高等院校创新创业改革方面，辽宁省将创新精神、创新意识、创新创业能力列入人才评价体系，设立人才管理改革试验区，建立创新创业学分积累与转换机制，积极探索创新校企、校地、国际合作等培育人才模式。2016 年 8 月，辽宁省发布《辽宁省科学和技术发展"十三五"规划》，提出激活中小微企业创新活力，提升原始创新能力，不断提升创新平台基础支撑能力。

二、提升质量品牌，打造制造强省

计量发展水平是保证产品质量、提高综合实力的重要手段，为全面提升辽宁老工业基地的计量能力和水平，2014 年 7 月，辽宁省发布《关于贯彻落实〈计量发展规划（2013—2020 年）〉实施意见》，在石油化工、精密机械仪器、仪器仪表等领域，建立国家计量测试、计量器具质量检测实验基地，全面完善计量检测管理体系和全能源资源计量服务平台，着力提升量传溯源能力和服务保障能力。2016 年 8 月，辽宁省发布实施《辽宁省"十三五"工业规划》，提出加快推广普及先进质量管理技术经验，强化产业集群区域品牌建设工作，组织开展关键共性质量技术突破，建立覆盖产品全生命周期的质量管理、质量自我声明和质量追溯体系。其后，《关于全省开展消费品工业"三品"专项行动营造良好市场环境的实施意见》《辽宁省标准化体系建设发展规划（2016—2020年)》中又提出，要加强工业产品质量标准体系建设，增强中高端消费产品供给，积极开展与国外中高端消费品对标活动，培育一批国内外具有较强影响力的品牌设计创意中心、推广中心和广告服务中心。

三、聚焦知识产权，培育综合竞争力

辽宁省一直注重加强知识产权领域的顶层设计，结合辽宁省的实际情况，深入贯彻落实国家的战略部署，建设知识产权强省。2014年12月，国家发布了《实施国家知识产权战略行动计划（2014—2020年)》，制定了国家到2020年的知识产权发展目标，辽宁省结合实际制定了《辽宁省深入实施知识产权战略行动计划（2015—2020年)》，确定了辽宁省到2020年的知识产权发展目标，并对建设知识产权强省进行了统筹推进和整体部署。辽宁省建设知识产权强省的部署紧跟国家建设知识产权强国的步伐，又密切结合本省实际，部署超前，行动有效，效果明显。2016年，辽宁省密集发布知识产权相关政策措施，先后发布《关于中德（沈阳）高端装备制造产业园知识产权保护工作若干意见》《关于新形势下加快知识产权强省建设的实施意见》等相关政策措施，进一步突出知识产权在提升辽宁省综合竞争力的重要位置。

第三节　典型案例

一、沈鼓集团：以创新驱动中国风机产业转型升级

沈阳鼓风机（集团）股份有限公司（以下简称"沈鼓集团"）是鼓风机行业的国有大型一类企业，其前身为1934年的沈阳鼓风机厂，2003年整体转制后更为现名，2004年5月，组建为新的沈鼓集团。该公司的主要产品为大

型离心鼓风机、离心压缩机、大型往复式压缩机等各型泵类技术装备、离心通风机，主要用于化工、环保、石油、冶金、轻纺、国防、电力、煤炭、科研等领域的生产研发。其累计为各行业提供超过 14 万台风机，拥有 100 多项关键技术，是中国风机行业中规模最大、研发设计力量最为雄厚、主要经济技术指标居领先地位的支柱企业，成为国家重大技术装备国产化基地。

沈鼓集团以自主创新为战略要求，陆续建立了自己的研究院和设计院，目前仍在建设国内最大的 10 万千瓦试验平台，此外还建有博士后工作站，并通过国内外引智工作，打造了一支国内一流的技术队伍，形成了较为完备的自主研发体系。企业通过每年超过销售收入的5%的研发投入，使其大型压缩机和泵类产品的研发手段和能力达到了国际先进水平，巩固了核心技术能力。沈鼓将创新战略视野放宽至"产学研用"各个环节，其通过与大连理工大学、西安交通大学、东北大学和浙江大学等高校联合设立研究机构，及与中科院自动化研究所、沈阳金属研究所、GE、川崎重工等中外机构建立研发合作伙伴关系，保证自身始终紧跟相关技术领域前沿。

沈鼓集团充分利用其掌握的核心技术，持续不断开发各类创新产品。近年来，集团不仅研发了150万吨乙烯压缩机、12万空分压缩机等一批其传统优势先进装备，而且还延伸至页岩气、煤制油、分布式能源等新型能源装备的开发。生产性服务以较高的附加值居于微笑曲线的两端，是世界制造行业新的主流发展领域。基于此，沈鼓集团较早便启动"8＋2"发展模式，实现备品备件、检修抢修、机组安装、维保服务、监测诊断、改造测绘、客户培训和拓展国际市场等八大传统业务板块，以及技术咨询、交钥匙工程 2 个新兴业务板块同步发展。集团服务业务收益率高达25%，盈利能力居全集团各领域之首。近 10 年来，沈鼓集团通过成立国际事业部等方式执行市场国际化战略，大力开拓海外市场。同时，其还在营口建设新厂区，不仅极大地提高了大型压缩机的生产能力，而且借助港区优势，提高国际投放能力，推动集团产品的高端化、大型化、国际化。

二、大连四达：构建产学研创新体系助力企业腾飞

大连四达高技术发展有限公司始创于1991 年，位于大连市高新技术产业

园区，是一家自主研发、具有多项自主知识产权的为飞机提供航空航天数字化制造成套装备的高新技术企业。2013 年 8 月以来，四达公司一鼓作气集中研发技术力量，从飞机数字化装配基础技术的数字算法、软件以及系统集成，到组件数字化装配、部件数字化装配，再到飞机总装数字化装配生产线等方面，不断进行科研攻关。并在政府规划引导、政策激励和组织协调的大背景下，2013 年，公司实现销售收入 1.78 亿，同比增长 15.3%，创造利税 2978 万元。

2013 年，四达与飞机制造公司、北航合作获得了国家 04 专项立项，其研究开发能力位居于国内首位，填补了我国多项科研空白，远超出在航空航天行业的国家名校和科研院所。同年底，与浙大、北方交大同台竞标国家航天战术飞行器的数字化装配研发项目并成功夺标。四达公司与高校、研究所的交流合作，形成了产学研创新网络体系，建立创新联盟，为区域整体发展降低研发风险与创新成本，实现协同创新，共同发展做出贡献。

公司以市场需求为导向，把握科技和产业发展新方向，坚持科技创新与产业化相结合实现科技成果转化，在航空航天成套装备领域重点发展五大成套产品，包括：航空领域的民机数字化加工装配生产线、某型运输机数字化加工装配生产线、大飞机数字化加工装配生产线和航天领域的导弹数字化加工装配生产线、火箭数字化加工装配生产线。该五套产品的产业化发展具有乘数效应，不仅可直接转化为生产力，同时，辐射带动相关产业发展，放大相关产业生产要素的生产力，提高整个航空、航天整体生产力水平，进而促进我国经济增长的质量和效益，有力推动经济发展方式转变。

目前，大连四达获授权的发明专利 4 项，实用新型专利 69 项，计算机软件著作权 1 项。获得省级企业技术中心和省工程实验室等资质。公司研发的飞机数字化成套装备，填补了多项国内空白，属于国内首创、国际领先，产品技术寿命可达 15 年以上，经济寿命亦可持续 20 年以上。

三、沈阳机床：科技创新引领智能时代

沈阳机床主营车削机床，共 300 多个品种，千余种规格，市场覆盖全国，并出口 80 多个国家和地区。自 2002 年以来，沈阳机床逐渐由区域性制造企业发展到经济规模跃居世界首位，公司中高档数控机床成批量应用于汽车、

国防军工、航空航天、轨道交通等重点行业领域。2014 年，沈阳机床在全球率先推出具有互联网功能的 i5 智能机床，不仅可以智能加工，还可以实现互联互通，实现智能数据的采集与应用，为未来分级式、分布式、分享式智能制造奠定了基础。

沈阳机床坚持社会化、开放式的"唯用唯新"自主创新模式。国内以设计研究院、上海研究院为载体构建协同创新研发体系。其中，设计研究院、上海研究院重点开展基础共性技术及前沿技术研究工作、高端新产品和核心功能部件开发，以及整机运动控制技术和智能制造应用技术产品的研发。在国外则以德国希斯公司和希斯泰克公司为主体架构，开展重大型机床、精密功能部件研发、制造与服务。目前，沈阳机床集团拥有"高档数控机床企业国家重点实验室"，发起成立"中国制造 2025 创新联盟"，并与战略合作伙伴联合打造智能工业工程与在线服务的 iSESOL 平台。与此同时，沈阳机床在内部实施组织扁平化和跨组织协同管理体系，推动企业由传统制造型企业向工业服务商转型战略，产品服务模式由单一的生产制造向智能化全生命周期管理模式转变。

第十二章　山东省工业技术创新发展状况

山东省自然资源丰富，区位优势突出，是我国人口第二大省，也是 GDP 总量排名位居前列的经济大省。改革开放进程中，山东省经济增长速度长期高于全国平均水平，"勇立潮头"，在全国经济格局中举足轻重。按照习近平总书记 2013 年视察山东时提出的"在推动科学发展、全面建成小康社会历史进程中走在前列"的总体要求，山东省锐意改革，积极进取，在实施制造强国建设、创新驱动发展战略、国家自主创新示范区建设等国家重大战略中奋力争先，起到良好示范作用。

第一节　发展回顾

山东省的国民生产总值一度达到全国第二的位置，虽然近年来经济增长速度放缓，排名有所下降，但仍然名列前茅。作为传统工业大省，钢铁、水泥、煤炭、石化等重工业在山东省的产业结构中占绝对优势地位，这在赋予山东经济此前多年较快发展速度的同时，也使其在适应引领经济新常态、加快经济结构调整、促进工业转型升级、实现新旧动能转换中面临的任务更为艰巨。面对严峻形势和难得机遇，"十二五"期间，山东省"下好先手棋、打好主动仗"，坚持稳中求进、提质增效，全省经济综合实力迈上新台阶。全省生产总值连年递增，至 2015 年，突破 6 万亿元，达到 6.3 万亿元，实现"十二五"期间年平均增长率9.4%，显著高于全国生产总值年平均增长率7.8%的增幅。全省规模以上企业工业增加值年均增长达到 10.8%，同样明显高于全国工业总产值年均增长水平。与此同时，产业结构调整持续优化，三次产业比例由"十二五"初期的 8.8∶52.9∶38.3 调整至 2015 年的 7.9∶46.8∶45.3[①]。

2016 年，山东经济砥砺前行，稳中有进。根据统计数据，2016 年，山东省实现生产总值 6.7 万亿元，比 2015 年增长 7.6%，位居全国第三，紧随广东省和江苏省[②]。较之于 2015 年，经济增速有所放缓，但经济运行整体保持缓中趋稳，稳中向好。供给侧结构性改革推进扎实有力，科技创新步伐加快，经济增长动能转换顺利，经济结构不断优化，实施"十三五"规划开局良好。

一、技术创新发展情况

（一）总体情况

山东省积极实施创新驱动发展战略，扎实推动《山东省推进工业转型升级行动计划（2015—2020 年)》和《〈中国制造 2025〉山东省行动纲要》落实，采取有力举措，激发创新活力和潜力，促进经济发展方式转变，加快工业转型升级步伐，创新投入力度进一步加大，以企业为主体、以市场为导向、产学研相结合的技术创新体系不断完善，工业技术创新能力进一步增强，创新活动产出成果丰富，创新能力继续保持在全国前列（2015 年位居全国第六）。

2015 年，山东省全省登记科技成果共计 3011 项，其中达到国际领先先进水平的为 967 项，国内领先先进水平 1212 件。获得国家级科技成果奖励成果共 33 项，包括国家发明奖 5 项，国家自然科学奖 2 项，以及国家科学技术进步奖 26 项。省科学技术奖共计 138 项，其中省级自然科学奖 13 项，技术发明奖 13 项，科技进步奖 112 项。截至 2015 年，累计专利申请量 193220 件，其中发明专利 93475 件，获得专利授权量累计 98101 件，其中发明专利 16881 件[③]。2015 年，全省登记技术合同共计 20651 项，成交金额达到 339.7 亿元，较上一年增长 26.3%[④]。

---

① 山东省统计局、国家统计局山东调查总队：《2015 年山东省国民经济和社会发展统计公报》。

② 网易新闻：《2016 年山东 GDP 增长 7.6% 仍居全国第三》，http：//news.163.com/17/0206/09/CCJ4P9E900018AOP.html。

③ 山东省统计局：《山东统计年鉴—2016》，http：//www.stats–sd.gov.cn/tjnj/nj2016/index-ch.htm。

④ 山东省科学技术厅：《关于印发 2015 年度全省技术市场合同交易情况的通知》，http：//www.sdstc.gov.cn/gggs/1000008889.htm。

（二）主要做法

1. 深入实施创新驱动发展战略，以创新带动制造业供给侧结构性改革

围绕制造强省和创新驱动发展战略实施，2016 年，山东省先后出台了《〈中国制造 2025〉山东省行动纲要》（以下简称《山东省行动纲要》）、《关于深化科技体制改革加快创新发展的实施意见》（以下简称《实施意见》）和《山东省产业技术创新"十三五"规划》（以下简称《规划》）等重要文件。《山东省行动纲要》旨在推进制造强省建设，打造中国制造"山东版"。针对制造业轻重比例不够合理，中低端产业集中，产业层次较低，创新动力不足，国际产业竞争力有待提高等问题，《山东省行动纲要》坚持创新引领、内涵发展，目标量化明确，政策措施精准。如《山东省行动纲要》将"创新能力提升工程"作为着力实施的八大专项工程的第一项，并有的放矢地提出重大自主创新项目予以支持、以财政支持引导企业加大投入、深化产学研合作加速技术成果产业化、搭建高层次公共技术创新服务平台等有力措施，以加快提升创新能力。《实施意见》旨在完善科技体制，为创新发展释放制度改革红利；《规划》则提出了山东省"十三五"期间产业技术创新的发展目标，着力推进实施的六项重点工程，明确了重点行业技术创新方向，将推进制造业供给侧结构性改革、支撑制造强省战略实施的有关创新任务目标进一步落到实处。

2. 加大创新投入，以投入促产出

2015 年，山东省规模以上工业企业 R&D 经费内部支出合计 12917718 万元，较上年的 11755482 万元增长约 9%。R&D 经费内部支出中，政府资金为323595 万元，企业资金为 12412516 万元，企业投入占比超过 96%，企业创新主体地位进一步突出。从研发人员看，2015 年，规模以上工业企业 R&D 人员为 354575 人，较上年增长约 3.5%。2015 年，规模以上工业企业 R&D 人员折合全时当量为 241395 人年，较上年增长约 4.4%[①]。2016 年，全省研发经费投入占生产总值的比重达到 2.33%。全省国家企业技术中心达到 179 家，省级技术中心达到 1524 家。[②] 为支持高端人才队伍建设，2016 年，山东省投入

---

① 山东省统计局：《山东统计年鉴—2016》，http：//www. stats - sd. gov. cn/tjnj/nj2016/indexch. htm。

② 《山东省人民政府工作报告（省十二届人大第六次会议 2017 年）》，http：//www. shandong. gov. cn/art/2017/2/11/art_ 268_ 81. html。

3000 万—5000 万元，支持力度史无前例。实施省级创新项目 4206 项，投入研发经费 251.75 亿元①。全年工业技改投资 1.5 万亿元，总量居全国第一，对传统产业创新发展、加速转型升级发挥了有力保障作用。

（三）重点领域

新一代信息技术与装备。浪潮集团承担的"高端容错计算机系统关键技术与应用项目"于 2015 年 1 月 9 日在国家科学技术奖励大会上获得科技进步奖一等奖。浪潮成功研发我国首台具有自主知识产权的高端容错计算机——浪潮天梭 K1 系统，使我国成为继美国、日本之后第 3 个有能力研制 32 路高端计算机的国家。浪潮天梭 K1 在体系结构、操作系统、处理器协同芯片和硬件系统方面均实现了重大技术创新突破，共申请发明专利 1147 件。目前，浪潮天梭 K1 已经在金融、公安、交通、能源等关键行业实现了应用，使国内用户摆脱了对进口产品的依赖②。2016 年，浪潮集团在高端服务器领域实现又一重大技术突破，成功研制出新一代关键应用主机天梭 M13。该系统具有大型机水平的 RAS 特性以及比肩大型机的处理性能，具备承载大型机应用的能力，是我国自主研制的在线交易处理性能最强的单机服务器系统，使我国成为除美、日之外，全球第三个掌握最高端主机核心技术的国家③。

海洋工程装备。山东悦龙橡塑科技有限公司生产的海洋工程柔性高压软管与"超深水半潜式钻井平台研发与应用"项目成功配套，为整个平台提供了健康的"动脉血管"，该项目由中国海洋石油总公司联合山东悦龙橡塑科技有限公司、中海油设计总院、中海油服等 18 家配套单位合作实施，于 2015 年 1 月 9 日在国家科学技术奖励大会上获得国家科技进步特等奖。项目首次突破了多项核心关键技术，项目成果整体达到国际先进水平，使我国在深水大型工程高端装备领域实现了零的突破，成为继美国、挪威之后第三个具备超深水半潜式钻井平台设计、建造、调试、使用一体化综合能力的国家，并

---

① 山东省经济和信息化委员会：《钱焕涛在 2017 年全省经济和信息化工作会议上的讲话》，http://www.sdetn.gov.cn/。

② 新华网：《浪潮高端容错计算机项目获国家科技进步奖一等奖》，http://news.xinhuanet.com/tech/2015 - 01/09/c_ 1113944407.htm。

③ 浪潮集团公司："浪潮发布新一代主机天梭 M13 可承载大型机应用"，http://www.inspur.com/lcjtww/445068/445237/2318617/index.html。

带动了海洋工程、船舶、机电制造业等行业的产业升级①。

轨道交通装备。中车青岛四方机车车辆股份有限公司参与建设的京沪高速铁路工程于 2016 年 1 月 8 日的国家科学技术奖励大会上，荣获国家科技进步特等奖。其中，中车四方股份公司提供了核心装备——CRH380A 高速动车组，在京沪高铁工程成功实施中功不可没。CRH380A 高速动车组在系统集成、高速转向架、车体、减振降噪等九大关键技术方面均实现了创新突破，其高速度、高安全、高可靠、高节能的技术优势赢得广泛赞誉，被誉为中国高端装备制造业自主创新的典范②。

二、质量品牌发展情况

（一）总体情况

山东省是全国首批实施名牌战略的省份，其启动实施名牌战略始于 2002 年，至今已延续 15 年。目前，名牌工作机制不断完善，名牌发展规划逐步落实，包括培育、发展、评价和保护名牌等内容的名牌战略推进体系基本形成。同时，山东省积极开展质量兴市活动，全面加强质量管理，不断提升行业质量。全省质量品牌意识明显增强，产品质量水平、品牌效应不断提高，质量品牌战略实施成果显著。

2015 年，山东省制造业产品质量合格率达 94.3%，比上年提高 2.5 个百分点。新增驰名商标 118 件，著名商标 368 件，地理标志商标 30 件。新增山东名牌产品 264 个和山东省服务名牌 146 个。共有质量管理体系认证有效证书 26858 张。公用计量标准 4328 项，新增 321 项。有效地方标准 2402 项，新增 294 项③。2016 年，山东省新增驰名商标 21 件，地理标志商标 28 件，新认定著名商标 345 件，新核准注册商标 10.9 万件。主导制定国际标准 71 项，主导制定国家标准 1054 项。全国知名品牌创建示范区 10 个，国家地理标志保

---

① 科技部：《国家科技进步特等奖"深水半潜式钻井平台研发与应用"成果介绍》，http：//www. most. gov. cn/ztzl/gjkxjsjldh/jldh2014/jldh2014zdzx/201501/t20150108_ 117332. htm。

② 中华铁道网：《京沪高铁工程获国家科技进步特等奖中车四方股份参与》，http：//www. chnrailway. com/html/20160109/1327423. shtml。

③ 山东省统计局、国家统计局山东调查总队：《2015 年山东省国民经济和社会发展统计公报》。

护产品 63 个。山东省优质产品生产基地 51 个，山东名牌产品 1784 个，山东省服务名牌 352 个，分别比上年增加 12 个、288 个和 149 个①。在 2016 年全国机械工业用户满意产品评价活动中，山东省有 20 多项基础零部件产品被纳入《2015 全国机械工业用户满意产品名录（零部件)》，在全部 163 项产品中所占比重约为 1/7。该项活动由中国机械工业质量管理协会组织实施，评价以产品可靠性为核心，以用户直接感知的质量和服务为内容。

2016 年，山东省新培育国家级质量标杆企业 4 家，包括鲁泰纺织股份有限公司实施基于市场，以创新、品质、品牌为核心质量管理的经验；烟台冰轮股份有限公司实施精益管理项目的经验；澳柯玛股份有限公司实施大数据驱动创金海豚五星服务的经验；以及双星集团有限责任公司实施智能服务的经验②。另外，在品牌塑造方面，海尔以 1516.28 亿的品牌价值稳坐 2016 年（第 22 届）中国品牌价值 100 强龙头，这是海尔连续 15 年蝉联该榜榜首③。

（二）主要做法

1. 顶层设计，大力实施"质量强省"战略和品牌战略

2015 年底，山东省提出大力实施"质量强省"战略和品牌战略。2016 年，在全省开展质量品牌提升工程，着力实施"万千百十"行动计划，在质量方面的目标是，利用 3—5 年推动万家中小企业夯实质量基础，提升质量管理水平；创建 10 个国家质量强市示范城市（包括县区）。在品牌方面的目标是，利用 3—5 年引导千家大中型骨干企业开展品牌创建活动；培育和打造 100 个知名品牌产品和企业，争创世界品牌 500 强；推动和培育 10 大行业品牌，创建 10 家国家级知名品牌示范区④。另外，山东省制造强省战略实施中强化提质增效要求，将"提高质量效益为中心"作为《〈中国制造 2025〉山东省行动纲要》的指导思想贯穿其中，在文件中不仅将质量效益作为全省制造业素质提升的主要指标，

---

① 山东省统计局、国家统计局山东调查总队：《2016 年山东省国民经济和社会发展统计公报》。

② 参见工业和信息化部公布的《2016 年全国"质量标杆"公示名单》，http://www.miit.gov.cn/newweb/n1146285/n1146352/n3054355/n3057497/n3057505/c4938434/content.html。

③ 《中国品牌价值百强揭晓 中海尔连续 15 年居榜首》，http://news.163.com/16/0929/05/C2418P9R00014AED.html。

④ 《山东实施质量强省战略》，济南日报，http://jnrb.e23.cn/shtml/jinrb/20160404/1542299.shtml。

量化了指标要求，融入各重点发展产业或领域，同时，还着力实施"标准质量品牌工程"，采取有效举措，打造"山东品牌"，培育一批达到国际先进水平的"山东标准"，实现"山东制造"质量提升。

2. 多措并举，加快补齐质量品牌短板步伐

2016 年，山东省成功举办首次山东省品牌建设大会，省外知名企业积极参与，与本土企业深入探索了山东制造向山东创造，山东速度向山东质量，山东产品向山东品牌转变的方法、途径。联想、同仁堂等打造知名品牌的成功经验为山东企业树立了典范。出台加快品牌建设的意见，启动消费品工业"三品"专项行动。集中打造"好品山东"区域工业品牌，有效提升了山东品牌的社会知名度和影响力。加大工业品牌示范企业培育力度，新培育国家级工业品牌示范企业 8 家、全国产业集群区域品牌试点 8 个。威高、如意荣获第四届中国工业大奖，山东临工荣获第 16 届全国质量奖①，在世界品牌实验室颁发的 2016 年"中国品牌年度大奖"中，雷沃重工成功入选，再度荣获农机行业"中国品牌年度大奖 NO.1"称号，持续领跑中国农业装备品牌②。

三、知识产权发展情况

（一）总体情况

山东省认真贯彻落实国务院发布的《工业转型升级规划（2011—2015年)》及《中国制造 2025》中知识产权相关工作部署以及工业和信息化部知识产权工作精神，紧紧围绕工业转型升级，积极作为，创新思路，坚持以市场为导向，以企业为主体，以培育和增强企业知识产权创造与运用能力为主线，以提高企业自主创新能力和核心竞争力为重点，培育试点示范，树立标杆，努力推动全省工业企业知识产权健康发展，知识产权工作卓有成效。

2015 年，全省国内发明专利申请量和授权量分别达到 93475 件和 16881件，同比增长 60.2%。拥有有效发明专利 47694 件，有效发明专利拥有量/万

---

① 山东省经济和信息化委员会：《钱焕涛在 2017 年全省经济和信息化工作会议上的讲话》，ht-tp：//www. sdetn. gov. cn/。

② 山东省经济和信息化委员会：《潍坊：雷沃重工荣获 2016 年"中国品牌年度大奖"》，ht-tp：//www. sdetn. gov. cn/articles/ch00194/201702/f0f10e04－aae6－4b30－8a1a－dd85d6ffd293. shtml。

人达到 4.9 件，较上年增加 1.31 件。大功率重型车用双柔性驱动的电磁风扇离合器、一种含奥利司他的制剂及其制备方法等 3 件专利项目荣获中国专利奖金奖①。商标方面，国内商标申请量为 10.9 万件，马德里商标国际注册申请量为 980 件。截至 2015 年底，全省拥有有效注册商标数量超过 50.3 万件，马德里国际注册商标 1040 件，驰名商标为 656 件。认定 2015 年度山东名牌产品 264 件。著作权方面，版权作品登记超过 4.5 万件，位居全国前列。创新知识产权运用，运用知识产权实现质押融资 80.26 亿元，连续 2 年居全国第一，并被财政部、国家知识产权局列为首批知识产权质押融资风险补偿试点和知识产权运营试点省②。

2016 年，山东省知识产权继续保持健康发展势头。专利数量稳步增长，专利质量不断提高，国内发明专利申请量为 88359 件，发明专利授权量为 19404 件，PCT 专利申请量为 1399 件，每万人口有效发明专利拥有量达到 6.33 件，荣获 2016 年中国专利奖 42 项；商标注册量继续提升，全省新申报驰名商标认定申请 47 件，马德里商标国际注册申请 815 件，全省马德里国际注册商标 2484 件，行政认定驰名商标 687 件；版权意识显著提高，全省版权作品登记达 70978 件。全年共办理专利权质押登记 302 件，融资金额为 39.57 亿元；加强知识产权联盟运营，建立山东知识产权运营基金，打造知识产权运营服务体系，建立山东省文化版权交易中心，支持企业开展品牌并购，加大国际自主品牌推广力度，知识产权运用成果显著③。

（二）主要做法

1. 大力营造知识产权工作的良好政策环境

完善政策配套体系，建立长效工作机制。山东省相继印发了《山东省知识产权战略纲要的意见》（鲁政发〔2012〕35 号）、《山东省人民政府关于加强知识产权工作提高企业核心竞争力的意见》（鲁政发〔2012〕46 号）、《山东省人民政府办公厅关于印发山东省推进工业转型升级行动计划（2015—

---

① 国家知识产权局：《第十七届中国专利奖评审结果公示》，http：//www. sipo. gov. cn/tz/gz/ 201510/t20151020_ 1191101. html。

② 《2015 年山东省知识产权发展状况》白皮书。

③ 《2016 年山东省知识产权发展状况》白皮书。

2020 年)》（鲁政办发〔2015〕13 号）等一系列政策文件，对开展知识产权工作提供了政策保障。将知识产权纳入技术进步项目申报、工业设计中心认定、企业技术中心认定等工作考核指标体系，或增加知识产权在认定考核指标体系中的权重。另外，制定了《山东省深入实施知识产权战略行动计划（2015—2020 年）》，实施知识产权优势企业培育工程、专利运用促进工程和商标战略推进工程。

2. 深入实施工业企业知识产权运用能力培育工程

山东省全面推进知识产权运用培育工程试点工作，引导一批企业推广建立知识产权管理体系，指导一批试点企业完善并实施运行管理体系。2014 年共有 95 家企业被工信部认定为全国知识产权运用能力培育试点企业，位居全国前列；培育 73 家以上管理体系完善并有效运行的试点企业申报全国培育示范企业；山东鲁能智能科技有限公司、软控股份有限公司、青岛海尔股份有限公司、山东康平纳集团有限公司被遴选为 2015 年工业企业知识产权运用标杆。结合山东省工程机械制造产业发展现状和经济社会发展要求，以山重建机有限公司（挖掘机）、潍柴动力股份有限公司（内燃机）和山推工程机械股份有限公司（推土机）产业集聚园区为主体，联合行业协会、大专院校、科研院所，建立产学研合作服务平台，加强知识产权协同运用，实施知识产权协同运用示范工程和《山东省产业关键共性技术发展指南（2014 年—2016年)》，提炼知识产权协同运用和标杆典型经验，形成教材，进行宣传推广，发挥标杆引领作用，推进知识产权运用能力培育工程深入开展。

第二节　发展特点

一、搭建"四梁八柱"，以深化改革促创新发展

山东省坚持创新驱动发展，强化创新第一动力；坚持问题导向，深化改革，以改革促进创新，积极适应新常态，应对新挑战，培育发展新动能，构筑发展新优势。2016 年，山东省委深改组先后通过文件 51 个，涉及行政审批

制度、金融、财税、科技体制等各个主要领域改革，搭建起推动改革纵深发展的"四梁八柱"，各领域改革举措相互支撑，形成合力，强有力地激发了创新发展新动能。

二、创新体制机制，以创新带动改革

山东省积极获取创新发展先行先试重大机遇，2016 年 4 月，成功获批山东半岛国家自主创新示范区。山东省委、省人民政府对此高度重视，将推进山东半岛国家自主创新示范区建设视为加快转换发展动力、转变发展方式、提升核心竞争力的重要抓手和突破口。示范区获批后，仅约 2 个月时间，山东省委、省人民政府就出台了《关于加快山东半岛国家自主创新示范区建设发展的实施意见》（以下简称《示范区实施意见》）。《示范区实施意见》围绕示范区运行机制、政府公共服务机制、选人用人机制、企业创新激励机制、科技成果转化补偿机制等，创新性地提出了多项深化体制机制改革措施，力度之大，前所未有。既对全省实施创新发展战略产生了示范效应，将创新驱动发展战略实施不断引向深入，也充分体现了深化改革的坚定决心，并将为深化改革提供充沛的动力源泉。

三、加强衔接，形成政策合力

山东省在《山东省国民经济和社会发展第十三个五年规划纲要》《〈中国制造 2025〉山东省行动纲要》《中共山东省委山东省人民政府关于加快山东半岛国家自主创新示范区建设发展的实施意见》《山东省产业技术创新"十三五"规划》等战略规划文件中均将知识产权作为不可或缺的内容，与创新驱动、产业发展相融合，相互促进，形成政策合力。如《〈中国制造 2025〉山东省行动纲要》中"以规模以上制造业每亿元主营业务收入有效发明专利数"衡量制造业创新能力。在《山东省国民经济和社会发展第十三个五年规划纲要》中，提出"加强知识产权创造运营和保护"，作为"全力推动科技创新"的重要内容，而在《中共山东省委山东省人民政府关于加快山东半岛国家自主创新示范区建设发展的实施意见》中也强调"加强知识产权运用和保护"，既是"提升自主创新能力，打造以蓝色经济引领转型升级的示范样板"必要和重要内容，同时也是对山东省"十三五"规划纲要的具体落实。

第三节　典型案例

一、软控股份有限公司：提升研发创新能力，实施知识产权战略，引领行业跨越发展

软控股份有限公司（以下简称"软控股份"）成立于 2000 年，是依托青岛科技大学发展起来的集团化上市公司。软控股份致力于信息化装备、行业应用软件、橡胶新材料的研发与创新，业务领域广泛。2014 年，软控股份实现销售收入达 29.5 亿元，跃升橡胶机械行业世界第一位。受国内化工行业产能结构性过剩、欧美贸易摩擦增多、整体运行环境较差影响，2016 年前三季度公司营收较上年同期减少 26.98%，但仍然实现了 13.53 亿元。

软控股份不断加强创新能力提升，技术研发实力行业领先。公司是国家创新型企业和国家技术创新示范企业，先后承建了国家橡胶与轮胎工程技术研究中心、轮胎先进装备与关键材料国家工程实验室等行业最优研发平台，2016 年 11 月，经中国和化学工业联合会评定，软控股份还牵头组织了第一批石油和化工行业轮胎智能制造及关键材料产业技术创新中心。公司积极打造国际化的研发体系，形成包括北美研发中心、英国研发办公室、北京研发办公室、青岛研发中心、欧洲研发中心等在内的完善的研发体系，并加紧筹划建设德国智能制造研究院。各研发中心（办公室）统筹管理，协同配合，有步骤有层次地开展研发活动。

软控股份坚持将技术创新与知识产权紧密结合，依靠突出的知识产权综合能力有力支撑技术创新。公司早在创立之初就明确了知识产权战略，开展了知识产权深度挖掘与管理工作，建立了由公司研发中心统一牵头管理，以各子公司、事业部、研究所为主导的知识产权工作网络体系。成立了专门的知识产权管理办公室，并设立专职管理人员负责知识产权战略的实施，先后制定下发了多项知识产权管理制度，使知识产权保护的各项工作流程进一步明确和规范。软控股份重视知识产权深度挖掘与保护，以促进企业研发创新

能力建设。在产品研发过程中，技术人员、知识产权人员共同对现有专利进行逐一分析，寻找出技术突破点，在保证防侵权的情况下加以改进和研发；对效果明显的新方案和核心技术进行专利挖掘和组合申请，形成专利池，充分保护产品新技术，提升产品整体技术水平。通过新产品专利技术的运用，公司的数字化轮胎装备水平进一步提升，大大增强了企业和产品的国际市场竞争力。

软控股份依托平台优势，通过不断创新，取得累累硕果。近年来，软控股份知识产权的申请量以年均30%以上的速度增长，知识产权积累丰富。公司拥有专利925项，居于全球同行业前列；承担国家标准22项，行业标准36项，作为主起草单位参与4项国际标准的制定，是我国橡胶和轮胎行业唯一主持国际标准的企业。同时，软控股份先后承担承担国家智能制造发展专项、国家科技支撑计划、国家重大产业技术开发专项、国家863计划等国家级项目50余项①。

软控股份借助知识产权的有力保障和支撑，不断实现新产品和新技术突破，引领行业跨越发展。公司先后成功研发了RFID轮胎电子标签设计封装与植入技术、轮胎全生命周期绿色制造关键技术、轮胎行业机器人等一系列行业关键、共性技术，通过新产品、新技术的推广运用，推动我国的数字化轮胎装备水平进一步提升。

软控股份立足数字化橡胶轮胎装备制造的技术优势，紧抓"中国制造2025"战略机遇，首先提出了"智慧工厂"解决方案，依托于生产装备高度信息互联和信息系统实时采集，融合数据挖掘、物联网、自动化仓储物流、机器人以及智能化生产装备等先进技术，实现纵横贯通、综合集成优化的轮胎智能制造解决方案，促进我国轮胎企业的转型升级和智能化改造。

二、青岛海尔股份有限公司：开放创新与知识产权国际化布局相结合，塑造全球大型家电第一品牌②

青岛海尔股份有限公司（以下简称"海尔"）创立于1984年，多年来一

---

① 数据来源：软控股份总裁郑江家在2016年12月15日"世界创新论坛"演讲内容。
② 王磊：《积极开展国际专利布局助力企业实施全球化战略》，《中国工业评论》2016年第6期。

直践行本土化研发、制造和营销的海外市场战略，目前已经成为全球领先的整套家电解决方案提供商及全球最大的电器制造商之一，其产品涵盖冰箱、洗衣机、空调、热水器、冷柜、厨电、电视、电脑等全线家电产品。根据2016 年全球大型家用电器品牌零售量数据，海尔在全球大型家电领域以10.3% 的品牌份额位居第一，连续八年蝉联大型家电全球第一①。

海尔以破坏性创新推进智慧化家电，目标是成为全球家电的引领者。通过将布局全球的五大研发中心作为资源接口，海尔与全球一流供应商、研究机构、著名大学建立战略合作，形成了以 HOPE 平台为媒介的全球科学家和工程师的创新生态圈，使海尔在制冷保鲜、智能、健康洗涤、节能及静音、空气生态等三十多个技术领域的创新保持着全球引领地位。伴随企业走向全球化，海尔积极推进知识产权国际化布局战略，依托完整的高品质的专利国际化布局，实现多项产品和技术的全球市场独占，而将专利保护向上游市场价值链延伸，有力地保障了产品在国际市场上无障碍行销。

灵活运用专利规则，吸引全球一流创新资源。海尔依托强大的产品市场影响力，吸引全球一流创新资源与海尔合作，推出全球引领的创新产品，满足用户需求，专利规则在其中起到了重要作用。海尔灵活运用专利规则，与一流创新资源约定产业化后的利益分享机制，就创新技术的应用进行了明确的专利权属划分，并约定双方作为专利权利人组建该领域专利联盟，以及后期专利运营收益的分配机制，使双方或多方能够密切合作并共同运营专利收益。例如海尔与全球固态制冷一流创新资源的某公司合作，开发出全球首款零震动零噪音的酒柜产品。双方约定某公司拥有基础模块专利，而海尔拥有产品及应用端专利，双方将专利组合在一起构建该领域专利联盟并共同运营收益。通过灵活运用专利规则，海尔有效利用了全球创新资源，显著提高了技术与产品研发效率。

积极开展专利国际化布局战略，构筑国际产业竞争的技术优势。海尔在全球拥有 5 大研发中心、21 个工业园、66 个贸易公司，用户遍布全球 100 多个国家和地区。为配合企业全球化战略实施，公司已在全球 30 余个国家和地

① 《海尔在全球大型家电领域以 10.3% 的品牌份额位居第一》，http：//hn. cnr. cn/zyjjq/jjqshxt/20170112/t20170112＿ 523472747. shtml。

区布局专利超过 1.7 万件，其中有效发明专利及发明申请 6800 余件。另外，青岛海尔旗下的日本海尔亚洲国际株式会社独立拥有主要分布于日本和东南亚国家有效发明专利 1500 余件，费雪派克独立拥有主要分布于北美、澳、新的有效发明专利 2500 余件；已经纳入旗下的美国 GE 家电独立拥有北美和欧洲为主的发明专利 1700 余件。

创新知识产权管理模式，激发持久创新活力。海尔在创新保护和专利管理运营方面不断地进行尝试以及优化创新。例如，将保障全流程的市场自由度作为知识产权部的核心指标，全程专注创新保护的专利占位合理性以及专利品质；充分运用专利数据库和专业分析手段，让创新人员能够清楚地了解在全球专利技术矩阵的位置和优劣势，显示创新在专利领域的定量及定性差距，倒逼创新部门强化核心创新成果产出。

加强专利运营，充分实现创新成果价值。海尔已经形成了具备全球占位优势及竞争力和威慑力的专利布局，并且保持在每年超过 1500 件中国发明和超过 300 件海外发明申请。海尔还获得了 2 项中国专利金奖和 3 项中国专利优秀奖，家电行业排名第一。2015 年，海尔的发明专利申请占比为 62%，发明专利的实审通过率为 91%。2011 年至今海尔通过专利许可获取的许可费收益达到 8000 万元人民币。海尔运用专利不仅有效制止了国内外多家厂商的侵权模仿，还与多家全球白色家电竞争巨头进行过专利交换，使全球市场地位免受负面影响。海尔正在或已经与国内领先企业和创新资源共同构建在智能家居、人工智能、语音控制、固态制冷、新材料等多个核心领域，联合国内知识产权优势企业构建具备全球竞争力和影响力的专利联盟，探索专利运用与专利资产化的新途径。此外，海尔还有效运用专利资产，实现专利技术向事实标准转化的推进。如海尔的热水器防电墙技术拥有 10 件专利，并成为国际标准。从 2008 年起，海尔热水器防电墙专利绑定"SafeCare"商标，向超过 20 家的热水器企业进行了专利许可，除实现超过 1000 万元人民币的营收外，还使该技术在行业内得到广泛使用和消费认可，在全国范围内形成了"防电墙"的事实标准。

第十三章　陕西省工业技术创新发展状况

陕西省作为中西部大省，是推进"一带一路"倡议的关键省份，正处在追赶超越的历史阶段。2016 年，陕西省政府贯彻落实习近平总书记视察陕西时提出的"五个扎实"要求，以稳中有为、提质增效为战略基点，因地制宜，审时度势，出台实施了《中国制造 2025 陕西实施意见》等一系列行之有效的"稳增长"政策措施，全省经济增速逐季回升，加快"追赶超越"态势。2016 年，全省经济稳中有进、稳中向好，经济运行保持在合理区间，经济结构持续优化，提质增效稳步推进。全年生产总值完成 1.9 万亿元以上，同比增长 7.6% 左右，城镇新增就业 44.5 万人，CPI 控制在 1.3%。

面对经济下行压力持续加大的趋势，2016 年，陕西省跳出"城墙思维"，在很多领域屡创佳绩。2016 年，陕西省规模以上工业增加值增长 6.9%，高于全国 0.9 个百分点，增速较上年上升 3 位至 16 位。同时，全省规模以上工业利润也结束了连续 24 个月的负增长，有力促进了全省工业的稳定较快增长。

第一节　发展回顾

面向世界科技前沿、面向全国和省内重大需求，陕西省在实施创新驱动发展战略上进一步发力，制定《陕西省实施创新驱动发展战略纲要》，出台《陕西省促进科技成果转化若干规定》，实施重大科技创新、智能制造等重大工程，以技术创新、产业创新、企业创新三大创新为核心，深入推进大众创业、万众创新，主动融入"一带一路"倡议，全省科教优势潜能得到有效释放，创新驱动能力不断增强，质量品牌工作取得新进展。2016 年，陕西省技术合同成交额达到 802.7 亿元，专利授权量增长 45.7%，位居全国第一。

一、技术创新发展情况

(一) 总体情况

在工业技术创新方面，2016 年，陕西省制定了《陕西省实施创新驱动发展战略纲要》，促进产业链、创新链紧密对接，推动 7 个国家级高新区、11 个省级高新区联动发展，促进关中、陕北、陕南三大区域创新板块协同发展。成立陕西创新创业联盟等创新载体，着力建设"两城十园一港多点"创新高地，面向 37 家科研院所推广"一院一所"模式，加大力度培育"小巨人"企业。陕西省保持经济较快速发展，产业结构不断优化。全年生产总值 18171.86 亿元，比上年增长 8.0%。全年全部工业增加值 7634.19 亿元，比上年增长 6.9%。其中，规模以上工业增加值增长 7.0%。规模以上工业中，重工业增加值增长 5.8%，轻工业增长 13.5%。

(二) 主要做法

陕西省坚持将创新摆在发展理念首位，推动"陕西制造"向"陕西创造"加速转型。

1. 全面搭建陕西省创新驱动发展体系

陕西省把提升自主创新能力作为突破口，大力实施创新驱动发展战略。2016 年 9 月，陕西省发布了《陕西省实施创新驱动发展战略纲要》（以下简称《战略纲要》），根据《战略纲要》要求，陕西省以国家创新试点示范为抓手，以主导产业为重点，充分发挥本省科技人才比较优势，建设具有陕西特色的创新驱动发展体系，加快实现科技大省向强省转变。为全面落实创新驱动发展战略，陕西省积极推广复制西安光机所、西北有色研究院科技创新模式，推进以院所为引领的创新产业孵化基地建设，协同推进科技创新体制机制不断完善，集中力量打造关中区域创新示范带。产学研结合不断向纵深发展，助力众创、众包等新模式发展，以建设成为全国双创示范基地为目标，办好"双创周"，支持园区、高校、科研院所等建设孵化创新平台，促进"创途在 XIAN"、西安众创示范街区、西安北航科技园众创空间等升级。同时全链条创新创业服务体系也在陕西省落地发展起来，陕西省着力整合资源，完善服务模式，初步建成较为完善的科技创新创业服务体系，为创新创业提供了基础保障，陕西省紧抓国家战略"聚焦"的发展机遇，力争将陕西省建设成为创新体系健全、创新机制高效的西部创新高地。推进采取"核心区 + 托管区"发展模式，促进分子医学、复合材料、3D 打印等领域国家实验室建设。

2. 加速"海外陕西"发展

一是接轨"一带一路"倡议，开创对外开放新局面。陕西省积极申报丝绸之路经济带自由贸易试验区，抓好航空城、西安港、新筑铁路物流集散中心建设，推动陕韩产业合作园区、中吉空港经济产业园、中俄丝绸之路创新园等园区建设，加大"引进来""走出去"力度，落实国际航线补贴政策，加强口岸基础设施。二是全面布局，加深国内范围的合作。继续推进"京企进陕""央企进陕"，联合东部产业园区开展共建、托管等连锁经营，开展了"陕粤港澳经济合作周"等招商活动，积极申请设立国家级产业转移示范区。三是发挥"互联互通"关键作用，拓展"海外陕西"发展空间。在能源化工、有色冶金等领域深化国际产能合作，企业"走出去"成效明显，随着名牌地产品出口孵化振兴工程实施推进，新增 1500 家进出口企业，2016 年企业"走出去"取得重量级进展：陕煤集团在吉尔吉斯斯坦建成了吉最大的炼油项目，西电集团在乌兹别克斯坦设立了区域服务中心。

3. "一院一所"模式发挥聚变效应

陕西省知名高校院所云集，科教资源非常丰富，如何释放院所科技资源潜力、将之转化成生产力，是陕西省科技创新的当务之急，西北有色金属研究院、西安光机所"一院一所"模式为深化统筹科技资源改革提供了"模式范本"。2016 年，陕西省选择 30 家科研院所作为首批推广单位，复制推广"一院一所"创新模式，这是深化科技体制机制改革，推动科技成果加速转化的有益探索。"开放办所、专业孵化、择机退出、创业生态"是西安光机所的四位一体创新模式，"三位一体、母体控股、股权激励、资本运作"是西北有色院的创新模式，这两种模式有效解决了科技成果转化难题，释放了陕西科技人才资源优势，被写入 2016 年的两会政府工作报告。以此为带动，陕西省科技厅出台了十项措施促进产学研合作，涉及鼓励科研院所联合行业领军企业、大型企业，组建产业共性技术研发基地，这些政策加速推进了产学研用合作，将高校、科研院所研发优势转化为创新资源，促进科技成果与产业对接。

（三）重点领域

在新一轮国际产业竞争中，陕西省以科技推动产业，围绕产业链部署创新链，推动新兴产业和传统支柱产业并驾齐驱、全面发展。

1. 新兴产业

陕西省瞄准国际产业变革机遇，前瞻性地推进先导产业发展，陕西省加强在3D打印、大数据、机器人等领域的统筹布局，开展创新实验室、创新战略联盟建设。陕西省前瞻布局成效显著，在3D打印领域，陕西省拥有专利数占全国总量一半以上，陕西的"铂力特"成为3D打印领军企业，并得到了李克强总理的充分肯定。西安交通大学组建了陕西省首家智能机器人重点实验室，进行机器人前沿技术基础研究，并且牵头建立了陕西省智能机器人公共科技服务平台。西安航天精密机电研究所自主核心机器人"秦"实现技术突围，打破了机器人关键核心部件的国外垄断，"秦"的伺服驱动器、交流伺服电机、RV减速器等核心部件均系本土企业自主研发完成。

2. 汽车行业

汽车产业作为陕西省的优势产业，具有强大的区域辐射力、经济带动作用，陕西省在汽车产业空间布局、成本、人才储备等方面积累了显著优势，近年来，在新能源汽车领域的表现更是不俗。2016年，陕西省出台组合型激励政策鼓励车企研发发展，实施汽车促销优惠政策，对成长性好、增长快、品牌培育成效显著的消费品企业进行奖励，建立了重点企业包抓帮扶机制，举办各类产销对接活动，引进落地40余户汽车配套企业，全方位协调解决企业生产经营遇到的困难。陕西省抓紧电动化转型升级机遇，非常重视新能源汽车生产和推广，提早布局，在新能源汽车领域已走在全国前列。近年来，陕西制定实施了《中国制造2025陕西实施意见》《关于进一步加快新能源汽车推广应用实施意见》《百万辆汽车建设工程实施方案》等多项政策意见，助力新能源汽车发展。陕西比亚迪通过实施的"7+4"战略，极大推广了新能源汽车在乘用车、商用车等方面的使用；通家公司生产的"电牛1号""电牛2号"纯电动物流车、陕西宝华生产的轩德E9纯电动载货轻型卡车成功上市。新能源汽车正日益成为陕西汽车产业发展的生力军，促进了陕西汽车产业的可持续健康发展。

二、质量品牌发展情况

（一）总体情况

在经济转型、改革深化的经济新常态下，品牌已成为一个国家和地区综合实力和发展潜力的象征。党的十八大要求把推动发展的立足点转到提高质量和效益上来。为提高发展质量和效益，提升品牌价值和效应，陕西省坚持以质取胜，全面实施名牌战略，积极建立品牌培育激励机制，为全省工业提质增效奠定了坚实的基础。陕西省一直注重产品的品牌建设，目前已有668个产品获得"陕西名牌产品"称号，名牌企业在拉动经济增长方面正发挥越来越重要的作用。

（二）主要做法

1. 创新推广先进的质量管理方法

以质量强省战略为主线，采取组合拳提升全省质量工作水平。一是完善工业产品质量企业自我声明平台建设，继续组织开展工业企业质量信誉承诺活动，鼓励企业提升质量意识，主动明示产品的质量水平；提升企业的自觉性和参与度；以规模以上食品生产企业为落脚点，夯实质量管理责任，全面建立完善诚信管理体系。二是推进质量基础保障工作，继续完善落实工业产品质量控制和技术评价实验室的核定工作。引导企业、中介机构和行业组织加强标准宣贯，制定比国家标准更为严格的企业标准、行业标准，探索建立质量标杆产业联盟。开展工业产品质量状况分析。三是继续开展质量标杆活动，建立质量激励机制，促进质量标杆服务平台建设完善，发挥标杆企业带动作用，增加标杆企业的交流学习和经验分享活动，并将优秀经验编入经典案例集，促进卓越绩效、精益生产、六西格玛、质量和效益提升模式（QPM）、质量可靠性整体解决（TSQ）等先进质量管理方法在全省推广。

2. 助力陕西名牌"走出去"

陕西省大力实施名牌战略，注重提升企业品牌的国际影响力，涌现出以"陕鼓"轴流压缩机、"法士特"齿轮等为代表的一批具有国际竞争力的知名品牌。陕西省出台了《陕西省质量品牌提升行动计划》《陕西品牌产品出口振兴外贸孵化工程（2016—2018年）行动计划》等一系列鼓励政策，引导和激励企业创品牌，积极参与国际竞争。为助推西安名牌产品走向全国，积极开展与京东西北公司合作，着力打造京东西安名优产品营销网络，拓展西安名牌产品在全国市场的影响力；借助"一带一路"建设东风，与中国香港、中国澳门有关方面签订了《品牌与质量合作备忘录》，加强省外交流，为建设丝绸之路经济带新起点打好基础。为推动企业参与国际竞争，组织外贸专业知识培训班、特色出口基地培育建设现场会等活动。联合建立"中国品牌智慧服务平台"西安品牌特色服务专区，积极培育、打造一批竞争力强、附加值高的名牌，助推西安品牌走向世界，争夺全球市场的制高点。

3. 加快实施品牌战略

2016年，陕西省大力实施品牌战略，推动陕西产业迈向中高端、经济迈向中高速。密集出台了《陕西省"十三五"名牌战略发展规划（2016年—2020年）》《陕西省发挥品牌引领作用推动供需结构升级实施方案》等一系列政策措施，力争培育新的产业竞争优势。陕西省积极创建"知名品牌示范区"，已命名和获批的国家级示范区总数达到6个，省级10个，在全国位居前列。陕西省在产业集群区域品牌试点示范区内，鼓励企业创建品牌、培育品牌价值，引导企业通过品牌提高产品竞争力和附加值。鼓励有条件的地方和行业开展有特色的品牌培育活动，随着"陕西名牌"的成长和壮大，遴选确定区域品牌建设试点区。

三、知识产权发展情况

（一）总体情况

近年来，陕西省贯彻落实国家知识产权战略，发布实施《陕西省知识产权（专利）"十三五"规划》，开展实施知识产权"118"工程，推动科技成果产业化和商用化，建设知识产权强省，知识产权的数量和价值不断提升，取得显著的成绩。2016年，陕西省授权专利数量全国第一，共获授权专利48455件，同比增长45.7%。陕西省成功进入国家第一批知识产权强省建设试点省份。2016年度，陕西省获两项国家奖励专利金奖，排名全国第四。专利质押合同登记272件，位列全国第二。

（二）主要做法

1. 全面提升知识产权运用能力

为促进经济发展适应新常态，支持产业升级发展。陕西省把知识产权驱动作为创新驱动的核心，大力培育发展知识产权密集型产业。2016 年，陕西省知识产权积累取得大进展，更进一步注重推进了陕西省知识产权的运用水平，促进经济提质增效升级，实现追赶超越。中国军民融合知识产权运营平台上线运行是一次出色的尝试，2016 年 12 月，陕西航空航天产业知识产权运营基金正式成立，基金设计总额 5 亿元，与中国军民融合知识产权运营平台相互依托，以航空航天及相关产业为抓手，开展知识产权运营，促进专利成果转化运用、创造价值。陕西省宝鸡市举办知识产权与金融对接会，推广专利保险，为企业、银行、保险机构搭建面对面的交流平台，涉及专利 25 项，意向贷款金额达到 3500 万元，知识产权为企业发展添油加薪，助力国家战略、优势产业加快发展。

2. 推进完善知识产权保护体系建设

随着"一带一路"倡议推进，陕西企业与中亚的贸易往来日益增多，越来越多的陕西自主知识产权、自主品牌开始"走出去"，这就对陕西知识产权保护提出了更高的要求。在知识产权保护方面，陕西省着力加强知识产权海关保护，集中力量查处进出口环节侵犯知识产权货物，加强处罚力度；跟踪保护期限即将届满的国外药品专利情况，受理 36 件即将到期的国外专利药品的注册申请。共出动执法人员 32709 人（次），检查农资企业 43126 个（次）。陕西省建立了知识产权保护衔接机制，由省知识产权局与省人民检察院签署《关于加强知识产权行政执法与刑事司法衔接工作的意见》，明确强化知识产权行政执法与刑事司法的紧密衔接，在促进执法信息交流与共享、提高社会公众知识产权保护意识、知识产权法律问题研究等方面展开合作，这有力促进了全省知识产权保护水平的提升。

第二节　发展特点

一、技术创新全线发力追赶超越全面升级

2016 年，是陕西省追赶超越的关键时期，2016 年 7 月，国务院批复西安创新改革试验方案，陕西省进入创新发展的快车道。陕西省不断加强顶层设计，出台组合政策以推进创新驱动发展战略落实，取得累累硕果。政策方面，出台了《中国制造 2025 陕西实施意见》《陕西省促进科技成果转化若干规定（试行）》《工业稳增长促投资 21 条措施》等一系列鼓励政策，保障了工业稳增长。首次设立陕西省基础研究重大贡献奖。建立了陕西省北斗产业技术创新战略联盟、卫星应用产业技术创新战略联盟、3D 打印产业技术创新联盟等多个产业联盟，对战略型产业进行布局和推动。在天宫二号研制发射中，航天六院研制了两发长征二号 F 运载火箭、轨控发动机、空间实验室及生命保障系统泵阀等动力系统。陕西省还注重新兴产业的前瞻布局，启动了量子通信、石墨烯、3D 打印技术等前沿技术研发，整合全省相关领域的优势科技资源。

二、打造知识产权强省抢占产业竞争高地

陕西省提升对知识产权重视程度，陕西省省长胡和平在政府工作报告中五次提到知识产权，省"两院"报告中也多次提到知识产权。2016 年，陕西省不断加强全省知识产权工作顶层设计，完善培育机制并使其有效运行，有针对性、系统性地采取培育措施，制定了《陕西省知识产权工作（专利）"十三五"规划》《贯彻国家知识产权战略行动计划建设创新型省份知识产权工作方案》等针对性政策。创新开展知识产权工作，将知识产权工作与创新各项工作相结合，率先在全国开展知识产权密集型产业培育，开展重大经济活动知识产权评议，加快陕西省优势特色产业知名品牌的培育工作。加强知识产权运用，关注重点产业领域，促进知识产权质押融资，尝试在产业创新

联盟设立"专利池""版权池"。加强知识产权执法，加大对侵犯知识产权和制售伪劣商品行为的打击力度，出动执法人员近 16 万人次。

第三节　典型案例

一、打造品牌竞争优势——陕西法士特汽车传动集团公司

陕西法士特汽车传动集团公司（以下简称"法士特"）是我国最大的以重型汽车变速器、汽车齿轮及其锻、铸件为主要产品的大型专业化生产企业和出口基地。法士特是中国汽车工业 30 强、中国机械工业 100 强、中国制造业 500 强。法士特在欧美等地拥有多项发明专利，创新开发 30 多个系列拥有自主知识产权的双中间轴变速器。

法士特坚持不断创新、加快创新成果转化，提高了产品的科技和知识产权含量，期望以此摆脱低级的价格竞争，依靠技术创新和知识产权占领市场和提升品牌价值。

在设立的研发费用中设立知识产权经费。法士特对每个科研项目的专利检索分析、专题分析、专利申请等方面给予充足的经费支持，在商标品牌宣传、人员培训等方面予以大量投入。

掌握技术创新前沿动态，占据竞争高点。为及时掌握科技动向和为研发提供技术支持，法士特专门建立了专利数据库，进行日常的专利检索分析，并针对一些重要技术开展专项的专利专题检索分析。

积极将知识产权运用于产品性能提升、工艺改进及质量提高等。目前，涉及工艺加工方法的专利基本覆盖了法士特的所有齿轮加工产品，专利实施率超过 93%。比如"用误差补偿法进行剃齿刀齿形修形的方法"的发明专利，解决了齿轮制造的精度问题，降低了变速器运行噪音，提高了产品寿命，被广泛应用于所有齿轮剃齿工艺中，使"法士特"品牌的用户口碑、品牌价值获得提升。

二、发挥知识产权聚合效应——中国煤炭科工集团西安研究院有限公司

中国煤炭科工集团西安研究院有限公司（以下简称"西安研究院"）系中国煤炭科工集团有限公司（以下简称"集团公司"）下属的国有全资子企业，是我国煤炭行业唯一专业从事煤炭地质研究与勘探技术开发的大型研发实体，西安研究院是知识产权密集型的高科技企业，其知识产权保护和运用表现出全方位、多层次的特点。西安研究院通过产学研有机结合，发挥创新协同效用；围绕核心技术"专项集群"，实现知识产权多层次布局；将专利上升为标准，带动行业技术进步。多措并举之下，西安研究院最大化地发挥了知识产权聚合效应，维护了其竞争优势。

为保证产品品质，提高其他模仿者竞争成本，西安研究院在有形产品的背后，对整个加工生产工艺实施多层次、多角度的技术提升。

西安研究院煤矿井下随钻测控千米定向钻进技术与装备产品各项性能指标均达到国际先进水平，国内市场占有率达到65%以上，占据大部分市场份额。随之，其他厂家的相近、模仿或跟随产品相继出现。为应对这一情况，西安研究院围绕钻探装备的生产加工环节，形成了以发明专利"全液压钻机双金属配油套及其加工方法"和"一种用于测试动力头式钻机给进力、起拔力的测试装置"为核心专利，"一种工业机器人气动手爪""一种管料分料提升装置"等5项专利共同形成一个生产环节"专项集群"，将履带钻机及钻具的生产工艺水平提高到一个全新的高度。这些"隐形的提升"使模仿者望尘莫及。

西安研究院在钻机打钻过程中还有一系列的钻进工艺专利，"一种煤层顶板瓦斯抽采定向长钻孔的钻具及其施工方法"和"一种煤层底板注浆加固水平定向钻孔的施工方法"等近10项专利形成定向钻进工艺"专项集群"。

这些相关技术的知识产权"专项集群"互相支撑、共同作用，覆盖西安研究院钻探机具产业的研发、生产以及钻进工艺，将钻探机具产业从产品研发、生产拓展到钻探技术及工程，延伸了西安研究院的产业链。同时，由于论文、专利、软件著作权等多层次知识产权布局，在另一层次上直接提高了西安研究院的市场地位和竞争力，间接上也提高了其他同质企业的竞争成本。

第十四章　重庆市工业技术创新发展状况

重庆市作为我国西南部工业强市，是国家老工业基地之一，以制造业为核心的工业一直以来在重庆市国民经济中处于基础性地位。"十二五"时期，面对错综复杂的国内外经济形势，在重庆市委、市政府的坚强领导下，全市经信系统坚持稳中求进工作总基调，紧紧围绕"科学发展、富民兴渝"总任务，勇于担当、积极作为，主动适应新常态，全面完成了"十二五"确定的各项目标任务。

第一节　发展回顾

2016年，重庆市工业总产值2.6万亿元，增长10%。其中，规模工业产值2.4万亿元，增长10.2%；规模工业增加值增长10.3%，高于全国4.3个百分点；完成工业投资5663.7亿元，增长13%，高于全国9.9个百分点。工业经济实现了规模、速度、结构、质量、效益的协调统一。工业和信息化发展水平跃上新台阶，为全市经济社会发展提供了有力支撑。

五大功能区域协调发展。重庆市出台"1+3"工业园区发展意见和规划，深入落实五大功能区域发展战略，优化产业布局，强化顶层设计，努力实现资源配置效益最大化。都市功能拓展区产业高端化趋势明显，战略性新兴产业增加值占全市60%，其中集成电路、液晶面板、智能终端、通用航空、新能源汽车等加速发展。城市发展新区工业主战场地位日益突出，机器人及智能装备、移动终端、汽车整车及零部件等加速布局，产值增长贡献率54%，工业投资占全市工业60%。都市功能核心区研发、结算、设计等生产性服务业蓬勃发展。渝东北和渝东小家电、眼镜、南塑料制品、钟表、金属加工、特色食品、纺织服装等产业竞相发展，"专精特新"趋势明显。

产业结构更加优化。重庆市推动同类企业集聚、上下游产业链集聚、制造业与生产性服务业融合，突出产业高端化、集群化，工业结构持续优化，紧紧把握全球新一轮产业重组机遇。电子信息产业迅猛发展，智能终端年产量达2.7亿台件，打造"5＋6＋860"智能终端产业集群，全行业年产值5700亿元，翻了两番，笔电产量占全球的三分之一。巩固提升汽车产业，成为全国最大汽车制造基地，年产值4600亿元，翻了一番多，建成"1＋10＋1000"产业集群，年产量突破300万辆，占全国的八分之一。材料、能源、装备、化工、消费品产业均迈上千亿台阶。形成电子双轮驱动、汽车、其他产业多点支撑的产业体系。

融合发展进程加快。加速推进两化融合，重庆市构建起"1＋N"服务支撑体系，开展互联网与制造业融合创新、企业首席信息官（CIO）制度、两化融合管理体系贯标等试点工作，全市两化融合指数达79，高于全国平均13个点共，实施300多个典型应用示范项目。开展制造业装备智能化提升行动，高档数控机床、物联网、推动工业机器人等智能制造装备和技术的集成应用，项目数占全国10%，8家企业获得国家智能制造专项支持，长安汽车成为国家级智能制造试点企业。惠普、广达等结算中心运营良好，累计结算额近4000亿美元。制造业与服务业良性互动，力帆、锦晖陶瓷成为国家级工业设计中心。不断完善"军转民、民参军"机制，璧山成为国家军民结合新型工业化示范基地，全市共促成25户民营企业参与军工生产。

节能降耗成效显著。积极化解过剩产能，淘汰落后产能，累计节约能源235万吨标煤，减少氮氧化合物等排放10.2万吨。累计淘汰铅冶炼19万吨、水泥1740万吨、铁合金34万吨、平板玻璃640万重量箱、焦炭331万吨、电力102万千瓦、造纸46万吨，万元GDP能耗累计下降23%，用水量下降44%、万元工业增加值能耗累计下降35%，全面超额完成国家"十二五"目标任务。

开放水平大幅提升。重庆市外资及港澳台工业总产值占全市工业25%，近5年提高6个百分点。在渝世界500强工业企业198家，增加63家。工业实际利用外资每年均超过40亿美元。开通货运航线17条，国际货邮吞吐量突破10万吨，通航国际货运枢纽城市20个。渝新欧累计开行490班，运行成本比开行之初降低40%。机电产品外贸总额590亿美元，占全市外贸总额78%，翻了三番。

信息化成果丰硕。国家级互联网骨干直联点建成投运，成为国家互联网信息交换中枢，出口带宽提升近 6 倍。全市 80% 的行政村通光纤，城区及乡镇（场镇）实现 4G 网络全覆盖。IPTV（交互式网络电视）用户和手持电视用户分别突破 100 万和 50 万。中国联通、太平洋电信等一批高等级互联网数据中心（IDC）投入运营。信息化在惠民便民、公共服务、城市管理、安全应急等领域应用日益深化。建成中小学数字图书馆、基础教育资源库、大学城资源共享平台。初步建立卫生信息三级网络，接入卫生机构 1411 家。累计发放交通信息卡 1100 万张、"城市一卡通"智能卡 1300 万张。中国移动"12582 农信通"等助农扶农平台全面升级，受益农民近 860 万。无线电监管能力大幅提升，中心城区无线电监测覆盖率 85%。45 个市级部门和所有区县接入市行政审批电子监察系统。

发展环境持续改善。构建起"1 + 2 + 8 + 36"架构体系，工业园区承载能力不断增强，建成区面积 510 平方公里，园区工业集中度 79%，建成职工宿舍 530 万平方米、标准厂房 1700 万平方米，南岸区成为全国首个国家级文物保护装备产业基地，北部新区等 8 个园区获批国家新型工业化产业示范基地。出台三批共 110 项减负目录，加大企业减负力度，减轻企业负担 40 亿元。设立民营经济发展专项资金、工业振兴专项资金，累计支持项目 6023 个，安排 32.2 亿元。建立劳动力资源"蓄水池"，累计为重点电子企业送工 81 万人次。建设运营"重庆造・全球销"门户网站，滚动推出《重庆市重点鼓励采购产品指导目录》，助推企业拓展市场。

一、技术创新发展情况

（一）总体情况

重庆市大力推进以企业为主体的技术创新体系建设，2016 年重庆全社会研发经费支出达 300 亿元，增长 20%，占 GDP 比重达 1.7%。新增 1 个国家级工程技术研究中心、2 个国家级重点实验室、5 个国家级企业技术中心，各类国家级企业研发机构累计达 47 个。福特、康明斯等一批世界知名企业在渝建立研发中心，长安汽车"五国九地"全球研发体系成为业界典范。中船重工西部科技中心、国家机器人检测与评定中心、工信部电信研究院西部分院、重庆赛宝工业技术研究院等平台纷纷落户。出台《鼓励企业加大研发投入推动产业转型升级发展的通知》《促进企业技术创新办法》，设立 1 亿元产业技术创新专项资金。重庆通用等 5 家企业获评国家级技术创新示范企业，技术创新示范企业、工业和信息化重点实验室、市级企业技术中心累计达 531 个。新产品产值突破 4000 亿元，对工业产值增长贡献率达 30%。企业 R&D 经费支出突破 200 亿元，增长 20%。

表 14-1　"十二五"科技创新主要发展指标完成情况表

序号	指 标 名 称	2010 年指标值	2015 年指标值	"十二五"变化
1	科技进步贡献率（%）	47.8	52.9	增长 5.1 个百分点
2	研究与试验发展经费投入强度（%）	1.27	1.57	增长 0.3 个百分点
3	每万名就业人员中研发人员（人年）	24	36	增加 12 人年
4	高新技术企业（家）	338	1035	增加 697 家
5	战略性新兴制造业增加值占规模以上工业增加值的比重（%）	—	13.5	—
6	知识密集型服务业增加值占地区生产总值的比重（%）	—	16.3	—
7	规模以上工业企业研发经费支出与主营业务收入之比（%）	0.79	0.97	增长 0.18 个百分点
8	每万人口发明专利拥有量（件）	1.1	4.3	增加 3.2 件
9	技术合同成交额（亿元）	168	241.5	增加 73.5 亿元
10	公民具备科学素养的比例（%）	2.5	4.74	增长 2.24 个百分点

资料来源：《重庆市科技创新"十三五"规划》，2016 年 11 月。

（二）主要做法

1. 强化企业技术创新主体地位

推动创新资源向企业集聚，不断夯实企业技术创新的主体地位，完善以企业为主体的产业技术创新机制。设立技术创新战略咨询委员会，扩大企业参与技术创新决策的话语权，鼓励学术技术带头人、企业家参与技术创新计划、政策、规划的制定和决策。支持由企业牵头实施市场导向明确的科研项目。竞争类产业技术创新的技术线路、要素配置方式和研发方向，由企业自主决策。实施企业研发投入倍增计划，支持企业不断拓宽研发经费来源渠道。

实施企业研发机构倍增工程，加快推进企业研发机构法人化改革，推动科研成果直接在企业转化。实施企业引才计划，引导科技人员服务企业。发挥大型企业创新骨干作用，实施创新型领军企业培育计划，培育创新型领军企业。以促进产业高端化为导向，实施重大技术攻关和应用示范。激发中小微企业创新活力，制定科技型企业标准，培育一批具有较强竞争力的科技型企业。培育一批企业研发创新中心，构建"金字塔"型企业技术创新体系，引导科技资源向企业聚集。培育一批具有领先地位的企业研发创新中心、一批国家级企业技术中心、一批市级企业技术中心。

2. 构建高效的研发组织体系

全面提升高校创新能力，强化需求牵引的科研导向，激发高校办学动力和创新活力。优化教育经费支出比例，重点支持应用技术研究和试验发展。鼓励高校突破自身局限，系统提升学科建设、技术研发、人才培养创新水平。支持重庆市重点高校依托自身优势，打造特色化的科技企业孵化器。推进产学研合作基地建设，提升高校服务经济社会发展能力。深化创新创业教育改革，提高创新人才培养质量。探索人才培养模式，加强国际交流合作。加快建设有特色的高水平科研院所，明晰科研院所功能定位，鼓励科研院所整体或局部剥离转制为企业，推进产业技术联盟建设。支持科研院所根据科技发展态势，增加公共科技供给。支持中央在渝科研院所搭建科技创新平台，服务地方经济社会发展。支持开展基础与前沿技术研究，瞄准世界科学前沿方向，加强基础研究前瞻布局，为产业技术进步积累原创资源。统筹用好各类创新资源，抢占技术发展的制高点。积极探索"非共识"项目的资助机制。打通基础研究与应用基础研究的通道，加快基础研究成果向产品研发转化的速度。探索自然科学联合基金设立模式，显著提升我市基础研究总体水平与竞争力。强化对高校和科研院所研究活动的分类考核。加强科技基础条件能力建设，推进质量检测体系建设及监管技术研究。完善数据汇交和共用共享机制。

3. 加快科技成果转移转化

加快众创空间建设，建设服务创新创业的孵化体系，构建一批全要素、开放式、低成本、便利化的众创空间。着力打造专业化品牌众创空间。聚力打造专业化新型孵化器。强化孵化器投融资服务功能和资本整合功能，深化"投资＋孵化"发展模式，扩大创业服务供给。引进知名孵化器核心运营团队来渝搭建创新链各环节创新平台，打造国际协同的专业化新型孵化器。着力壮大科技服务机构规模，提升全链条科技服务能力，支持开展专业化科技服务。组建市级科技成果评估交易中心。扶持各类样机生产中心和中试基地建设，为成果转移转化提供全程技术研发解决方案。支持境外机构在重庆设立具有独立法人资质的技术转移机构。鼓励开展科技成果数据挖掘与开发利用，增强产业创新发展的技术源头供给。举办重庆国际智能科技博览会。构建创新创业的公共服务网络，探索协同制造、众包研发、协同设计等新模式。鼓励龙头企业利用双创平台，积极带动中小配套企业协同发展。积极打造以"供应链"为核心的社会化服务体系，加快建设科技资源共享服务平台、科技服务云平台、专利导航信息服务平台、科技金融服务平台等科技公共服务平台。落实科技成果转移转化激励政策，对高校、科研院所科持有的科技成果，除涉及国家利益、重大社会公共利益、国防、国家安全外，不需审批或者备案。提高科研人员成果转化收益比例。切实保障实施科技成果转移转化机构的收益权。大力开展科技应用示范，实施面向民生领域组织科技示范工程，促进科技成果的集成应用和示范推广。引导区县开展科技应用示范，大力引进先进适用技术在本地应用示范。实施企业技术改造专项行动，着力提升企业工艺、管理、设计、制造水平。支持高校和科研院所开展科技成果转移转化，开展科技成果转移转化激励等试点示范。

（三）重点领域

重庆市把握科技革命和产业变革的新趋势，坚持把智能化、绿色化、数字化、网络化作为提升产业竞争力的技术基点，紧扣重点产业提质增效升级需求，聚焦大健康技术、新一代信息技术、先进制造技术三大重点方向，兼顾新型城镇化、生态环保、公共安全、新材料、新能源、现代农业等领域技术创新，既按照梯次接续、远近结合思路组织实施一批重大科技工程和重点研发专项，采取普惠性政策激励、科技金融支持、财政后补助奖励等方式，支持企业与科研院所、高校协同攻关，重点攻克一批新技术，紧扣技术应用推广一批新模式，聚集融合渗透发展一批新业态，瞄准交叉前沿建设一批新平台，培育创新发展新优势。

表 14 - 2　重庆市技术创新重点领域聚焦

重点产业	重点领域	具体内容
先进制造技术	智能机器人及核心功能部件	引进和培育机器人研发生产企业，建立创新平台，重点突破工业机器人国产化核心部件关键技术、智能识别系统、工业软件、机器人视觉触觉感官系统技术，开发具有国际竞争力的服务机器人产品、工业机器人，逐步实现高性能交流伺服电机、高速高性能控制器、高精密减速机等核心零部件国产替代，打造主机、配套、集成、服务全产业链。
	数控机床整机及关键功能部件	重点突破误差智能补偿技术、数控刀架、数字化精密量具量仪、高光束质量激光器及光束整形系统、高品质电子枪及高速扫描系统等关键核心技术，组织实施一批研发及示范推广重大项目，形成较完备的高端数控装备产业链和产业集群。
	轨道交通装备	围绕发展单轨、地铁、有轨电车、市域快轨车等产品，突破新型轨道车辆车体、高性能转向架、电传动系统、储能与节能、制动系统、网络控制、通信信号等技术，加快提升不同类型整车研发、设计、制造能力，打造轨道交通装备产业世界级品牌。
	飞机及航空发动机	突破航空发动机先进总体设计及验证、飞行器复合材料典型主体结构设计制造与验证、大型轻量化整体及高强金属结构制造、高舒适直升机动力学设计与验证等技术。
	新能源汽车	突破新能源汽车电池与电池管理、电机驱动与电力电子、电控系统、燃料电池动力系统、纯电动电力系统等核心关键技术。
	智能汽车	突破关键环境感知传感器、自动驾驶、信息交互、智能控制、测试评价等智能网联汽车共性关键技术，逐步提高汽车智能化水平。围绕智能网联汽车产业关重大需求，聚焦于环境感知与识别技术、互联技术、信息融合技术、智能决策及控制技术、测试验证技术四大研究任务。
	现代农业机械装备	重点开展农机装备及技术研究，解决共性关键问题，掌握智能化核心技术，突破整体机械化集成技术瓶颈，形成智能耕作装备等产品。
	3D 打印相关材料和装备	开发 3D 打印相关材料和装备技术，掌握 3D 打印粉末等高性能合金材料的设计、制备、表征、产业化技术、应用技术等核心技术，开发出 3D 打印用高性能合金粉体关键部件。
	制造业基础共性技术	开展设计技术、可靠性技术、制造工艺、关键基础件、工业传感器、智能仪器仪表、基础数据库、工业试验平台等制造业基础共性技术研发，提升制造基础能力。

续表

重点产业	重点领域	具体内容
	网络协同制造	发展网络协同技术，研究基于"互联网＋"的创新设计、基于物联网的复杂制造系统、智能工厂、智能资源集成管控、全生命周期制造服务等技术。
	增材制造	重点开展基础理论与关键共性技术研究，研发出系列典型工艺装备产品，形成创新设计、材料及制备、工艺及装备、核心元器件、软件、标准等，构建起相对完善的技术创新与研发体系，结合重大需求开展应用示范。
	绿色制造	发展绿色制造技术与产品，重点研究再设计、再制造与再资源化等关键技术，推动制造业生态模式和产业形态创新。
新一代信息技术	物联网	开发分布式数字控制系统（DCS/DNC）、可编程控制系统（PLC）等智能制造控制系统，智能型光电传感器、智能型接近传感器等智能制造传感器，射频识别（RFID）芯片和读写设备、工业便携/手持智能终端等智能制造物联设备，工业智能化仪表、在线成分分析仪等智能制造仪器仪表，工业控制系统防火墙/网闸、容灾备份系统等智能制造信息安全保障设备，以及重点领域工业应用软件和工业大数据平台；加强物联网技术在车联网、智能家居、智能医疗、智能物流的示范应用，打造硬件制造、系统集成、运营服务"三位一体"的产业体系。
	云计算	重点突破云计算基础设施层高效节能核心技术、新一代应用引擎关键技术、众核计算与图形处理器（GPU）加速技术、异构计算技术、内存计算技术、云计算安全关键技术，提高云安全保障、降低运营成本、支撑多元应用云服务等。面向城市综合治理、公共安全、大健康、工业智能化、网络舆情分析等领域，建设一批云平台，促进互联网信息资源大规模、个性化、高效率开放和开发。
	大数据及挖掘分析	重点开展大数据融合关键技术攻关，促进政府大数据开放共享，鼓励行业应用示范；支持在大数据技术系统架构、预处理、数据整合、数据存储、数据挖掘、可视化全技术链条中技术布局，建立支撑重庆大数据产业链发展完整的技术支撑体系。
	集成电路	发展用于物联网、移动终端的嵌入式中央处理器（CPU）、微处理器（MPU）、射频集成电路、模数—数模转换（AD/DA）、现场可编程门阵列（FPGA）等集成电路设计；开发量大面广的移动智能终端芯片、物联网芯片、数字电视芯片、网络通信芯片、智能穿戴设备芯片、信息处理、传感器、新型存储等关键芯片，智能卡、智能电网、智能交通、卫星导航、工业控制、金融电子、汽车电子、医疗电子等行业应用芯片；发展倒装封装、多芯片封装等先进封装测试技术。

续表

重点产业	重点领域	具体内容
	液晶面板	重点发展窄边框、宽视角（ADSDS、FFS）、低功耗、超高清（UHD）、零延迟、高动态画面流畅度、高色彩饱和度等制造技术，努力推进非晶硅（A－si）、氧化物薄膜（Oxide）、低温多晶硅（LTPS）、有源矩阵有机发光二极体面板（AMOLED）等技术衍进。积极探索量子点、碳基等新材料应用和全息、激光、柔性等新型显示技术。
	软件开发及应用	攻克电子政务、智慧城市、智能设备等领域涉及的软件兼容和跨平台应用集成等共性关键技术，研发国产操作系统支持 Windows 应用程序的接口软件、面向领域集成应用的中间件和智能设备的嵌入式软件。
	农业生产管理智能化技术应用示范	加快自动化、智能化农业机械装备生产制造，实施智能节水灌溉、测土配方施肥、农机定位耕种、病虫害监测等精准化作业，建立农业信息监测体系。
	电子商务科技应用示范	提升传统贸易电子商务发展水平，推动汽摩配件、医药及农产品等大宗商品交易市场开展网上现货交易，支持传统百货、连锁超市、中小零售企业与电子商务平台优势互补，鼓励中小微企业通过在第三方电子商务平台开展线上销售，促进线上交易与线下交易融合发展。通过信息化促进智慧物流发展，推进供应链、物流链创新。鼓励和引导大型电商企业发展农产品电子商务，支持涉农企业、农民合作社开展"线上交易"。
	智慧交通关键技术研究及应用示范	按照"互联网＋便捷交通"模式，开展道路车辆信息自动采集、路网信息自动发布与诱导、交通信号自动控制等技术研究，全面提升道路高效运行及智慧管控能力；围绕交通运行状态感知、道路通行效率提升、路面快速修复、决策支持四个方面开展关键技术研究与装备开发，形成重庆市道路畅通技术体系，实现道路畅通可控，路面修复工期大幅度缩短，提高道路通行能力，推动畅通城市建设。
大健康技术	化学药和生物技术药物	构建国家级新药创制共性技术研发大平台和药物安全性评价中心；重点突破化药手性合成与手性分离、新型药物辅料、缓控释、药物临床安全性评价等技术，开发恶性肿瘤、心脑血管疾病、神经精神疾病、代谢性疾病、自身免疫性疾病等重大疾病大品种化学药/生物技术药物，及抗体药物和基因表型检测试剂盒等。
	新型中高端医疗器械	重点开发 CT 机、彩色多普勒超声诊断设备等医学影像设备，高清电子内窥镜、高分辨共聚焦内窥镜、数字化微创及植介入手术系统、手术机器人、麻醉剂工作站、自适应模式呼吸机、电外科器械、术中影像设备、脑起搏器与迷走神经刺激器等神经调控系列产品、数字一体化手术室等先进治疗设备，智能型康复辅具、计算机辅助康复治疗设备、重大疾病与常见病和慢性病筛查设备、健康监测产品、远程医疗及相关标准等健康监测及远程医疗和康复设备，示范应用一批创新医疗器械产品。

续表

重点产业	重点领域	具体内容
	重大疾病精准诊疗	重点突破生物标志物用于指导临床精准诊断和精准治疗、精准医学大数据的资源整合与存储利用、生物信息分析等关键技术，以及重大疾病的风险评估、预测预警、早期筛查、分型分类、个体化治疗、疗效、安全性预测和监控等核心技术，构建重大疾病临床生命组学数据库、多层次精准医疗知识库体系和生物医学大数据共享创新平台。
	健康管理模式创新	重点开展"互联网＋健康"管理服务模式及其关键技术研究与应用，解决健康稳态与健康干预、健康大数据集成与决策、基于互联网的健康服务与健康监测、第三方服务等关键技术问题，建立基于互联网的健康服务及诊疗体系和大数据平台，示范应用一批"互联网＋医疗服务"模式。
	常见重大疾病基层适宜技术集成推广	构建一批临床医学研究中心，建立一批适宜技术示范基地，形成常见重大疾病适宜技术示范推广体系，重点在我市基层医院集成推广心脑血管疾病、免疫性疾病、老年性疾病、神经退行性疾病、儿童用药等严重危害人民健康的常见病、多发病等适宜技术。
	中药产业关键技术研发及应用示范	建设渝产道地大宗中药材规范化生产基地，开展种子种苗繁育研究和中药材规范化生产技术研究，开发基于经典名方、医疗机构制剂的中药新药，及特色中药饮片和精制配方颗粒。开展中药大品种工艺改进及质量标准提升研究，上市后中药临床、药理药效再评价研究，推动中药大品种二次开发及产业化。
新材料技术	石墨烯及纳米材料	优化石墨烯制备工艺技术，降低单位成本，实现大规模工业化生产，引进石墨烯功能化、石墨烯器件组装等关键技术，强化石墨烯原材料、功能化器件和组件的研发能力。重点开展石墨烯薄膜低成本制备以及石墨烯纳米片、石墨烯纳米带、石墨烯量子点等石墨烯衍生品的绿色制备与分散、推广应用等技术研究。
	塑料光纤	积极发展塑料光纤材料PMMA（聚甲基丙烯酸甲酯）、光电收发器件（光收发模块、共振腔发光二极管等）以及塑料光纤通信网络设备关联产品，加快推进塑料光纤在工业控制网络、消费电子、数据中心、物联网等行业和领域的规模应用，形成从上游原理、塑料光纤本体、信号收发通信设备到终端应用的完整产业链。
	高端汽车、电子、装备用钢	重点发展汽车面板、轴承钢、弹簧钢等汽车用钢，大力发展家电板、服务器外壳、台式机外壳等电子产品用钢，兼顾发展高端特殊钢等装备用钢，形成系列化、规模化的高端钢铁结构材料产品体系。

重点产业	重点领域	具体内容
	高端交通设备用轻合金	立足轨道交通、汽车等运输工具轻量化发展方向，重点发展轨道车辆厢体材料、汽车轻量化部件、飞机和船舶用铝等高端交通设备用轻合金材料。
	高性能碳纤维、玻璃纤维及复合材料	开展汽车零部件、管道、环保、船艇等玻璃纤维复合材料新产品开发，重点发展航空航天、汽车、装备、建筑用碳纤维复合材料内饰件、结构件和碳纤维增强符合材料结构件，引进培育碳材料及复合材料产业，推进研发、生产、应用一体化。
	二苯基甲烷二异氰酸酯（MDI）及化工新材料	以 MDI 资源为依托，发展聚氨酯硬泡和软泡、聚氨酯涂料和黏合剂等下游产品实施聚碳酸酯（PC）项目以及塑料合金、弹性体共聚物等下游产品；综合运用煤经甲醇制烯烃/芳烃、炼化一体化等多种模式，构建多元烯烃/芳烃本地供给体系，建设重要的聚氨酯原料生产基地和西部地区最大的 MDI 一体化产业基地。
	生物材料	重点发展可降解生物医用材料。加强人工皮肤及体内外软组织修复领域的可降解医用高分子材料的核心技术研发，解决可降解金属材料在心血管骨科等领域面临的降解、腐蚀及工艺问题，促进可降解生物陶瓷材料在骨缺损及口腔修复领域的发展。推动智能技术与三维（3D）打印技术在医用材料领域的应用。
新能源技术	页岩气勘探与利用	建立页岩气勘探开发技术研发平台，突破页岩气资源评价、地球物理勘探、钻完井、储层改造等核心技术，开发页岩气钻井、压裂、井下小工具等装备（产品），形成页岩气勘探新型高性能材料及装备制造、开采服务等产业。
	大型海上风力发电装备	重点解决风电装备研制的基础、共性及瓶颈技术问题，突破超大风轮直径、大功率整机传动链设计、风电智能化可靠性等关键技术，掌握风电机组整体设计、智能健康管理、极限长度叶片设计等技术，开发系列拥有高技术含量、高附加值的风电关键产品和成套装备，形成有代表性的风电系统并开展应用示范。
	先进电力装备	重点开展面向智能电网和能源互联网的先进电力装备及技术研究，掌握电力设备智能化、电力物联网、绿色环保电工材料等核心技术，促进先进材料、工艺与传统装备制造业的结合，开发应用于智能电网和能源互联网的装备新产品。
	生物质能源利用	重点发展大型废弃生物质资源发电设备的研发、制造及其在垃圾焚烧发电项目中的应用，开展生物质热炉、生物质颗粒燃烧机等能源设备研发、制造，重点突破关键部件自主设计与制造技术、自动化控制系统设计技术，拓宽生物质能利用领域。
	节能技术	重点开发半导体照明、高效节能家电、新型节能建材等高效节能产品，推动节能环保装备（产品）专业化、成套化、系统化、标准化发展。提升再生资源利用和再制造技术水平，积极发展循环经济产业。

续表

重点产业	重点领域	具体内容
现代农业技术	动植物新品种培育	加强农作物和畜禽品种种质资源搜集、保护与开发利用等基础性、公益性研究；开展农业转基因抗虫棉、水稻、玉米、蚕、猪新品种（系）的研发，强化核心育种材料、生物育种方法技术研究；大力推进商业化育种，选育一批具有良好应用前景、自主知识产权和核心竞争力的优良品种。
	高效安全种养殖	开展轻简农业、精准农业、生态农业、信息农业、智能农业、农业自然灾害及病虫害（疫病）预报预警与综合防控等关键技术攻关；建立现代农业种养殖技术体系标准；加强农用疫苗、生物农（兽）药、生物肥料、饲料添加剂、物联网系统等农业高科技产品研发；加速农产品和环境有害物质的检测与监控技术及配套装备开发。
	农产品加工储存物流	开展特色果蔬和畜禽肉制品，包装、保鲜、冷链贮运等技术的创新与推广应用，建立农产品全程质量安全控制与溯源技术体系；构建农产品物联网体系，农产品加工及副产物高值化利用技术集成体系；推动农产品加工技术升级，开发创新名特优农产品，提升农产品市场核心竞争力。
	农业生态与环境综合治理	优化农业耕作制度和种植方式，推进精准农业和节水农业技术应用，提高农业资源和投入品使用效率，减少化学品和废弃物以及饲料添加剂带来的重金属、抗生素等面源污染；开展农作物立体种养、生态安全、清洁生产和生物质能源与农业废弃物综合利用等技术攻关，促进特色效益农业可持续发展。
	农业科技创新与集成示范	加快长寿、荣昌农业科技创新与集成示范基地建设。在长寿区重点开展示范推广、产业孵化、探索创新、积聚扩散、科普培训与旅游观光六大功能建设；在荣昌区重点开展"荣昌猪"良种繁育体系、动物疫病防控体系、"物联网＋市场"服务体系、标准化生产基地、畜产品加工能力、畜牧综合科技人才团队培育等建设，建成技术创新、集成示范、推广应用、教育培训和辐射带动为一体的现代农业科技园区。
生态环保技术	环境污染治理	重点开展水、土壤、城市大气污染防治及固体废弃物综合利用等关键技术研究，研发城市湖库水体低成本修复、中小城镇和农村污水治理、工业废水处理提标升级等水处理系统集成装备，典型工艺废水低成本处理、燃煤锅炉低成本超低排放、工业炉窑废气协同处理、机动车尾气净化成套装备等大气污染治理装备，污染场地修复、固废综合利用、生活垃圾焚烧、餐厨垃圾处理、建筑垃圾处理等城市固体废弃物处理及综合利用装备。
	环境监测	重点研究典型工业行业烟气在线连续监测、水污染高精度在线监测、土壤环境监测等关键技术，开发相关环境监测设备，并进行应用示范。开展生态环境突发事故应急监测及应急处置技术研究，并进行应用示范。

重点产业	重点领域	具体内容
	生态保护与修复	开展生态环境监测预警技术及服务系统、石漠化综合治理、湿地生态修复、生物多样性保护、森林质量精准提升等生态修复与保护关键技术以及生态产业技术研发，并在适宜地区开展规模化示范应用，形成可复制的区域生态保护与修复技术模式；围绕长江三峡生态环境保护，组织开展跨学科、跨区域的综合技术研究与应用。
	再生资源综合利用	针对再生钢铁、再生铝、再生铜、再生铅、再生纸、废橡胶等再生资源，研究拆解、分选、破碎、熔化、提炼、再制造等综合利用关键技术，开发相关重大关键成套设备，并进行应用试点示范。
新型城镇化技术	绿色城市	重点开展绿色建筑（小区）、城市功能提升与防灾减灾、基于建筑信息模型（BIM）的规划建设管理、建筑室内环境控制、适老建筑、既有建筑节能改造、工业建筑性能提升等关键技术研究，研发一批绿色建材，形成一批关键技术和标准，建设一批科技示范工程，初步构建绿色城市关键技术体系、保障平台、市场化运营模式。
	智慧城市	以信息数据库为基础，支持物云计算、大数据、联网、空间地理信息集成等新一代信息技术在城市智能管理与服务方面的集成创新，研究智慧城市相关技术标准，加强智慧城市规划，促进基础设施智能化、公共服务便捷化、建设管理信息化、产业发展现代化、社会治理精细化，并建设一批示范工程。
	海绵城市	基于"慢排缓释"和"源头分散"控制理念，结合山地城市特点，开展雨水系统构建规划设计、雨水回用与径流控制、城市面源污染控制等技术研究，研发一批透水材料，并进行区域示范应用。
	人文城市	强化文化传承创新，把城市建设成为历史底蕴厚重、时代特色鲜明的人文魅力空间；加强在旧城改造中保护历史文化遗产、民族文化风格和传统风貌，在新城新区建设中融入传统文化元素的研究，传承和弘扬优秀传统文化，推动地方特色文化发展，保存城市文化记忆。
	建筑产业现代化	重点开展 BIM 技术研发及推广应用，开展装配式建筑结构体系、配套部品体系、装配式建筑设计、装配式建筑技术标准体系与标准化、高效施工关键技术、装配式建筑检测与评价、建筑产业化关键技术等研究、攻关与工程示范。
	城镇建设科技示范	强化城镇建设管理领域科技支撑，以新型城镇化发展重大战略需求为导向，围绕城市、村镇规划、土地和水资源保护利用、特色资源开发、环保和社会公共服务等领域，开展技术攻关与集成示范，构建新型城镇化发展的城市、镇乡村建设技术创新和服务体系。

续表

重点产业	重点领域	具体内容
公共安全技术	公共安全风险防控与应急技术	重点开展自然灾害等突发事件的预警预报、应急处置、恢复与重建等关键技术和相关装备研发，建立重大自然灾害风险管理技术平台；开展公共安全监控视频数据挖掘分析研究，重点围绕视频图像特征提取、挖掘分析应用等关键技术开展科研攻关，充分发挥公共安全监控视频数据在指挥调度、应急处突、治安防控、交通管理中的作用；开发矿产采掘、油气开采、化学危险品生产及运输等方面的事故预防技术。
	食品安全保障技术研究与应用示范	开展食品安全风险评估与预警技术研究；加强食品安全溯源技术、新型快速检测技术等关键技术集成应用攻关；制（修）订重庆市地方特色食品地方标准和生产加工卫生规范各5项以上，企业标准50项以上；建立重庆市食品安全标准数据库和电子追溯系统，建成食品安全风险监测综合应用平台，实现数据采集、信息发布、日常监管、食品溯源、辅助执法等功能，全面提升食品安全的监管与控制水平。

资料来源：《重庆市科技创新"十三五"规划》，2016年11月。

二、知识产权发展情况

（一）总体情况

2016年，重庆市专利申请受理59518件，其中发明专利申请12170件、实用新型专利申请22070件、外观设计专利申请4124件。专利授权42738件，其中发明专利授权5044件，同比增长27.25%。每万人发明专利拥有量由2010年的1.1件提高到2016年的5.6件，同比增长30.66%，居全国第12位。企业创新成效明显，专利授权3.2万件，年均增长15.1%。

（二）主要做法

1. 实施知识产权强市推进工程

强化知识产权运用、管理、保护制度在重庆市社会发展和区域经济中的政策导向作用，加快建成具有示范带动作用的一批国家级知识产权强区、知识产权强县、知识产权强园区，形成经济发展提质增效和引领支撑产业结构升级的增长极。全力支持国家级和市级高新区、两江新区等创新区域组建知识产权综合服务平台。

2. 实行严格知识产权保护制度

建立健全重庆市、区（县）两级知识产权行政执法体系，完善知识产权行政司法保护衔接机制，着力推进知识产权案件行政、刑事、民事"三审合一"，积极探索侵权行为惩罚性赔偿，探索侵权行为纳入其信用记录。大力摸索建立创新主体分级认证与知识产权状况评估制度。完善知识产权重点企业保护直通车制度，建立重点专业市场和重点产业知识产权保护机制。建立健全知识产权举报投诉和维权援助机制，建立知识产权保护行业自律和民间救济机制，努力探索知识产权涉外纠纷快速应对和风险防范机制，重视强化跨区域知识产权保护。进一步完善知识产权维权援助体系建设，加快在两江新区建立汽车、摩托等重点产业快速维权中心。

3. 促进知识产权全面运用

实施知识产权"三个一工程"，大力培养 1000 名专利经纪人，积极培育 1000 家知识产权运用标杆企业，滚动实施 1000 项专利运用及成果产业化。加大政府采购对知识产权密集型产品的支持，培育发展知识产权密集型产业，推行知识产权集群管理。加强知识产权保险体系、评估、投融资、交易、运营建设，推动知识产权产业化、交易和转化。打造一批知识产权强所、强校和强企。优化专利申请资助政策，鼓励知识产权创造活动，重点资助专利合作条例（PCT）国际专利申请、有效发明专利授权。加快知识产权综合服务云平台和信息大数据建设，提供各类低成本知识产权服务。推进"版权兴业工程"，建成一批版权兴业示范基地和版权兴业强势企业。

三、质量品牌发展情况

（一）总体情况

2016 年，重庆捷力轮毂制造有限公司等 5 家企业获评全国工业品牌培育示范企业，重庆市荣获该称号的企业数量已达 14 家。重庆机床（集团）有限责任公司成为国家级质量标杆企业。新增中国驰名商标 88 件、重庆著名商标 671 件，分别达 128 件和 1306 件。

（二）主要做法

1. 开展质量标杆和领先企业示范活动

深入普及精益生产、卓越绩效、六西格玛等先进质量管理方法和模式，大力支持企业提高产品在线控制、质量和全生命周期质量追溯能力在线监测。夯实质量基础，加速国家质检基地建设。深入开展"专家百团千企行"质量诊断提升行动，围绕电子、装备、汽车等重点支柱产业，强化整机企业与核心零部件企业的协作互动，实现全产业链质量同步提升。鼓励支持有较大潜力的困难企业加大技改挖潜和新产品开发投放力度，帮助企业恢复活力，提高生产能效和产品质量。

2. 实施名企名品塑造工程

加强品牌企业资源库建设，围绕质量管理、营销服务、研发创新和生产制造全过程，引导企业制定品牌管理体系，提升企业内在素质，夯实品牌发展基础。扶持一批品牌运营和培育专业服务机构，开展品牌管理咨询、市场推广等服务。深化商标富农工作，加强地理标志培育。鼓励企业创建国际品牌，走国际化运营路线，在争取品牌商加大价值量高的笔电、打印机、显示器等产品下单量的同时，狠抓手机出口业务，推动 VIVO 等手机品牌商、联合利丰、融讯等企业增加外单出货量。引导企业增强以信誉和质量为核心的品牌意识，树立品牌消费理念，建设品牌文化，提升品牌附加值和软实力。努力打造"重庆造·高品质"品牌形象，加大质量提升和品牌培育力度。电子产业以智能终端提质放量为重点，加快引进新品牌企业在重庆下单生产，积极争取出货量大、品牌价值高的订单，推动乐视大屏电视投产放量。引导支持企业加强品牌培育，厚植品牌文化，培育一批市场广泛认同的驰名商标和名牌产品。

第二节　发展特点

一、深化创新驱动，提升产业核心竞争力

明确工业发展的核心动力是技术创新，统筹产业链、创新链和资金链，

建立以企业为主体、以市场为导向、产学研一体的协同创新体系。营造大众创业、万众创新良好氛围，增强技术创新、管理创新、商业模式创新能力。着力提升企业创新能力，鼓励企业加大研发投入，提高创新对经济增长的贡献率，加快创新成果产业化，打造西部技术创新高地。努力打造"重庆造·高品质"品牌形象，加大质量提升和品牌培育力度。

二、促进区域协调，推动五大功能区域战略深入实施

加强统筹协调和分类指导，推动都市功能核心区生产性服务业提档升级。加快都市功能拓展区战略性新兴产业集聚发展。加速培育壮大城市发展新区主导性、支柱性产业，充分发挥工业主战场作用，助推成渝经济带建设。引导渝东北、渝东南依托资源禀赋，发展专、精、特、新产业。大力推动"万开云"等板块发展，打造区域产业聚集区，推动五大功能区域特色差异联动发展。

三、推进绿色制造，增强可持续发展能力

推动资源综合利用、节能降耗和清洁生产，构建清洁、低碳、高效、可持续的绿色制造体系。严格环境保护和节能管理，加大先进节能环保技术、工艺和装备的研发力度和推广应用力度。积极化解过剩产能，坚决淘汰落后产能，提高资源利用效率，推动全市工业经济向绿色发展转变。

四、加强开放引领，拓展产业发展空间

以做大做强支柱产业为核心，统筹"走出去"和"引进来"，引导企业主动融入"一带一路"倡议和长江经济带建设，依托"三个三合一"平台，积极推动中新（重庆）战略性互联互通示范项目 ICT 领域合作，提升开发区和特色工业园区建设发展水平，提高"渝新欧"等对外开放通道运行效率，加大招商引资力度，巩固扩大外贸出口，积极推进国际产能合作，着力提升全市工业对外开放水平。

五、促进融合互动，构建区域经济新优势

主动适应产业融合发展大趋势，积极推动相关领域、相关企业深度融合、良性互动。以智能制造为重点，加强新一代信息技术与制造业的深度融合，围绕制造领域关键环节，推进重点领域的集成试点与应用。引导制造企业向服务型制造转型，推动产业向价值链高端跃升，培育一批新产业、新业态、新模式。完善信息基础设施，加快培育壮大互联网经济，扩大信息技术应用的深度和广度。推动军民产业融合，提升军民融合水平。

六、推进集群建设，构建多支柱产业体系

立足现有产业基础，不断完善配套及服务体系，丰富产品种类，提高单品价值，深化企业跨界合作，加快培育十大战略性新兴产业集群，巩固提升"6+1"支柱产业，促进新兴产业与传统优势产业有序衔接，建设20个左右规模效应明显、配套体系完整、具有全国影响力、核心竞争力突出的千亿级现代产业集群。

政 策 篇

第十五章　中国工业技术创新发展政策环境分析

第一节　国际环境分析

当前，世界经济又走到一个关键当口。科技进步、人口增长、经济全球化等过去数十年推动世界经济增长的主要引擎都先后进入换挡期①，对世界经济的拉动作用明显减弱。上一轮科技进步带来的增长动能逐渐衰减，新一轮科技和产业革命尚未形成势头。面对 2016 年美英等发达国家反全球化动机，国际黑天鹅事件频发，全球贫富差距不断拉大等严峻形势，发达国家正积极实施制造业回归战略，发展中国家积极争取开放共享发展，各国把技术创新作为新形势下的核心抓手。2016 年，全球创新活动密集，新一轮科技革命蓄势待发，新前沿、新方向、新产业和新业态不断涌现，信息技术、生物技术、制造技术、新材料新能源技术广泛渗透到几乎所有领域，带动了以绿色、智能、泛在为特征的群体性重大技术变革，科技创新链条更加灵巧，技术更新和成果转化更加快捷，产业更新换代不断加快，使社会生产和消费从工业化向自动化、智能化转变，社会生产力和劳动生产率将大幅度提升②。

一、新一轮科技革命蓄势待发，科技创新成为各国的战略焦点

在新一轮科技革命、国际金融危机、反全球化动机等多重因素影响下，

---

① 习近平：《构建创新、活力、联动、包容的世界经济——在二十国集团领导人杭州峰会上的开幕辞》。

② 习近平：《为建设世界科技强国而奋斗——在全国科技创新大会、两院院士大会、中国科协第九次全国代表大会上的讲话》。

全球产业结构和分工格局发生深度调整。主要发达国家意识到"制造业回归"和"创新驱动"的重要性，纷纷加快创新战略部署，试图在新工业革命中抢夺制高点。为此，各国高度重视制造业创新，将制造业创新作为全球论坛的重要议题：2016年1月，世界经济论坛（冬季达沃斯）以"掌控第四次工业革命"为主题，9月，20国集团举行的G20峰会将创新、新工业革命、数字经济和结构性改革作为未来发展的四大行动。各个国家纷纷将创新上升到国家战略层面，继2015年10月美国政府发布新版《美国创新战略》后，2016年2月，又发布了《美国国家制造业创新网络计划战略》和《美国国家制造业创新网络计划年度报告》。英国则在"脱欧"公投后，着力构建科技创新实力，设立总额达230亿英镑的"国家生产力投资基金（NPIF）"。其他发达国家如德国出台了《数字化战略2025》，俄罗斯提交了《俄2035年前科技发展战略》草案，日本发布《科学技术创新综合战略2016》等。与此同时，中国也发布了《国家创新驱动发展战略纲要》和《"十三五"国家科技创新规划》。

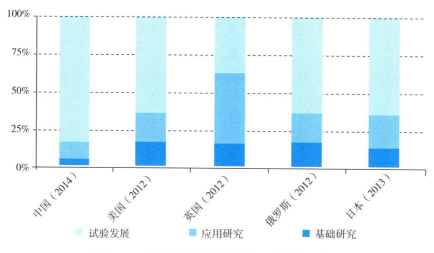

图 15-1 世界部分创新国家 R&D 经费投入情况

资料来源：wind。

近年来，各国不断加大创新投入，尤其是各发达国家加大在基础研究和应用研究方面的R&D经费投入，产生了一系列的科技创新研究突破和应用成果。例如，美国在引力波探测领域取得里程碑式成果，在多个天文和细微物质领域连续创出数项"首次"，在量子、超导等领域研究也有建树。英国在基础研究观测手段、超稳定存储介质、人类遗传与进化领域取得突破。德国在受控核聚变、超高能中微子、天文观测等领域有所进展。日本在锂离子电池、中微子和自旋液体方面取得成绩。与发达国家相比，中国的基础研究和应用研究方面尚有差距。数据显示，中国的基础研究和应用研究的 R&D 经费投入分别仅占 R&D 经费总投入的 4.7% 和 10.8%，而美、英、俄、日等发达国家的两项指标占比分别在 15% 和 20% 左右。

二、全球制造业分工格局深度调整，美国等发达国家积极实施"制造业回归"战略

近年来，随着制造技术升级、美国页岩气革命、发达国家就业问题、发展中国家劳动力成本上升、环境污染和气候变化等现象陆续发生，过去十年，中国、印度等制造业生产环节主要承接国家的成本优势和环境容量优势日益消失，逐渐造成了高端制造业向发达国家回流，难以实现智能制造和环境污染严重的低端制造业开始寻求新兴经济体承接。2016 年 11 月，特朗普当选新一任美国总统，并在胜选演讲中说道："我们将整理我们的城市，重建高速、桥梁、隧道、机场、学校还有医院。我们将重建我们的基础设施，当然，我们会成为第一，让数百万民众参与到这项工作中来"，进一步表达了美国制造业回归的决心。

三、国际贸易规则现反全球化趋势，发达国家技术垄断或将加剧

过去一年，从英国公投决定"脱欧"到特朗普宣布退出 TPP，很多在过去二三十年里已经习以为常的观念遭到颠覆，包括全球化、自由民主、开放、合作等。国际贸易规则面临深度变革，一方面，传统国际贸易规则继续发挥效力。跨太平洋伙伴关系协定（TPP）、跨大西洋贸易与投资伙伴协定（TTIP）、国际服务贸易协定（TISA）、世界贸易组织（WTO）、亚太经济合作组织（APCE）、亚洲基础设施投资银行（AIIB）以及欧洲联盟（EU）、金砖国家等国际贸易组织和协定，在竞争政策、贸易便利化、原产地标准、劳工标准、市场开放和环境产品等领域形成壁垒，对新兴经济体贸易活动带来冲击。另一方面，美国孤立主义情绪抬头、欧洲排外情绪上升的当下，发达国

家试图打造本国贸易的新规则。美国、英国等主要发达国家依靠产业标准、金融体制等方面占据制度性话语权，利用资本、技术、信息等方面绝对优势，正试图摆脱国际规则束缚，获得更大利益。

第二节　国内环境分析

2016 年 5 月，全国科技创新大会、两院院士大会、中国科协第九次全国代表大会在人民大会堂召开，习近平在会议上指出，科技是国之利器，国家赖之以强，企业赖之以赢，人民生活赖之以好。中国要强，中国人民生活要好，必须有强大科技。习近平强调，新时期、新形势、新任务，要求我们在科技创新方面有新理念、新设计、新战略。我们要深入贯彻新发展理念，深入实施科教兴国战略和人才强国战略，深入实施创新驱动发展战略，统筹谋划，加强组织，优化我国科技事业发展总体布局。

一、创新驱动发展战略顶层设计不断完善，全国形成创新驱动发展合力

2016 年是国家创新驱动发展战略实施的关键一年。这一年，《国家创新驱动发展战略纲要》（中发〔2016〕4 号）、《"十三五"国家科技创新规划》（国发〔2016〕43 号）、《产业技术创新能力发展规划（2016—2020 年）》（工信部规〔2016〕344 号）等科技创新纲要和规划文件先后发布，同时发布《促进创业投资持续健康发展的若干意见》（国发〔2016〕53 号）、《实施〈中华人民共和国促进科技成果转化法〉若干规定》（国发〔2016〕16 号）、《促进科技成果转移转化行动方案》（国办发〔2016〕28 号）、《高新技术企业认定管理工作指引》（国科发火〔2016〕195 号）、《"中国制造 2025"城市试点示范工作方案》（工信厅规〔2016〕14 号）、《制造业创新中心建设工程实施指南》（2016—2020 年）和《关于完善制造业创新体系，推进制造业创新中心建设的指导意见》（工信部科〔2016〕273 号）等相关配套政策文件，全国科技创新大会、两院院士大会、中国科协第九次全国代表大会盛大召开。

表 15－1　2016 年创新驱动发展政策汇总

序号	文件名	主要内容
1	国家创新驱动发展战略纲要（中发〔2016〕4号）	一是推动产业技术体系创新，创造发展新优势；二是强化原始创新，增强源头供给；三是优化区域创新布局，打造区域经济增长极；四是深化军民融合，促进创新互动；五是壮大创新主体，引领创新发展；六是实施重大科技项目和工程，实现重点跨越；七是建设高水平人才队伍，筑牢创新根基；八是推动创新创业，激发全社会创造活力。
2	"十三五"国家科技创新规划（国发〔2016〕43号）	一是建设高效协同国家创新体系；二是实施关系国家全局和长远的重大科技项目；三是构建具有国际竞争力的现代产业技术体系；四是健全支撑民生改善和可持续发展的技术体系；五是发展保障国家安全和战略利益的技术体系；六是持续加强基础研究；七是建设高水平科技创新基地；八是加快培育集聚创新型人才队伍；九是打造区域创新高地；十是提升区域创新协调发展水平；十一是打造"一带一路"协同创新共同体；十二是全方位融入和布局全球创新网络；十三是全面提升科技服务业发展水平；十四是建设服务实体经济的创业孵化体系；十五是健全支持科技创新创业的金融体系；十六是深入推进科技管理体制改革；十七是强化企业创新主体地位和主导作用；十八是建立高效研发组织体系；十九是完善科技成果转移转化机制；二十是全面提升公民科学素质；二十一是加强国家科普能力建设；二十二是营造激励创新的社会文化氛围；二十三是落实和完善创新政策法规；二十四是完善科技创新投入机制；二十五是加强规划实施与管理。
3	产业技术创新能力发展规划（2016—2020年）（工信部规〔2016〕344号）	重点任务：一是完善产业创新体系；二是强化企业技术创新主体地位；三是加大共性关键技术开发力度；四是提升企业知识产权运用能力；五是完善综合标准化体系；六是培育区域创新能力。 重点方向：一是发展高效、绿色的原材料工业；二是发展高端装备制造业；三是发展高附加值的消费品工业；四是发展新一代信息技术产业。
4	促进创业投资持续健康发展的若干意见（国发〔2016〕53号）	一是培育多元创业投资主体；二是多渠道拓宽创业投资资金来源；三是加强政府引导和政策扶持；四是完善创业投资相关法律法规；五是进一步完善创业投资退出机制；六是优化创业投资市场环境；七是推动创业投资行业双向开放；八是完善创业投资行业自律和服务体系；九是加强各方统筹协调。
5	实施《中华人民共和国促进科技成果转化法》若干规定（国发〔2016〕16号）	一是促进研究开发机构、高等院校技术转移；二是激励科技人员创新创业；三是营造科技成果转移转化良好环境。

续表

序号	文件名	主要内容
6	促进科技成果转移转化行动方案（国办发〔2016〕28号）	一是开展科技成果信息汇交与发布；二是产学研协同开展科技成果转移转化；三是建设科技成果中试与产业化载体；四是强化科技成果转移转化市场化服务；五是大力推动科技型创新创业；六是建设科技成果转移转化人才队伍；七是大力推动地方科技成果转移转化；八是强化科技成果转移转化的多元化资金投入。
7	"中国制造2025"城市试点示范工作方案（工信厅规〔2016〕14号）	一是建设新型制造业体系；二是构建区域协同创新体系；三是健全人才培育体系；四是完善政策保障体系。
8	为建设世界科技强国而奋斗 ——在全国科技创新大会、两院院士大会、中国科协第九次全国代表大会上的讲话	一是夯实科技基础，在重要科技领域跻身世界领先行列；二是强化战略导向，破解创新发展科技难题；三是加强科技供给，服务经济社会发展主战场；四是深化改革创新，形成充满活力的科技管理和运行机制；五是弘扬创新精神，培育符合创新发展要求的人才队伍。

资料来源：赛迪智库整理。

二、体制机制改革优化创新创业环境，全民创新创业势不可挡

2012年至今，国务院出台了至少46份相关文件促进创新创业，其中2012年1份、2013年3份、2014年9份、2015年23份、2016年10份，主要有《关于发展众创空间推进大众创新创业的指导意见》《关于进一步做好新形势下就业创业工作的意见》《关于大力推进大众创业万众创新若干政策措施的意见》《关于支持农民工等人员返乡创业的意见》等。一系列的改革行为，围绕科技人员、高校毕业生、农民工、退役军人、失业人员、留学人员、小微企业等群体，聚焦创新体制机制、优化财税政策、搞活金融市场、扩大创业投资、发展创业服务、建设创业创新平台、激发创造活力、加强统筹协调等方面，切实推进全民创新创业工作，为企业创新发展营造健康环境，为国家经济发展注入新活力。

表 15 – 2　2012—2016 年国务院发布支持双创政策汇总

时间	文件名称
2012 年 2 月	关于批转促进就业规划（2011 – 2015 年）的通知（国发〔2012〕6 号）
2013 年 1 月	关于强化企业技术创新主体地位全面提升企业创新能力的意见（国办发〔2013〕8 号）
2013 年 11 月	关于开展优先股试点的指导意见（国发〔2013〕46 号）
2013 年 12 月	关于全国中小企业股份转让系统有关问题的决定（国发〔2013〕49 号）
2014 年 2 月	关于印发注册资本登记制度改革方案的通知（国发〔2014〕7 号）
2014 年 5 月	关于做好2014 年全国普通高等学校毕业生就业创业工作的通知（国办发〔2014〕22 号）
2014 年 8 月	关于加快发展生产性服务业促进产业结构调整升级的指导意见（国发〔2014〕26 号）
2014 年 8 月	关于取消和调整一批行政审批项目等事项的决定（国发〔2014〕27 号）
2014 年 1 月	关于加快科技服务业发展的若干意见（国发〔2014〕49 号）
2014 年 11 月	关于扶持小型微型企业健康发展的意见（国发〔2014〕52 号）
2014 年 11 月	关于促进国家级经济技术开发区转型升级创新发展的若干意见（国办发〔2014〕54 号）
2014 年 11 月	关于取消和调整一批行政审批项目等事项的决定（国发〔2014〕50 号）
2014 年 12 月	关于创新重点领域投融资机制鼓励社会投资的指导意见（国发〔2014〕60 号）
2015 年 1 月	关于国家重大科研基础设施和大型科研仪器向社会开放的意见（国发〔2014〕70 号）
2015 年 1 月	关于促进云计算创新发展培育信息产业新业态的意见（国发〔2015〕5 号）
2015 年 3 月	关于发展众创空间推进大众创新创业的指导意见（国办发〔2015〕9 号）
2015 年 3 月	关于取消和调整一批行政审批项目等事项的决定（国发〔2015〕11 号）
2015 年 3 月	关于创新投资管理方式建立协同监管机制的若干意见（国办发〔2015〕12 号）
2015 年 5 月	关于大力发展电子商务加快培育经济新动力的意见（国发〔2015〕24 号）
2015 年 5 月	关于进一步做好新形势下就业创业工作的意见（国发〔2015〕23 号）
2015 年 5 月	关于深化高等学校创新创业教育改革的实施意见（国办发〔2015〕36 号）
2015 年 5 月	关于加快高速宽带网络建设推进网络提速降费的指导意见（国办发〔2015〕41 号）
2015 年 5 月	关于大力推进大众创业万众创新若干政策措施的意见（国发〔2015〕32 号）
2015 年 6 月	关于促进跨境电子商务健康快速发展的指导意见（国办发〔2015〕46 号）
2015 年 6 月	关于支持农民工等人员返乡创业的意见（国办发〔2015〕47 号）
2015 年 6 月	关于加快推进"三证合一"登记制度改革的意见（国办发〔2015〕50 号）
2015 年 7 月	关于积极推进"互联网 +"行动的指导意见（国发〔2015〕40 号）
2015 年 7 月	关于取消一批职业资格许可和认定事项的决定（国发〔2015〕41 号）
2015 年 8 月	关于促进融资担保行业加快发展的意见（国发〔2015〕43 号）
2015 年 8 月	关于同意建立推进大众创业万众创新部际联席会议制度的函（国办函〔2015〕90 号）
2015 年 9 月	关于加快构建大众创业万众创新支撑平台的指导意见（国发〔2015〕53 号）

续表

时间	文件名称
2015 年 1 月	关于推进线上线下互动加快商贸流通创新发展转型升级的意见（国办发〔2015〕72 号）
2015 年 11 月	关于"先照后证"改革后加强事中事后监管的意见（国发〔2015〕62 号）
2015 年 12 月	关于新形势下加快知识产权强国建设的若干意见（国发〔2015〕71 号）
2015 年 12 月	推进普惠金融发展规划（2016—2020 年）（国发〔2015〕74 号）
2016 年 1 月	关于同意在天津等 12 个城市设立跨境电子商务综合试验区的批复（国函〔2016〕17 号）
2016 年 1 月	关于取消一批职业资格许可和认定事项的决定（国发〔2016〕5 号）
2016 年 1 月	关于同意建立服务业发展部际联席会议制度的函（国办函〔2016〕8 号）
2016 年 2 月	加快众创空间发展服务实体经济转型升级的指导意见（国办发〔2016〕7 号）
2016 年 2 月	关于第二批取消 152 项中央指定地方实施行政审批事项的决定（国发〔2016〕9 号）
2016 年 2 月	关于取消 13 项国务院部门行政许可事项的决定（国发〔2016〕10 号）
2016 年 2 月	关于同意开展服务贸易创新发展试点的批复（国函〔2016〕40 号）
2016 年 3 月	实施《中华人民共和国促进科技成果转化法》若干规定（国发〔2016〕16 号）
2016 年 5 月	关于建设大众创业万众创新示范基地的实施意见（国办发〔2016〕35 号）
2016 年 9 月	关于促进创业投资持续健康发展的若干意见（国发〔2016〕53 号）

资料来源：赛迪智库整理。

三、"四化同步"激活社会经济发展新动力，信息化成为最关键环节

党的十八大报告提出，坚持走中国特色新型工业化、信息化、城镇化、农业现代化道路，促进工业化、信息化、城镇化、农业现代化同步发展。"四化同步"在过去"三化同步"基础上新增的"信息化"，近年来逐渐成为最关键环节，"信息化"的提升有利于协同推进其他"三化"发展。"互联网普及率"被纳入"十三五"全面建成小康社会的目标之一。2015—2016 年是我国信息化发展最火热的时期，中央层面陆续发布《国务院关于积极推进"互联网＋"行动的指导意见》（国发〔2015〕40 号）、《国务院关于印发促进大数据发展行动纲要的通知》（国发〔2015〕50 号）、《国务院关于印发"十三五"国家信息化规划的通知》（国发〔2016〕73 号）、《关于促进互联网金融健康发展的指导意见》（银发〔2015〕221 号）等文件，云计算、大数据、物联网、互联网金融、网络零售、网络直播等新产业和新业态迅速发展。据统计，2016 年，中国互联网金融行业市场规模达 17.8 万亿，为 GDP 的近 25%。

2016 年，我国网络零售市场交易规模达到 3.8 万亿元，同比增长 36.2%，对全球网络零售市场占比和增长的贡献分别为 35% 和 46%，连续四年居全球网络零售市场的首位。

四、2016 年全国工业和通信业运行稳中提质，实现"十三五"开局良好

2016 年，面对复杂严峻的经济环境，党中央、国务院坚持稳中求进工作总基调，坚持新发展理念，以推进供给侧结构性改革为主线，以提高发展质量和效益为中心，着力推进"三去一降一补"重点任务，工业经济缓中趋稳，呈现生产运行平稳、效益明显改善、结构持续优化、动能加快转换的特点。

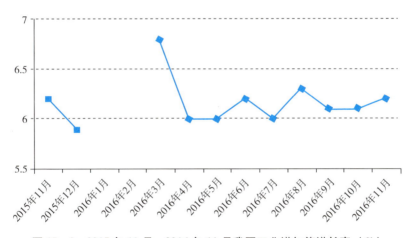

图 15－2　2015 年 11 月—2016 年 11 月我国工业增加值增长率（%）

资料来源：国家统计局。

工业生产运行平稳[①]。2016 年，全国规模以上工业增加值比上年实际增长 6%，增速较上年回落 0.1 个百分点。分季度看，第一季度同比增长 5.8%，第二、三、四季度均增长 6.1%，工业生产增速基本维持在 6% 左右小幅波动，企稳态势明显。从工业三大门类来看，采矿业增加值下降 1.0%，制造业增长 6.8%，电力、热力、燃气及水生产和供应业增长 5.5%。高技术产业增

---

① 国家统计局：《2016 年国民经济实现"十三五"良好开局》，国家统计局，2017 年 1 月 20 日。

加值比上年增长 10.8%，比规模以上工业快 4.8 个百分点，占规模以上工业比重为 12.4%，比上年提高 0.6 个百分点。全年规模以上工业企业产销率达到 97.8%。

固定资产投资缓中趋稳。2016 年，固定资产投资 59.65 万亿元，比上年名义增长 8.1%，增速比前三季度回落 0.1 个百分点。分产业看，第一产业投资 1.88 万亿元，增长 21.1%。第二产业投资 23.18 万亿元，增长 3.5%；第三产业投资 34.58 万亿元，增长 10.9%。高技术产业投资增长 15.8%，增速快于全部投资 7.7 个百分点。全年固定资产投资到位资金 60.70 万亿元，比上年增长 5.8%。新开工项目计划总投资 49.33 万亿元，增长 20.9%。

图 15－3　2015 年 11 月—2016 年 11 月我国固定资产投资情况

资料来源：国家统计局。

工业结构持续优化。2016 年，采矿业增加值比上年下降 1%，由上年增长 2.7% 转为下降。六大高耗能行业增加值比上年增长 5.2%，增速较上年回落 1.1 个百分点。装备制造业和高技术产业增加值分别比上年增长 9.5% 和 10.8%。供给侧结构性改革的五大重点任务在工业领域取得阶段性成果，钢铁、煤炭行业完成了去产能的年度目标任务，钢铁、煤炭、水泥、平板玻璃等行业库存同比继续下降，延续年初以来的去库存态势。

第三节　制度体制条件

一、全面推进知识产权综合管理改革，助推创新驱动战略

知识产权制度是市场化配置创新资源的基本准则，着力提升知识产权体制机制运行效率有利于全面助推创新驱动战略。凭借知识产权综合管理打通知识产权创新、运用、保护，以及管理和服务的全链条，可更有效地优化技术创新成果供给，促进创新资源合理配置，快速提升我国整体创新水平和经济发展新动力。其次，新一轮技术革命和产业革命蓄势待发，全球价值链分工加速重构，知识产权作为国际技术创新竞争力的重要凭证，推动知识产权改革是深化供给侧结构性改革的迫切需求。然而，当前我国知识产权领域深层次矛盾和问题不断涌现，存在知识产权大而不强、多而不优、保护不足、侵权易发等诸多问题，其中知识产权体制机制不健全是主要原因，按照类别多部门分别管理知识产权的模式，行政管理效率不高，公共服务水平难以满足社会需要，增加了市场主体创新和维权成本，已经到了非改不可的时候。另一方面，知识产权作为国际贸易和技术合作的通行规则。从各国实践看，对各类知识产权实行综合集中管理符合客观规律和国际通行做法。根据国际统计数据显示，截至 2016 年底，世界知识产权组织 188 个成员国中有 181 个国家实行综合管理，而与我国相似采用"分别管理"的国家不足 10 个。当前，随着我国"一带一路"国家战略的快速实施，企业"走出去"步伐日益加快，我国企业海外知识产权利益损害风险越来越大。迫于当前国内外发展形势，我国亟须全面推进更加高效的知识产权综合管理体制机制建设，有效推动国家创新驱动战略的实施。

2015 年 12 月，《国务院关于新形势下加快知识产权强国建设的若干意见》（国发〔2015〕71 号）（以下简称《意见》），明确提出推进知识产权管理体制机制改革，授权地方开展知识产权综合管理改革试点。在推进知识产权管理体制机制改革方面，《意见》提出四大改革领域，具体包括：研究完善

知识产权管理体制、改善知识产权服务业及社会组织管理、建立重大经济活动知识产权评议制度、建立以知识产权为重要内容的创新驱动发展评价制度。其中，《意见》提出将知识产权产品逐步纳入国民经济核算，以及将知识产权指标纳入国民经济和社会发展规划，探索建立经营业绩、知识产权和创新并重的国有企业考评模式。在知识产权保护方面，具体措施包括：提高知识产权侵权法定赔偿上限、完善知识产权快速维权机制、建立健全知识产权保护预警防范机制、加强新业态、新领域创新成果的知识产权保护、规制知识产权滥用行为等。在促进知识产权创造运用方面，意见提出完善知识产权审查和注册机制，完善职务发明制度，推动专利许可制度改革等。2016年1月，中央全面深化改革领导小组开展知识产权综合管理改革试点，国务院发布《〈国务院关于新形势下加快知识产权强国建设的若干意见〉重点任务分工方案》，明确落实各责任部门和单位。12月，国务院办公厅印发《关于印发知识产权综合管理改革试点总体方案的通知》（国办发〔2016〕106号）（以下简称《总体方案》），明确由国家知识产权局牵头并会同工商总局、新闻出版广电总局（国家版权局）等部门加强对知识产权综合管理改革试点工作的指导。《总体方案》旨在破解制约知识产权支撑创新驱动发展的难题，形成分工合理、责权一致、运转高效、法治保障的知识产权体制机制。本次总体方案主要任务包括：建立高效的知识产权综合管理体制、构建便民利民的知识产权公共服务体系，以及建立健全知识产权评议、专利导航机制，完善知识产权风险预警体系，提升区域创新发展决策水平。

二、建立健全创新人才激励机制，激发创新原动力

制度创新是深化创新人才体制改革的关键所在，只有理顺创新人才流动和激励机制，才能有效破解人才流动的"天花板"。早期，我国人才激励政策多以阶段性专项计划为主，先后实施了星火计划、火炬计划、攀登计划、百千万人才工程，以及211工程、跨世纪优秀人才计划、燎原计划等专项计划。虽然以上措施有助于我国科技人才的培育与发展，但由于不同时期政策缺乏有效的连贯性，导致创新人才培育政策的不可持续性，难以形成科技人才培养科学体系。2010年，国务院发布《国家中长期人才发展规划纲要（2010—

2020 年)》，其中提出每年培训 100 万名高层次、急需紧缺和骨干专业技术人才。为推动我国创新人才培养，科技部会同八部委编制《创新人才推进计划实施方案》《国家引进国外智力"十二五"规划》《2011 年中国保护知识产权行动计划》等政策文件，提出由科技部会同多部委成立部际协调小组，并完善专家咨询机制、绩效评估机制以及人才激励措施。例如，在人才激励方面，对科学家工作室采取"一事一议、按需支持"的方式，给予充分的经费保障，不参与竞争申请科研项目；首席科学家实行聘期制，赋予其充分的科研管理自主权，建立国际同行评议制度。扩大科研经费使用自主权。落实期权、股权和企业年金等中长期激励措施，加强科技与金融结合，加大对科技创新创业人才的支持力度。

2016 年，《"十三五"国家科技创新规划》《关于进一步完善中央财政科研项目资金管理等政策的若干意见》《关于深化职称制度改革的意见》《国家创新驱动发展战略纲要》等相关政策文件陆续印发，人才激励机制迎来最大的松绑。具体如下：

改进中央财政科研项目资金管理。简化预算编制科目，下放调剂权限，直接费用中会议费、差旅费、国际合作与交流费合并为一个科目，合并后的总费用超过直接费用的 10%。其次，为增强对创新人才的激励效用，适当放大间接费用比重，对应 500 万元以下、500 万—1000 万元、1000 万元科研项目间接费用分别从 20%、13%、10% 提高到 20%、15%、13%。同时，针对研究生、博士后、访问学者以及项目聘用的研究人员、科研辅助人员等进一步明确劳务费开支范围和标准；对于在职在编的科研人员，取消绩效支出比例限制（原来为直接费用扣除设备购置费后的 5%），项目承担单位可以在核定的间接费用比例范围内统筹安排，并与科研人员在项目工作中的实际贡献挂钩，科研项目资金的激励引导作用进一步增强。

深化职称制度改革，激发创新创业。2016 年 3 月，国务院印发《关于深化人才发展体制机制改革的意见》，提出"突出用人主体在职称评审中的主导作用，合理界定和下放职称评审权限，推动高校、科研院所和国有企业自主评审"，并于 2017 年 1 月，国务院发布《关于深化职称制度改革的意见》，旨在完善职称系列和评价标准，健全层级设置，促进职称制度与职业资格制度有效衔接，突出评价专业技术人才的业绩水平和实际贡献，并提升专业技术人才履行岗位职责的工作绩效、创新成果，增加技术创新、专利、成果转化、技术推广、标准制定、决策咨询、公共服务等评价指标的权重。其次，更加突出用人主体在职称评审中的主导作用，建立以同行专家评审为基础的业内评价机制，拓展职称评价人员范围，下放职称评审权限，理清人才评价与用人单位评价脱节的症结。

强化人才创新创业激励机制。根据《关于深化人才发展体制机制改革的意见》部署，破除人才流动障碍，完善知识产权保护制度，加快出台职务发明条例，研究制定创新成果保护办法，并建立创新人才维权援助机制、人才引进使用中的知识产权鉴定机制，以及完善知识产权质押融资等金融服务机制。与此同时，将科技成果使用、处置和收益管理自主权赋予高校和科研院所，允许科技成果通过协议定价、在技术市场挂牌交易、拍卖等方式转让转化。增强创新领军人才的人财物支配权和技术路线决定权，研究制定国有企事业单位人才股权期权激励政策。另外建立人才优先发展保障机制，将人才发展列为经济社会发展综合评价指标。为激励国家设立的研究开发机构、高等院校科技人员创新创业，职务科技成果权益收益提升至50%以上。

三、完善科技创新决策咨询机制，强化政策指导作用

新一轮科技革命和产业变革蓄势待发，技术创新演进路线和政策决策机制变得日益复杂，加快推进科技创新资源优化配置，建立多层次、多种模式科技创新决策咨询机制势在必行，以便更加有效、准确、及时、系统地掌握科技发展动态和政策建议，科学制定创新政策。当前，我国已经建立了诸如国家科技体制改革和创新体系建设小组、科技六部门会商会议和联席会议制度、部门专家顾问委员会和科学技术委员会等多渠道、多层次科技创新决策咨询机制。但是，由于我国政策咨询机制建设起步较晚，政策决策咨询机制不完善、政府部门职责不清、决策过程与程序不科学、监督机制不健全等诸多问题，直接掣肘我国创新政策的有效实施。例如，由于我国决策咨询程序不规范，专家咨询操作技术缺乏科学性，政府确定决策咨询事项存在随意性，导致政府决策咨询机构与决策者之间缺乏良性互动，导致不能全程参与决策咨询活动，专家咨询建议存在滞后性，实施效果不显著。

2015 年 1 月，中办国办印发的《关于加强中国特色新型智库建设的意见》提出完善重大决策征集制度，建立健全政策评估制度和政府购买决策咨询服务制度。2015 年 9 月，中办国办印发了《深化科技体制改革实施方案》，其中提出加快推进国家科技创新决策咨询机制建设，成立国家科技创新咨询委员会，并创新政策调查和评价制度。为顺应技术创新主体多元化、创新活动多样性，以及创新路径复杂多变等新趋势，加快构建多元参与、协同高效的创新治理格局，2016 年 5 月，国务院印发实施《国家创新驱动发展战略纲要》，其中明确提出建立国家高层次创新决策咨询机制，有效界定政府和市场定位，强化政府战略规划、政策制定、环境营造、公共服务、监督评估和重大任务实施等职能。

四、强化科技成果转化体制机制改革，破除创新制度性障碍

2011 年，财政部下达了《关于在中关村国家自主创新示范区进行国家事业单位科技成果处置权管理改革试点的通知》《关于在中关村国家自主创新示范区进行国家事业单位科技成果收益权管理改革试点的通知》等文件，在示范区先行开展科技成果收益权管理改革。2014 年 9 月，财政部会同科技部、国家知识产权局发布实施《开展深化中央级事业单位科技成果使用、处置和收益管理改革试点》，其中选取 20 家中央级事业单位，开展为期一年的深化科技成果使用、处置、收益改革试点工作。按照权责一致、利益共享、激励与约束并重的原则，赋予试点单位对科技成果使用和处置的自主权，取消现行的主管部门和财政部门的审批和备案要求，科技成果转化收益全部留归单位，由试点单位依法自主分配，处置收益不再上缴国库，为科技成果转化"松绑加力"。相关改革试点政策已被写入 2015 年修订后的《促进科技成果转化法》，并于 10 月 1 日起在全国范围内实行。

新形势下，随着科技成果转化环境和国内外形势的巨大变化，早期的相关政策已与当前科技成果转化市场需求不相适应，存在诸如顶层设计缺位、政策协同性差和执行效力有限、科技成果处置权和所得收益分配权激励不足、相关法律界定不清晰等问题。针对以上问题，2015 年 9 月，国务院印发《深化科技体制改革实施方案》，在方案第五部分"健全促进科技成果转化的机

制"中提出加快修订促进科技成果转化法、专利法、公司法等，完善职务发明制度，强化科技成果转化处置和收益的激励效应，将对有重要贡献人员和团队的职务发明成果转让收益从现行不低于20%提高到不低于50%。2016年2月，国务院发布实施《关于印发实施〈中华人民共和国促进科技成果转化法〉若干规定》，其中明确提出"国家设立的研究开发机构、高等院校对其持有的科技成果，可以自主决定转让、许可或者作价投资"。4月，国务院发布《关于印发促进科技成果转移转化行动方案》，根据方案部署，由教育部、科技部分别牵头推动科研机构及高校建立职称评定、岗位管理和考核评价制度，研究探索科研机构及高校领导干部正职任前在科技成果转化中获得股权的代持制度。

第十六章　2016年中国工业技术创新重点政策解读

第一节　技术创新政策

一、主要政策分析

技术创新作为工业经济可持续发展的动力源泉，是转变经济发展方式、实现产业结构调整、工业转型升级的重要支撑。国家高度重视科技创新，党的十八大明确提出："科技创新是提高社会生产力和综合国力的战略支撑，必须摆在国家发展全局的核心位置"，强调实施创新驱动发展战略。之后，相关政策陆续出台，包括《关于深化体制机制改革加快实施创新驱动发展战略的若干意见》《中国制造2025》《国务院关于积极推进"互联网+"行动的指导意见》《国家创新驱动发展战略纲要》等，进一步推动创新驱动发展战略的落实。

（一）2016年技术创新政策基本情况

2016年，作为创新主体，国务院、工信部、科技部等相关部门先后发布《长江经济带创新驱动产业转型升级方案》《国家小型微型企业创业创新示范基地建设管理办法》《十一部门关于引导企业创新管理提质增效的指导意见》《制造业创新中心建设工程实施指南》《产业技术创新能力发展规划（2016—2020年）》等创新政策措施（详情见表16-1），涉及科技体制机制改革、区域协同创新、小型微型企业创业创新示范基地、科技成果转移转化、制造业创新中心建设，以及综合性改革政策措施等内容。

表 16 - 1　2016 年我国重点技术创新政策

发布时间	发布部门	政策
2016 年 3 月	国家发改委、科技部、工业和信息化部	长江经济带创新驱动产业转型升级方案（发改高技〔2016〕440 号）
2016 年 2 月	国务院	实施《中华人民共和国促进科技成果转化法》若干规定（国发〔2016〕16 号）
2016 年 4 月	国务院	促进科技成果转移转化行动方案（国办发〔2016〕28 号）
2016 年 4 月	国务院	上海系统推进全面创新改革试验加快建设具有全球影响力科技创新中心方案（国发〔2016〕23 号）
2016 年 5 月	国务院	国家创新驱动发展战略纲要
2016 年 6 月	工业和信息化部	国家小型微型企业创业创新示范基地建设管理办法（工信部企业〔2016〕194 号）
2016 年 8 月	工业和信息化部、国家发展和改革委员会、财政部等	十一部门关于引导企业创新管理提质增效的指导意见（工信部联产业〔2016〕245 号）
2016 年 8 月	工业和信息化部	关于完善制造业创新体系，推进制造业创新中心建设的指导意见（工信部科〔2016〕273 号）
2016 年 8 月	工业和信息化部、发改委、科技部、财政部	制造业创新中心建设工程实施指南
2016 年 9 月	国务院	北京加强全国科技创新中心建设总体方案（国发〔2016〕52 号）
2016 年 9 月	工业和信息化部、国家发展和改革委员会	智能硬件产业创新发展专项行动（2016—2018 年）（工信部联电子〔2016〕302 号）
2016 年 10 月	工业和信息化部	产业技术创新能力发展规划（2016—2020 年）（工信部规〔2016〕344 号）
2016 年 11 月	工业和信息化部	制造业创新中心知识产权指南（工信厅科〔2016〕159 号）
2017 年 1 月	国务院	关于创新管理优化服务培育壮大经济发展新动能加快新旧动能接续转换的意见（国办发〔2017〕4 号）

资料来源：赛迪智库整理。

（二）2016 年主要创新政策解读

1. 促进科技成果转移转化行动方案

继修订《促进科技成果转化法》、制定《实施促进科技成果转化法若干规定》之后，2016 年 4 月，国务院印发《促进科技成果转移转化行动方案》（以下简称《方案》），旨在部署实施一系列具有针对性的重要举措和具体任务。本次《方案》充分发挥企业在科技成果转化过程中的主体地位，围绕科技成果转移转化的关键问题和薄弱环节，系统部署 8 个方面、26 项重点任务，涵盖科技成果信息咨询、协同创新、科技成果中试和产业化载体、交易平台、人才队伍建设、科技成果转移转化、金融资本投入等。其中明确提出建立国家科技成果信息系统、国防科技工业成果信息与推广转化平台、科技成果产业化基地，以及国家技术交易网络平台，同时开展科技成果转化为技术标准试点和区域性科技成果转移转化试点示范。根据《方案》"十三五"规划目标，"十三五"期间，我国将建设 100 个示范性国家技术转移机构，支持有条件的地方建设 10 个科技成果转移转化示范区，培养 1 万名专业化技术转移人才，全国技术合同交易额力争达到 2 万亿元。

2. 国家创新驱动发展战略纲要

创新驱动作为引领经济社会发展和培育国家综合竞争力的第一动力。党的十八大基于当前世界形势、科技革命新趋势，以及我国经济发展新阶段提出实施创新驱动发展战略，并于 2016 年 5 月由中共中央、国务院印发实施了《国家创新驱动发展战略纲要》（以下简称《纲要》）。《纲要》紧扣科技前沿和国家重大需求脉搏，明确我国创新发展的主攻方向和关键领域，破除制约创新体制机制障碍，按照"坚持双轮驱动、构建一个体系、推动六大转变"进行布局，构建新的发展动力系统。《纲要》将数字化、网络化、智能化、绿色化作为提升产业竞争力的技术基点，分别选取新一代信息网络技术、智能绿色制造技术、生态绿色高效安全的现代农业技术、清洁高效的现代能源技术、引领产业变革的颠覆性技术等十项重点技术领域，加快推动我国产业技术体系创新，培育发展新优势。《纲要》首次将原始创新作为重点任务之一，全面强化面向国家战略需求的基础前沿和高技术研究，大力支持自由探索的基础研究。同时，《纲要》围绕区域创新、军民融合、创新主体、创新创业、创新人才培育等方面做了详细部署，如在壮大创新主体方面提出培育世界一流创新型企业、建设世界一流大学和一流学科、建设世界一流科研院所、发展面向市场的新型研发机构、构建专业化技术转移服务体系等五项重点任务。在第五部分"战略保障"中，《纲要》明确提出重构我国科技创新体制机制，建立国家高层次创新决策咨询机制、构建国家科技管理基础制度、全方位推进开放创新、完善突出创新导向的评价制度等多项内容。根据《纲要》规划，提出 2020 年、2030 年、2050 年三步走战略目标，第一步，到 2020 年进入创新型国家行列，科技进步贡献率提高到 60% 以上，知识密集型服务业增加值占国内生产总值的 20%。第二步，2030 年跻身创新型国家前列，发展驱动力实现根本转换，主要产业进入全球价值链中高端，研究与试验发展（R&D）经费支出占国内生产总值比重达到 2.8%。第三步，到 2050 年建成世界科技创新强国，成为世界主要科学中心和创新高地。

3. 关于建设大众创业万众创新示范基地的实施意见

为在更大范围、更高层次、更深程度上推进大众创业万众创新，加快发展新经济、培育发展新动能、打造发展新引擎，建设一批双创示范基地、扶持一批双创支撑平台、突破一批阻碍双创发展的政策障碍、形成一批可复制可推广的双创模式和典型经验，2016 年 5 月，国务院发布《关于建设大众创业万众创新示范基地的实施意见》，以及首批双创示范基地名单，其中包括北京市海淀区、天津市滨海新区中心商务区、辽宁省沈阳市浑南区、上海市杨浦区等 17 个区域示范基地，4 个高校和科研院所示范基地，以及中国电信集团公司、中国航天科工集团公司、招商局集团有限公司、海尔集团公司等 7 个企业示范基地。

4. 技术创新能力发展规划（2016—2020 年）

2016 年 10 月，工业和信息化部印发《技术创新能力发展规划（2016—2020 年）》，作为"十三五"期间我国工业领域技术创新的纲领性文件，规划旨在建立市场化的创新方向选择机制，强化企业技术创新主体地位，加大共性关键技术开发力度，提升企业知识产权运用能力，构建跨区域协同创新网络。根据规划目标，至 2020 年，我国工业和信息化重点领域产业技术创新能力明显提高，规模以上工业企业研发经费内部支出占主营业务收入的比重超过 1.17%，行业领军企业研发经费内部支出占主营业务收入的比重超过 3%。

规模以上工业企业每亿元主营业务收入有效发明专利数达到 0.61 件。围绕智能制造、新材料等重点领域制修订标准 10000 项以上，主导形成国际标准 120 项以上，重点领域国际标准转化率达到 90% 以上，国际标准话语权大幅提升。

5. 关于创新管理优化服务培育壮大经济发展新动能加快新旧动能接续转换的意见。2017 年 1 月，为破解制约传统动能改造提升，新动能培育发展的体制机制障碍，营造包容支持创业创新和推动传统产业提质增效的制度环境，国务院发布《关于创新管理优化服务培育壮大经济发展新动能加快新旧动能接续转换的意见》，提出主动适应新动能加速成长和传统动能改造提升的需要，加快转变政府职能，提高行政审批服务效能，推动法规政策标准动态调整、建立创业创新服务效率，从而形成创新驱动体制机制健全，全社会创业创新生态持续优化，人才、技术、知识、数据资源更加雄厚，政府服务的响应速度和水平大幅提升，包容和支持创新发展的管理体系。

二、主要特点分析

（一）中小微企业在创新中的重要位置更加突出

小微企业作为国家科技创新的重要推动力，在科技创新体系中具有不可或缺的位置，根据国际统计显示，80% 以上的颠覆式创新来源于中小企业。为大力推进大众创业万众创新和构建双创平台战略部署，释放小微企业创新活力，2016 年，我国先后发布《关于建设大众创业万众创新示范基地的实施意见》《国家小型微型企业创业创新示范基地建设管理办法》《关于推动小型微型企业创业创新基地发展的指导意见》《国家创新驱动发展战略纲要》等相关政策文件。其中，在《关于推动小型微型企业创业创新基地发展的指导意见》中提出采用 PPP、政府采购等形式支持小微企业双创基地基础设施改造、信息化建设、服务能力提升等，小微企业双创基地符合科技企业孵化器、大学科技园税收政策条件的，可享受有关税收优惠。

（二）首次提出打造全球原始创新策源地

随着我国三十多年的快速发展，科技创新体制逐渐完善，创新实力得到进一步加强，我国创新能力已呈现由量变向质变转变的阶段，逐步摆脱模仿、追随发达国家的发展思路向创新型国家转变。为强化我国原始创新能力，推动技术创新体制机制向有利于形成原始创新环境方向发展，2016 年，国家先后发布《制造业创新中心工程建设实施指南（2016—2020 年）》《关于完善制造业创新体系，推进制造业创新中心建设的指导意见》《上海系统推进全面创新改革试验加快建设具有全球影响力科技创新中心方案》《北京加强全国科技创新中心建设总体方案》《产业技术创新能力发展规划（2016—2020 年）》等创新政策，明确提出以企业为主体、市场为导向、产学研相结合，打造制造业创新中心。将上海建成具有全球影响力的科技创新中心，至 2020 年，上海 R&D 经费支出占全市地区生产总值比例超过 3.8%；战略性新兴产业增加值占全市地区生产总值的比重提高到 20% 左右。北京则定位为世界知名科学中心，超前部署应用基础及国际前沿技术研究，形成领跑世界的原始创新策源地。在《国家创新驱动发展战略纲要》中提出强化原始创新，增强源头供给，加强面向国家战略需求的基础前沿和高技术研究，大力支持自由探索的基础研究。根据《科技创新能力发展规划（2016—2020 年）》规划，至 2020 年，我国关键领域科学研究实现原创性重大突破，战略性高技术领域技术研究能力明显提升，若干领域创新成果水平进入世界前列。

（三）技术创新体系更加具有开放性和协同性

随着我国创新体制机制改革的不断深入，逐步打破分割式条块化管理模式，不断消弭原有区域和行业壁垒，加速推进创新资源的不断融合，有效增强各创新主体的协同性、互补性。在国家层面，根据《中国制造 2025》重点领域，布局国家制造业创新中心，形成支撑国家制造业创新体系的核心节点；在省级层面通过龙头企业以资本为纽带，联合具有较强研发能力的高校、具有行业领先地位的科研院所或能够整合区域服务的产业园区平台，构建多种产学研协同组建模式，围绕区域性重大技术需求、产业链，开展关键共性技术研究。而在企业层面，重点推动企业与科研机构、高等院校共同开展科技创新，建立协同创新联盟或产学研协同创新机构。而对外创新合作则更加灵活，采取人才引进、技术引进、参股并购、专利交叉许可等多种形式，与全球创新要素深度融合。其次，作为补充，积极推动地方创新资源互联互通和开放共享，通过建立跨区域协同创新网络的形式，促进区域间技术转移、研发合作，推进知识产权证券化试点和股权众筹融资试点。

（四）技术创新生态环境更加具有包容性

随着全球创新创业进入高度密集活跃期，为加快营造包容支持创业创新和推动传统产业提质增效的制度环境，国务院发布实施《关于创新管理优化服务培育壮大经济发展新动能加快新旧动能接续转换的意见》，明确提出探索包容创新的审慎监管制度，完善负面清单产业准入制度，建立更加公平开放的市场准入标准，进一步放开增值电信业务与基础电信运营领域，探索动态包容审慎监管制度，对跨界融合新产品、新服务、新业态的部门协同监管。其次，在创业创新环境方面，激励勇于创新、敢于拼搏的企业家精神，依法保护创新收益和财产权。在政府部门和国有企业招投标活动中，不得以企业经营年限、注册资金等资质要求变相歧视新创办企业，逐步加大对新创办企业的支持。在人才激励方面，根据《关于深化人才发展体制机制改革的意见》，国家将进一步营造尊重、关怀、宽容、支持企业家的社会文化环境，遵循企业家成长规律，拓宽培养渠道。建立有利于企业家参与创新决策、凝聚创新人才、整合创新资源的新机制。

三、存在问题

（一）技术创新顶层设计尚需进一步完善

创新作为一个复杂的网络系统，创新链、产业链、资金链、政策链相互交织、相互影响，四者缺一不可。当前，技术创新顶层设计虽然得到国家中央领导的足够重视，但依然存在系列问题，一是由于政府引导存在部分偏差，导致我国金融资本加速脱离实体经济，存在脱实务虚的趋势。同时存在中央政策出台导致地方政府盲目布局现象，如何化解中央政府政策在自上而下实施过程中弱化地方政府和市场的理解偏差成为当务之急，以便避免区域产业盲目布局。以智能制造为例，自《中国制造2025》实施以来，各地重心均向智能制造转移，地方政府的盲目布局直接导致机器人、智能装备等相关产业出现产能过剩问题；三是我国技术创新领域缺乏技术可见度评价指标，在政策规划实施过程对尚未成熟的技术创新进行大面积超前布局，造成产业资本投入的低效率。以石墨烯为例，石墨烯关键技术尚未成熟，从技术研发、材料生产到终端应用依然存在较大限制，但由于其潜在的市场空间，北京、江苏、重庆、浙江、山东、河北、广东等我国多数省市均在"十三五"规划中布局石墨烯产业，甚至一些地区在缺乏相关技术创新条件和储备的情况下盲目布局，造成不必要的创新资源浪费和投资泡沫。

（二）技术创新体制机制不健全

当前，虽然我国在技术创新领域进行了系列改革和诸多政策文件，但依然面临诸多问题。如科技人员创新动力与活力不足，缺乏有效的激励机制，企业技术创新投入较低，组织机制尚不完善等。企业主要侧重于集成创新和引进消化吸收再创新，缺乏基础超前储备研究与原始创新，另一方面，当前，我国科技成果转化机制不灵活，研究机构技术创新面临与市场需求不相匹配的问题，对产业的贡献率较低，令大部分研发成果停滞在实验室阶段或中试阶段，现有的科技成果与市场需求存在隔层，新技术缺乏有效的稳定性、可靠性和适应性，应用风险较大，可操作性较差。其次，技术创新与科技成果转化桥梁纽带关系不紧密，导致技术拥有方无法满足市场应用方的技术需求，大大影响了科技成果转化。由此可见，制定科技成果转化机制，进一步建立和完善技术创新成果价值评估方法和转化效应评价等标准极为重要。

（三）技术创新激励措施尚需进一步完善

研发早期需要大量的资金投入但缺乏经营业绩，通常处于亏损或微利状态，为减少创新企业的营运成本，多数国家允许企业将未使用的抵免额结转冲抵未来税负，并根据实际发生的技术开发费用抵扣当年不足部分。欧美等国结转年限则相对宽松，例如美国为 20 年，俄罗斯为 10 年，新加坡、英国、意大利、西班牙等国则没有结转年限限制。根据《国家中长期科学和技术发展规划纲要（2006—2020 年）》配套措施规定，我国研发费用抵免结转年限仅为 5 年，在一定程度阻碍了我国研发企业利用税收优惠政策降低企业营运成本的功能。其次，我国税收补贴政策不具普惠性。当前，我国税收优惠政策多局限于高新技术产业，现行研发税收优惠政策主要基于《国家重点支持的高新技术领域》和《当前优先发展的高新技术产业化重点领域指南（2007年度）》，税收优惠范围较窄。这在一定程度上将传统行业的研发创新活动排除在政策受益范围之外。其次，我国税收优惠环节设置存在问题。企业技术创新活动应包括创新研发、技术成果转化以及生产销售等环节。我国研发税收侧重于创新环节中的生产与成果转化环节，而很少触及企业研发过程，不利于间断性研发投入的企业。以医药行业为例，其早期研发阶段周期较长，投入大量的研发费用，但难以维持盈利。一旦形成自主知识产权，企业研发费用会逐步降低，相关投入仅为完善技术产品、升级换代而已，而同期销售收入却大幅增加。根据高新企业认定标准，这些企业将无法享受到相关税收优惠政策。另外，我国创新政策多为区域性优惠，主要集中在高技术产业园区、经济开发区，导致政府资源投入的过度集中，不利于经济的协调发展。

四、对策建议

（一）为高科技中小微企业营造良好的成长环境

借鉴美国中小企业创新研究计划项目的经验，按照技术创新生命周期对高科技中小微企业进行多梯次、差异化、竞争性扶持，重点强化对种子企业和初创企业扶持力度。支持小微企业创业基地设立在集中办公区，允许其作为企业注册地。拓展中小企业融资渠道，加快建设国家科技金融功能区，大众中国互联网金融创新中心。完善中小微企业发展基金，合理规范地方工业发展基金、重大成果产业化统筹基金，切实发挥政府引导基金对中小微企业发展的支撑作用。建议中央财政资金向创新落后地区倾斜，加大对相关地区中小微企业的支持力度，建立健全可持续投入机制，改变全国创新资源不平衡局面。优化对创新投入的政策补贴和贴息机制，充分发挥财政资金的杠杆作用，引导社会资金围绕产业创新链条布局。

（二）构建区域性或全球性协同化创新网络

支持地方政府以创新资本为纽带，将区域创新资源进行整合，构建开放式协同创新网络，把区域创新研发嵌入国家乃至全球创新网络当中，从而形成动态的科技创新链条。积极推进企业、研究机构、高等院校"走出去"，在美国、日本、欧洲等创新发达区域设立海外创新研发中心、孵化器或其他形式的创新机构，充分利用其创新人才优势、先进创新理念和技术。鼓励企业、科研机构、高等院校、创新联盟与国外创新机构联合开展前瞻性技术创新。

（三）建立以产业需求为导向的创新体系

梳理市场与政府创新层级结构，推动政府科技创新力量逐步退出一般性创新领域，重点专注于基础领域创新和重大关键技术创新。坚持以市场需求为导向推动区域创新发展，逐步破解市场机制配置创新资源的行政体制机制障碍，彻底解决科技创新投入方向与市场发展需求相脱节的问题。充分发挥企业在科技创新中主导地位，实质性全过程参与科技创新项目的立项、实施、研发，以及后期评价，按照市场需求配置创新资源。加强需求侧创新的扶持力度，充分发挥政府采购、政府首购等相关政策对创新的引导和扶持作用，将地方国有企业列入新技术、新产品采购目录，强化政府采购对首台套国产重大技术装备用户的扶持力度。

（四）完善创新资源投入的效果评估

优化国家科技投入机制，改变国家科技投入过程中平均分配资金的"撒胡椒面"现象，变革项目评审机制，着力集中力量突破若干关键技术瓶颈，杜绝低水平重复建设。在完善现有财政科技补贴的同时，尝试应用先立项，通过创新竞争机制，在成果出来后再予成功者补贴的"赛马机制"。建立和应用科研项目管理标准，可通过建立企业技术创新标准示范工程，成熟后再推广。示范工程主要是对企业内部的科研项目、科研人员等按照《科学技术研究项目评价通则》进行评价，并与业绩考核挂钩。为了实现对科研项目的量化管理，该标准在科学技术研究项目的投入产出效率评价方面提供了科学、规范的方法。鼓励企业内部建立"技术报表体系"。将企业内部各种创新活动系统管理起来，形成积累，并能动态地反映企业所有技术创新成果的全貌，为企业内部的业绩考核提供依据。鼓励国家科技计划 TRP（根据《科学技术研究项目评价通则》开发的企业技术资源管理系统）。凡是承担 1000 万以上国家科技计划项目的企业，必须进行 TRP 认证。鼓励现有财税等优惠政策主管部门为企业设置条件，企业必须按照 TRP 软件格式提供"技术报表"，并给出自主分析报告，才能享受优惠政策。

第二节 工业质量品牌政策

一、主要政策分析

（一）《国民经济和社会发展第十三个五年规划纲要》

2016 年是"十三五"的开局之年，在国际经济形势日益复杂、国内经济下行压力巨大的背景下，对第十三个五年规划的编制提出了更高的要求，要涵盖社会、经济、文化等各个方面的发展需求和未来的发展方向，能够解决我国改革开放以来经济、社会发展中存在的问题和瓶颈，对未来五年具有战略性的指导意义。

3 月 18 日，《国民经济和社会发展的第十三个五年规划纲要》正式发布，共 20 篇 80 章，其中对质量品牌工作进行了特别强调。在实施创新驱动大发展方面，强调要强化产业技术政策和标准的执行监管，强调要实施消费品质量提升工程，要加快培育以技术、标准、品牌、质量、服务为核心的对外经济新优势，推动更高端装备出口，提高出口产品科技含量和附加值。在构建法治新体制方面，提出在大力推进国有企业改革中要加强成本控制、产品服务质量、运营效率和保障能力考核，在维护公平竞争中要严格产品质量、安全生产能源消耗、环境损害的强制性标准，建立健全市场主体。在实施制造强国战略方面，强调实施质量强国战略，建立商品质量惩罚性赔偿制度。在加快推进服务业优质高效发展方面，强调要建立与国际接轨的生产性服务业标准体系，提高国际化水平，要提供生活性服务业放心行动计划，推广优质服务承诺标识与管理制度。

（二）《加快推进重要产品追溯体系建设意见》

追溯体系建设是采集记录产品生产、流通、消费等环节信息，可以实现来源可查、去向可追、责任可究，是强化全过程质量安全管理与风险控制的有效措施。近年来，在各地区和有关部门都有实施，主要是围绕食用农产品、食品、药品、稀土产品等重要产品，运用物联网、云计算等现代信息技术来建设追溯体系，并取得了积极成效①。但是，也存在统筹规划滞后、制度标准不健全、推进机制不完善等问题，所以，国务院同意运用现代信息技术加快建设重要产品追溯体系。

2016 年 1 月 12 日，国务院办公厅印发《关于加快推进重要产品追溯体系建设的意见》，（国办发〔2015〕95 号）（以下简称《意见》），《意见》强调追溯体系建设要分类规划、统一推进，将使用农产品、食品、药品、特种设备、危险品、稀土产品等作为重点，推动生产企业加快建设追溯体系。《意见》提出，探索已认证认可加强追溯体系建设，鼓励有关机构将追溯管理作为重要评价要求，纳入质量管理体系、食品安全管理体系、药品生产质量管理规范、药品经营质量管理规范等，要建立完善政府追溯数据统一共享交换机制。

（三）《质量发展纲要 2016 年行动计划》

2016 年是质量品牌建设发展的重要 一年，为贯彻落实《质量发展纲要（2011—2020 年）》和实施《中国制造 2025》，将 2016 年的工作重点放在以提高发展质量和效益为中心，开展质量品牌提升行动，加强供给侧结构性改革，推动建设质量强国，特制订本行动计划。

2016 年 4 月 4 日，国务院办公厅发布《关于印发贯彻实施质量发展纲要 2016 年行动计划的通知》（国办发〔2016〕18 号），强调了 5 方面 18 项任务，包括：一是从深入开展质量提升行动、大力提高劳动者职业技能和质量素养、积极推动质量技术创新、鼓励采用先进的管理制度和先进标准、大力推动品牌建设等方面入手增强质量和品牌提升的动力；二是通过加强质量政治淘汰落后产能和化解过剩产能、加强重点领域质量安全监管、加快质量诚信体系建设、加快构建质量和品牌社会共治机制、加强质量工作考核、发挥新闻媒体的宣传监督作用等途径优化质量和品牌提升的环境；三是利用推动外贸优进优出、促进电子商务产业提质升级等手段培育质量和品牌竞争新优势；四是从完善法律法规体系、充分发挥质量技术基础的支撑作用、加强质量和品牌建议及文化建树等领域夯实质量和品牌提升的基础；五是通过实施质量和

---

① http：//www.sda.gov.cn/WS01/CL1686/141622.html.

品牌重点工程、质量和品牌标杆对比提升工程来推动实施质量和品牌建设。

（四）《开展消费品工业"三品"专项行动营造良好市场环境的若干意见》

消费品工业是我国重要民生产业和传统优势产业，改革开放以来，我国消费品工业总体保持平稳健康发展，形成了覆盖面广、结构相对完整的消费品工业体系，基本保障和满足了人民群众不断增长的消费需求，对稳增长、促改革、调结构、惠民生发挥了重要作用①。但是，我国消费品工业核心竞争力和创新能力仍然较弱，品种、品质、品牌与国际先进水平相比尚有较大差距，有效供给能力和水平难以适应消费升级的需要。为贯彻落实党中央、国务院关于推进供给侧结构性改革、促进工业稳增长、调结构、增效益和建设制造强国的决策部署，更好满足和创造消费需求，不断增强消费拉动经济的基础作用，促进消费品工业迈向中高端，经国务院同意，现就开展消费品工业"三品"专项行动。

2016 年 5 月 26 日，国务院办公厅印发《关于开展消费品工业"三品"专项行动营造良好市场环境的若干意见》（国办发〔2016〕40 号），在增品种方面提出提高创意设计水平、增加中高端消费品供给、发展智能健康消费品、发展民族特色消费品等；在提品质方面提出开展国际对标、加强质量精准化管理、推进质量检验检测和认证、保障药品和优质原料供应等；在创品牌方面提出提高品牌竞争力、培育知名品牌、完善品牌服务体系、推进品牌国际化等。

（五）《消费品标准和质量提升规划（2016—2020）》

当前，我国消费品生产对经济增长的作用越来越强，我国已成为全球消费品生产、消费和贸易大国。但是，也存在很多问题，如消费品标准和质量还难以满足人民群众日益增长的消费需求，呈现较为明显的供需错配；还有消费品供给结构不合理，品牌竞争力不强，消费环境有待改善，国内消费信心不足，制约国内消费增长，甚至造成消费外流。所以，要深化消费品供给侧结构性改革，提升消费品标准和质量水平，确保消费品质量安全，扩大有效需求，提高人民生活品质，夯实消费品工业发展根基，进而推动"中国制

---

① http：//www. gov. cn/xinwen/2016—06/02/content_ 5078854. htm.

造"迈向中高端。

2016年9月6日，国务院办公厅印发《消费品标准和质量提升规划（2016—2020年)》（国办发〔2016〕68号），特别强调八项任务：一是改革标准供给体系，包括夯实消费品质量安全标准基础、提高消费品标准市场供给能力、加快国内外标准接轨、推动标准与科技协同；二是优化标准供给结构，包括发展个性定制标准、制定绿色产品标准、健全智能消费品标准等；三是发挥企业质量主体作用，包括倡导工匠精神、推广精益制造、推动企业标准自我声明、加快培育标准创新性企业等；四是夯实消费品工业质量基础，包括加强质量技术基础建设、提升质量技术创新能力、集群质量公共服务等；五是加强消费品品牌建设，包括加强品牌培育、提升品牌形象、强化品牌保护等；六是改善优化市场环境，包括创新质量监管制度、加强质量信息公共服务、加大知识产权保护力度等；七是保障消费品质量安全，包括强化质量安全风险管理、严厉打击制假售假行为等；八是提升进出口消费品质量，包括构建消费品风险预警体系、强化技术性贸易措施、严把进出口消费品质量关、促进出口消费品提质升级、提高贸易便利化水平。

二、主要特点分析

（一）将质量品牌纳入战略规划，质量品牌发展进入新时代

自2015年《中国制造2025》颁布后，提出了"坚持把质量作为建设制造强国的生命线，走以质取胜的发展道路"，中央政府及各部门对质量品牌的发展尤为重视，2016年，相继出台的《中华人民共和国国民经济和社会发展的第十三个五年规划纲要》和《关于印发贯彻实施质量发展纲要2016年行动计划的通知》等规划，充分体现了质量品牌建设的战略性地位，从五年的长期规划到当年的行动计划都突出了质量品牌的发展方向和重点。

（二）突出重点，开展质量品牌专项建设

质量品牌建设是一项综合复杂的系统工程，需要抓住重点统筹协调，2016年的质量品牌政策突出了质量的标准建设、产品追溯体系建设和品牌引领作用。国务院办公厅印发《关于加快推进重要产品追溯体系建设的意见》《关于发挥品牌引领租用推动供需结构升级的意见》和《消费品标准和质量提

升规划（2016—2020 年）》分别从产品的追溯体系、品牌作用、标准等方面推动质量品牌建设。

第三节　知识产权政策

一、主要政策分析

（一）"十三五"国家知识产权保护和运用规划

为贯彻落实《国务院关于新形势下加快知识产权强国建设的若干意见》有关制定"十三五"知识产权专项规划的要求，扎扎实实推进知识产权强国战略实施，国务院于 2016 年 12 月 30 日发布了《"十三五"国家知识产权保护和运用规划》（以下简称《规划》）。这是我国首次将知识产权列入专项规划，充分体现了知识产权在国家经济社会发展大局中的重要性日益凸显。《规划》提出了"十三五"时期知识产权强国建设路径，为知识产权强国战略宏伟蓝图提供了"施工图"。

《规划》提出的指导思想既高度概括又突出重点，为贯彻实施提供了行动方向。党中央、国务院总体谋划，将知识产权战略更加充分地融入国家经济社会发展的大局之中，知识产权强国建设关乎"两个一百年"奋斗目标和中华民族伟大复兴中国梦的实现。与此同时，指导思想重点突出，路线清晰。坚持以供给侧结构性改革为主线，通过"打通知识产权创造、运用、保护、管理和服务的全链条，严格知识产权保护，加强知识产权运用，提升知识产权质量和效益，扩大知识产权国际影响力"，推动我国由知识产权大国建设成为知识产权强国。

《规划》坚持定性与定量相结合，在提出 2020 年总体目标的同时，分知识产权保护、运用、综合能力三个层面，提出了三个具体目标。其中知识产权保护方面，要实现的目标是"保护环境显著改善"，具体则又从立法、执法、服务支撑等方面提出要求。在知识产权运用方面，以实现知识产权运用效益的充分显现为目标，并从市场价值、产业化水平、交易运营、知识产权国际贸易等方面提出具体要求；在综合能力方面则涵盖了知识产权创造、管理、服务等各个方面的要求。进而，为保障目标落实，《规划》针对以上目标设立了 10 个量化指标，尤其是，在"十三五"知识产权保护和运用主要量化指标中，每万人口发明专利拥有量（件）、PCT 专利申请量、年度知识产权质押融资金额（亿元）、知识产权使用费出口额（亿美元）等指标的预期增长幅度均接近或超过 2015 年底的 1 倍，这几个指标的设置充分体现了通过实施《规划》，加快实现知识产权质量和效益显著提升任务的紧迫性。

《规划》聚焦知识产权强国建设，多方面保障战略任务落实。围绕《国务院关于新形势下加快知识产权强国建设的若干意见》（国发〔2015〕71 号）所提出的"推进知识产权管理体制机制改革""实行严格的知识产权保护""促进知识产权创造运用""加强重点产业知识产权海外布局和风险防控"等知识产权强国建设战略部署，《规划》确定了三项主要任务和七项重点工作，三项主要任务是：深化知识产权领域改革；严格实行知识产权保护；促进知识产权高效运用。七项重点工作主要着眼于知识产权立法、执法与司法保护、质量效益，以及区域、企业、产业与国际合作层面，并分别提出了工作要求。为实现上述目标、任务，《规划》还确定了四个重大专项和九项重大工程，为推进《规划》实施提供了有力抓手，以保障各项重点工作扎实开展，落到实处。

（二）2016 年深入实施国家知识产权战略加快建设知识产权强国推进计划

为全面落实和部署《国务院关于新形势下加快知识产权强国建设的若干意见》《深入实施国家知识产权战略行动计划（2014—2020 年）》等文件精神，2016 年 6 月，国务院知识产权战略实施工作部际联席会议办公室印发了《2016 年深入实施国家知识产权战略加快建设知识产权强国推进计划》（以下简称《推进计划》）。《推进计划》从严格保护知识产权、加强知识产权创造运用、深化知识产权领域改革、加大知识产权对外合作交流、夯实知识产权发展基础、加强组织实施和保障等六个方面制定了 99 条推进任务，并明确了任务的牵头部门和参与部门。

在知识产权保护方面，《推进计划》通过制修订专利法、著作权法、反不正当竞争法等相关法律条例，制定发布相关法律解释、指导意见、指南等文件，建立协同保护、联合办案等机制，开展网络行动、执法试点等多项行动方案，多措并举，建立从国内到国外，从实体到网络的全方位知识产权保护体系。在知识产权创造运用方面，通过加强各类知识产权的审查规范化，完善登记备案制度，组建产业联盟和交易平台、交易中心，开展质押融资等多种手段，培育知识产权创造的基础，盘活知识产权运用水平。在深化知识产权领域改革方面，主要通过出台改革试点方案，灵活知识产权资产评估与分配，制定评议评估制度，建立专利律师制度，促进知识产权军转民等多种方式，探索和深化我国知识产权领域的改革。在对外知识产权交流方面，加强同世界知识产权组织、"一带一路"沿线、中美欧日韩等国际组织和国家地区的合作交流，对接世界知识产权大环境，支持我国知识产权进一步"走出去"。在夯实知识产权的发展基础方面，主要通过建设知识产权服务平台、构建各领域知识产权资源及基础数据库、加强知识产权高精尖人才培养、开展知识产权法治宣传教育等，从多方面多维度夯实我国知识产权发展的基础。

（三）制造业创新中心知识产权指南

为全面贯彻落实《中国制造2025》，加快推进实施制造业创新中心建设工程，明确制造业创新中心（以下简称"中心"）知识产权的规范管理、创造与保护、转移转化、支撑服务等基本要求，指导与推动国家和省级制造业创新中心有的放矢地加强知识产权能力建设，助力和支撑制造业创新能力全面提升，2016年11月，工业和信息化部印发了《制造业创新中心知识产权指南》（以下简称《指南》）。

《指南》紧扣《中国制造2025》《制造业创新中心建设工程实施指南》（2016—2020年）和《关于完善制造业创新体系，推进制造业创新中心建设的指导意见》对制造业创新中心的定位与功能以及主要任务的要求，旨在明确中心、成员单位和联盟等不同主体知识产权工作的职责与任务，分别从主体与内容两个维度，对各主体知识产权工作的规范管理、创造与保护、转移转化、支撑服务等进行指引。编制原则：一是重在引导。《指南》主要目的在于引导创新中心强化知识产权管理、保护和运用，促进技术创新和应用转化。二是突出运用。《指南》内容设计紧扣创新中心功能定位，突出知识产权运用和创新成果价值实现。三是协调一致。依据国家法律法规，结合制造强国、知识产权强国和网络强国等国家重大战略及相关政策文件，引导创新中心聚合各类创新资源和政策资源，将知识产权协同运用融入创新和产业化过程中。

在强化核心技术的保护体系方面，《指南》的重点在于强调制造业创新中心通过知识产权布局形成对核心技术的保护体系。利用自主研发、专利池建设等多手段积累和储备核心技术，以国内国际布局、关键技术标准等构筑保护体系，建立产业知识产权风险的防控措施，指导创新中心灵活运用多种方式和手段维护合法权益。在知识产权工作实施主体方面，《指南》依据中心、成员单位、联盟等不同的知识产权工作实施主体在制造业创新中心中的定位与功能以及主要任务，从健全管理、强化保护、转移转化和支撑服务四个板块分别对实施主体的权利、责任与义务进行了分别规范，并提出了相应的要求。在知识产权收益分配方面，《指南》对公共财政、社会与企业自筹等不同的资金来源和独立研发、合作研发、委托研发等不同的研发主体产生的知识产权的权属管理和收益分配机制建设进行了指引。通过明确约定和协商机制，促进制造业创新中心知识产权工作实现"风险共担、收益共享"，完善知识产权权属和收益分配内容。在知识产权转移转化方面，《指南》紧扣《中华人民共和国促进科技成果转化法》及《国务院关于印发实施〈中华人民共和国促进科技成果转化法〉若干规定的通知》规定的精神与要求，通过制度安排和机制建设着重引导制造业创新中心及成员单位建立健全知识产权转移转化机制，加强知识产权商业化和产业化应用，这种内容设计旨在有效激活存量知识产权，用好增量知识产权。

二、主要特点分析

（一）高度聚焦知识产权保护和运用

2016年，在全面实施《中国制造2025》、推动制造强国、网络强国建设工作的大背景下，我国知识产权能力建设同步推进，各项主要政策侧重于提升知识产权质量，促进转移转化，加强国内外知识产权风险防护等方面。《"十三五"国家知识产权保护和运用规划》（以下简称《规划》）高度聚焦于知识产权保护和运用。《规划》作为首份知识产权专项规划，以"'十三五'国家知识产权保护和运用规划"为题，充分反映了《规划》审时度势，对我国由知识产权大国迈向知识产权强国关键问题的准确把握。我国虽然连续 5 年蝉联全球发明专利申请量之首，且于 2015 年成为首个年度发明专利申请量超 100 万件的国家[①]，但仍然存在知识产权数量与质量不协调，知识产权保护力度不够，知识产权转化转移率偏低等突出问题，知识产权难以对创新活动、创新成果起到应有的保障作用，知识产权价值不能得到充分实现，导致知识产权对创新驱动发展战略、对工业转型升级的支撑作用未能充分发挥出来。这是知识产权工作的"短板"，是知识产权强国建设的关键问题，也是《规划》集中火力攻克的难关。《2016 年深入实施国家知识产权战略加快建设知识产权强国推进计划》任务分工中明确培育遴选一批知识产权服务品牌机构，建设一批全国性知识产权运营公共服务平台，培育发展一批专业化知识产权运营企业，引导成立一批以社会资本为主的重点产业知识产权运营基金，加强对各重点产业高质量的专利分析报告传播利用，深化拓展银行、担保机构、投资机构、企业等的知识产权融资工作，全面提升我国知识产权的运用。在工业和信息化部印发的《制造业创新中心知识产权指南》中，重点突出了对促进技术创新和应用转化、实现知识产权运用和创新成果价值实现以及知识产权协同运用等方面的指导，明确要求制造业创新中心从政策制定、背景知识产权引入、多元化资金投入和产业联盟等方面建立知识产权转移转化机制。同时《制造业创新中心知识产权指南》通过指导创新中心发布转移转化目录、明确中心及成员单位转让许可、标准制定推广、集聚资源和扶持中小微企业等，强化制造业创新中心知识产权转移转化能力。

（二）重点侧重知识产权与产业发展的紧密结合

面对新一轮全球制造业格局重构，美欧等制造强国积极打造重点产业的新型创新体系，加强知识产权能力建设，护航产业发展。面对新业态、新模式的不断涌现，我国知识产权政策逐步加强与各产业的紧密结合，注重护航新兴产业发展和传统产业的转型升级。《"十三五"国家知识产权保护和运用规划》（以下简称《规划》）重点强调知识产权与产业发展的紧密结合。如《规划》提出，强化传统优势领域知识产权保护，加强新领域新业态知识产权

---

① 世界知识产权组织：《2016 世界知识产权指标》。

保护，加强民生领域知识产权保护；推动产业升级发展、完善"中国制造"知识产权布局，促进知识产权密集型产业发展，推动军民知识产权转移转化等。《规划》有关内容适应了当前科技变革与产业革命发展趋势，回应了新领域、新业态、新模式对于知识产权保护的迫切需求，有助于促进知识产权与创新及产业发展的密切融合，也更有利于充分发挥知识产权对于激励创新发展的基本保障和有力支撑作用。《2016年深入实施国家知识产权战略加快建设知识产权强国推进计划》则强调要推动出台对知识产权密集型产业的认定标准，以知识产权为抓手，研究制定相关的产业目录和发展规划；强调引入知识产权产业资金，深入开展重点产业的知识产权运营基金试点工作；推动科研院所与产业企业的对接，组建基于协同运用知识产权的产业知识产权联盟；重点推广和实施有关产业规划类和企业运营类的专利导航项目；面向以战略性新兴产业为主的重点产业开展专利分析和统计监测等工作；以军民融合为契机，开展航空航天等产业的知识产权转移转化工作等。《制造业创新中心知识产权指南》则指导创新中心依托产业技术联盟，面向产业行业探索知识产权的市场化工作；围绕重点产业领域和关键环节汇集、研发、探索、加工、筛选一批符合产业转型升级的以知识产权为核心的创新成果；以产业联盟为载体，推广知识产权产品、服务或技术方案在产业中的应用；面向中心成员单位和产业发布知识产权服务信息，强化对产业知识产权的服务支撑能力；面向行业开放创新成果查询和知识产权检索服务，实现中心知识产权对行业的共享和引领；开展产业知识产权风险监测，适时发布产业内知识产权竞争动态和发展态势分析报告，联合产业多方开展知识产权风险预警和风险联合应对；面向产业行业培养知识产权高端实务人才，形成具有产业特色的复合型知识产权实务人才实训基地。

展望篇

第十七章 2017 年中国工业技术创新发展形势展望

第一节 形势分析

一、各国加快制造业创新计划落实，将进一步提升制造业创新能力和竞争水平

从全球范围来看，世界经济面临上行阻力和处于下行趋势之中，新工业革命孕育兴起，主要发达国家意识到"制造业回归"和"创新驱动"的重要性，纷纷加快创新战略部署，试图在新工业革命中抢夺制高点。为此，各国高度重视制造业创新，将制造业创新作为全球论坛的重要议题。2016 年 1 月，世界经济论坛（冬季达沃斯）以"掌控第四次工业革命"为主题；2016 年 9 月，20 国集团举行的 G20 峰会将创新、新工业革命、数字经济和结构性改革作为未来发展的四大行动。预计 2017 年，各国将进一步聚焦制造业创新发展，进一步发挥创新在经济和产业各层次各方面的推动作用。

美国将以创新为动力、以扩大内需为引擎，加快落实新版创新战略和制造业创新网络计划。继 2015 年 10 月美国政府发布新版《美国创新战略》后，2016 年 2 月，又发布了《美国国家制造业创新网络计划战略》和《美国国家制造业创新网络计划年度报告》，并陆续启动了制造业环境下的机器人等 6 家创新中心建设计划。预计 2017 年，美国将继续围绕先进制造等九大战略领域布局建设制造业创新中心，加快制造业创新网络建设。2016 年 11 月，美国新任总统特朗普在胜选演讲提到将重建美国的基础设施，预计 2017 年美国将围绕高速、桥梁、隧道、机场、学校、医院等重点内需行业。

英国自 2010 年开始建设"弹射中心",通过聚集整合已有创新资源,促进科技成果向产业转移转化,至今已建成了 11 家。2016 年,英国新建生物医药研发弹射中心、化合物半导体材料应用弹射中心两家弹射中心,并已经全部完成英国弹射中心计划中"初期建设阶段"布局的高价值制造中心、细胞与基因疗法中心等 11 家弹射中心的建设,预计 2017 年,英国将以弹射中心为载体,吸引不同规模的企业进行跨领域的合作,同时促进企业与高校和科研院所合作,初步形成英国新的技术创新框架体系。

二、全国形成创新驱动发展合力,技术创新将进一步引领制造业发展

2016 年是国家创新驱动发展战略实施的最关键一年。这一年,《国家创新驱动发展战略纲要》(中发〔2016〕4 号)正式发布,确定了创新驱动发展战略的顶层设计;国务院出台了《"十三五"国家科技创新规划》(国发〔2016〕43 号)》,明确了未来 5 年国家科技创新发展的战略目标和重点任务;5 月召开了"科技三会"(全国科技创新大会、两院院士大会、中国科协第九次全国代表大会),习近平总书记在会上提出了建设世界科技强国的总体要求。同时,工信部发布了《产业技术创新能力发展规划(2016—2020 年)》(工信部规〔2016〕344 号,明确了"十三五"时期我国产业提升技术创新能力的目标和重点领域的任务。

随着科技体制改革的深化和创新驱动发展战略的落实,2017 年,我国工业技术创新体系、创新环境、创新生态将不断优化,创新将成为国家命运所系和世界大势所趋、将成为引领发展的第一动力。从体制机制来看,围绕 2016 年发布的《实施〈中华人民共和国促进科技成果转化法〉若干规定》(国发〔2016〕16 号)、《促进科技成果转移转化行动方案》(国办发〔2016〕28 号)和《高新技术企业认定管理工作指引》(国科发火〔2016〕195 号),2017 年,全国将大力促进科技成果转化和重点规范高新技术企业认定等工作,各地也将积极推出相应政策和法规;从制造业创新举措来看,2017 年将积极落实《"中国制造 2025"城市试点示范工作方案》(工信厅规〔2016〕14 号)、《制造业创新中心建设工程实施指南(2016—2020 年)》和《关于完善

制造业创新体系，推进制造业创新中心建设的指导意见》（工信部科〔2016〕273 号），探索不同类型区域推进制造业转型升级的模式和路径，推进国家和省级制造业创新中心建设。

第二节　对策建议

一、加快落实国家创新驱动发展战略，系统推动科技成果转移转化

当前我国工业技术创新处于关键窗口期，必须加快落实《国家创新驱动发展战略纲要》，建设和完善产业技术创新体系。一是围绕《中国制造 2025》十大重点领域和传统产业转型升级的重大需求，加强原始创新，组织实施重大科技项目和工程，壮大创新主体，优化区域创新布局和深化军民融合，加快建设企业为主体、政产学研用相结合的产业技术创新体系，全面推动制造业转型升级。二是通过加大落实《促进科技成果转化法》和《促进科技成果转移转化行动方案》，建设科技成果中试与产业化载体，探索多元化资金投入模式，建设科技成果转移转化人才队伍，深入开展产学研协同，促进科技成果转移转化。

二、聚焦重点领域和方向，加快国家制造业创新中心组建和运行模式探索

制造业创新中心工程是《中国制造 2025》规划纲要中的五大工程之一，组建制造业创新中心是落实制造强国战略的重要实践。目前，我国建成了国家动力电池创新中心并于 2016 年 6 月 30 日正式挂牌成立，国家增材制造创新中心也已正式批复。一是围绕《〈中国制造 2025〉重点领域技术路线图》，将进一步聚焦机器人、石墨烯、光通信等重点领域，继续推进国家制造业创新中心建设；二是将跟踪动力电池、增材制造两家创新中心的建设和运行情况，探索新机制、新模式和多样化的资金投入方式，分析总结有益经验，为建设新的国家级创新中心提供参考；三是将继续推动建设省级制造业创新中心，按照"一案一例一策"方式，探索创新中心建设的共性规律和特性做法，加强经验推广。

第十八章 2017年中国工业技术知识产权和标准发展形势展望

第一节 形势分析

一、国际知识产权纠纷日趋常态化，亟须增强适应能力

知识产权在当前世界经济低迷，创新成为治疗复苏缓慢"良方"的形势下，战略性资源价值凸显。知识产权通过多种途径影响和塑造创新：保障创新获益、激励创新活动；便利成果许可或转让，推动创新成果商业化；规制工人流动，实现技术扩散与保护商业秘密间的平衡，激发创新系统活力。正因为如此，新一轮科技变革和全球产业格局调整和重构中，知识产权与创新、产业发展关系更加紧密，围绕既有技术优势的维护和巩固、战略必争领域制高点的争夺与捍卫，将更多地体现为知识产权竞争，如智能终端领域的"专利战"、商业秘密争端、国际贸易中的知识产权调查等。

二、中美在知识产权问题上面临的不确定性增加，制造业外部知识产权环境堪忧

中美之间的知识产权问题历来是双方经贸领域中的焦点，美国知识产权政策动向直接影响到中美知识产权问题的解决，关系到我国制造业创新发展的外部知识产权生态环境。2016年9月G20杭州峰会期间，中美就知识产权达成了一系列重要共识。首先，中美强调对知识产权的有效和平衡保护。美国是制造业强国，制造业领域知识产权优势明显，企业利用知识产权维护市

场竞争地位的要求更加迫切，手段更加复杂多样，如 Google、苹果、微软等大公司不惜发动专利战打击竞争对手，某些做法已经有违知识产权制度维护创新成果、激励创新活动的初衷。某些专利投机公司已经悄然在我国开始不正当收购、捆绑式专利许可及其他不法行为，严重威胁我国制造业创新发展环境。对于我国而言，在加强知识产权保护的同时，抵御知识产权滥用的任务也逐渐变得迫切。其次，中美双方确认"发展和保护包括商业秘密在内的知识产权的重要性"。自 2013 年美国首次在特别 301 报告中专门提出中国商业秘密窃取问题之后，商业秘密就成为特别 301 报告每年必然强调的重点，2015 年特别 301 报告中更是以"很严重的、不断恶化的问题"之类的严厉措辞，对我国商业秘密问题予以指责。中美双方舍弃专利、商标而专门提出商业秘密，这反映了商业秘密作为一种更新、更有力的知识产权保护手段重要性日趋显现的趋势；同时，近年中美两国在商业秘密问题上龃龉不断，美国针对中国企业的商业秘密侵权和经济间谍案件每年增加约 10%，而多数均为不实指控，由此可见发起商业秘密诉讼已成为美国打击我国企业的又一重要手段，围绕商业秘密层面的共识更多体现了美国方面的强硬立场。可以预见，中美两国间制造业领域的商业秘密争端将延续日趋频繁趋势。

2017 年 1 月 20 日特朗普走马上任美国总统，中美知识产权问题面临的不确定性骤然上升。在特朗普商业帝国的建立过程中，知识产权"功不可没"。除在美国拥有 300 余件商标外，特朗普还在中国积极布局知识产权，在中国申请商标达到 78 件之多。然而，有着强烈的知识产权保护意识和丰富的知识产权运用经验的特朗普当选美国总统，给中美知识产权问题进而给我国的制造业外部知识产权环境带来了极大的不确定性。一方面，特朗普在上台后即宣布废除设立了更高知识产权保护标准和执法要求的 TPP，明显对我国构成利好。另一方面，特朗普政策取向极端多变、价值诉求极端利己、贸易保护主义倾向明显。在知识产权方面，特朗普早在当选美国总统之前就将中国视为对手，无理指责中国"偷窃"了美国知识产权。另外，白宫知识产权执法协调员办公室（IPEC）近期发布了 2017 至 2019 年特朗普担任总统期间美国知识产权执法联合战略计划的目标，其中最重要的一点是严厉打击盗用商业秘密和知识产权侵权行为。该计划被视为特朗普政府知识产权执法工作的蓝图。考虑到特朗普政策上的极端利己主义、制造业回归美国的主张和对于中国的敌视态度，预示着中美知识产权问题将面临更大的不确定性，中美经贸关系将更加复杂，而我国制造业创新发展方面的外部知识产权生态环境不仅将可能难以有所改善，甚至有恶化之虞。

三、知识产权保护体系面临新冲击，互联网经济下的新业态新模式亟须保驾护航

互联网从广度和深度上与传统产业不断融合，开拓新的发展空间，催生以互联网为基础的新兴业态密集涌现，如互联网金融、智慧电网、智能家居、云计算、大数据、智能制造、共享经济等。互联网经济形态呈现出不同于传统经济形态的鲜明特征，给现有知识产权运用和保护体系造成不可忽视的冲击，给企业有效运用和保护知识产权提出了新的要求。互联网内容产业不断扩张，著作权侵权行为出现复杂多样、易发多发、难于监管和预防的情况，知识产权立法和执法滞后于形势发展变化，著作权保护面临新挑战。

作为竞争高地的工业互联网、物联网等新兴产业，对企业尽快提升专利战略布局和知识产权运用能力提出了迫切要求，而新商业模式因现行专利法对单纯商业方法不予授予专利难以受到充分有效的保护。跨界融合使所涉及的商标表达形式和利益诉求更为复杂多样，网络技术在促进电子商务繁荣的同时也为侵权假冒活动的组织、实施、传播提供了多重便利，品牌与商标权运用与保护形势极为严峻。商业秘密作为一种更有力的知识产权保护手段重要性日趋凸显，企业技术秘密的保护和运用能力迫切需要提高。

四、"中国制造 2025"重点领域核心竞争力不足，知识产权支撑作用亟须增强

当前我国信息通信设备、工业软件、工业机器人等重点领域虽然近年来发展较快，但国际产业竞争力较弱，亟须提高知识产权能力，建设良好知识产权生态，为制造强国建设发挥有力支撑作用。以 5G 信息通信技术为例，我国针对 5G 技术已经设立国家科技重大专项重点推进，旨在集合社会资源加强研发，有力推动全球 5G 统一标准的形成，促进 5G 技术研发与产业发展。以华为为代表的我国信息通信设备制造商也主动加大研发力度，近期在 5G 通信

技术方面取得新突破。在3GPPRAN187次会议关于5G短码方案讨论中，中国华为推荐的PolarCode（极化码）方案击败美国的LDPC方案和法国的Turbo2.0方案，获得认可，最终成为控制信道上行和下行的编码方案。标志着以华为为代表的中国企业摆脱3G、4G时代亦步亦趋的技术形势，在5G规则制定上将拥有更多话语权。同时，围绕5G规则制定话语权的争夺仍不可轻视。国内企业知识产权积累、储备、布局等能力普遍较弱，在通信领域的核心元器件方面，我国对外依存度仍然不低，美国将有可能针对我国急需的技术或元器件进行限售，或者借知识产权问题予以压制。另一方面，美国、欧盟对5G的扶持、重视程度丝毫不弱于中国，均从国家战略高度，大量投入资金、频谱资源等积极推动。在相信未来我国将能够对5G技术标准形成发挥有利作用的同时，必须清醒地认识到未来面临的挑战仍十分严峻，围绕5G标准制定话语权争夺也将非常激烈。

高端工业软件领域同样如此。发展自主安全可控的高端工业软件对于实现"中国制造"向"中国创造"转变，推动我国制造强国建设具有重要意义。由于我国工业软件起步晚，技术基础薄弱，知识产权积累少，普遍集中于低端软件，系统复杂性低、不能适应极端环境应用等劣势明显，高端领域国产品牌仍难以抗衡国外品牌。目前，国外品牌基本主导产业格局。以GE、西门子、三菱等为首的工业软件产品覆盖全球，扼守产业链高端环节，形成规模化覆盖。同时，借助先发优势，依托高品牌附加值，塑造用户使用习惯，"锁定"用户群体。如AutoCAD在二维CAD市场高度垄断，形成该领域事实上的标准。另外，国际工业软件巨头知识产权保护意识强烈，形成了以软件著作权为主，综合利用专利、商标、商业秘密等各类知识产权的严密的创新成果保护体系。为维护竞争优势，不时地以非法制售、复制和安装盗版软件，窃取商业秘密等为由对包括我国在内的竞争对手进行知识产权侵权指控。甚至借助品牌优势，压低产品价格，以不正当竞争手段抢占国内市场。近年来，相关企业还利用其影响力鼓动政府不断加强打击侵权盗版执法力度，借助国家执法力量，打压包括我国在内的竞争对手。反观国内，我国软件企业海外知识产权纠纷应对能力较为薄弱，胜诉案例仍屈指可数，而行业组织协同运用知识产权应对海外知识产权纠纷的机制尚付之阙如。我国工业软件业知识产权储备、布局、海外纠纷防范应对等能力亟须提升。

第二节 对策建议

一、积极作为，主动提高国际知识产权风险抵御能力

在现有知识产权运营基金、股权基金等基础上，建立由政府资金引导、社会资金参与、专业团队运作的海外知识产权诉讼风险基金，为企业尤其是中小企业应对海外知识产权纠纷提供资金保障；构建知识产权保险体系，鼓励企业尤其是中小企业参加知识产权海外侵权责任保险，依靠社会力量分担海外知识产权侵权风险；创建知识产权服务类产业技术基础公共服务平台，培养熟练掌握和运用知识产权相关制度等国际竞争规则的专业人才，为应对海外知识产权纠纷提供服务支撑。制定产业竞争知识产权风险防控指南和知识产权管理规范，提高重点产业联盟成员及行业整体知识产权运用水平，防患于未然。同时，工业企业自身应做好知识产权"基本功"，针对目标市场，跟踪相关领域技术前沿知识产权发展、布局情况，及早制定知识产权策略，储备、布局知识产权，做到"研发未启，分析先行""产品未动，布局先行"，为产品进入打好基础，提供保障，并做好防范应对。

二、多管齐下，营造新业态新模式下创新发展的知识产权环境

加强对互联网经济新业态新领域创新成果的保护。为更好地适应互联网经济发展趋势，建议：一是通过延展知识产权保护范畴，如借鉴美国、欧盟和日本等发达国家立法经验，研究对商业方法软件或承载商业方法的电子模具授予专利，拓展可专利对象范围；二是加快《著作权法》修改完善步伐，通过完善定义、拓展外延等加强对计算机软件和网络作品著作权保护，针对商业秘密，出台专门的《商业秘密保护法》；三是加强对数据信息的知识产权制度研究与立法等，密切与国际组织和境外执法部门沟通协作，提高跨境知识产权侵权案件的执法力度，增强知识产权保护有效性；四是及时跟进增材制造、VR 等新业态新领域制造业创新中心建设，同步推进知识产权能力提升

工程，支撑新业态新模式创新体系。推动知识产权（信息）服务类产业技术公共服务平台建设，完善现有平台功能，鼓励以知识产权为纽带的科技创新成果转移转化，为科技创新成果向科技型中小企业、初创企业扩散提供专业、高效、便捷的知识产权服务。新业态新领域企业应主动提高组合运用知识产权意识和能力，强化知识产权积累和储备，抢占产业竞争战略高地。

三、有的放矢，提升"中国制造 2025"重点领域知识产权能力

在重点产业规划、地方发展规划、创新政策制定中突出知识产权内容，将知识产权作为关键技术领域研发、重点产业发展、创新目标考核的重要指标，加强监督，确保落到实处，使知识产权与创新活动、产业发展紧密融合。以"中国制造 2025"重点领域制造业创新中心建设为抓手，在完善制造业创新体系过程中，指导和推动《工业企业知识产权管理指南》《制造业创新中心知识产权指南》在牵头及成员单位中的贯彻落实，提升知识产权创造、运用、保护和管理能力，支撑制造业创新发展。加强部省合作，企业间合作及产学研用服合作，推动地方产业基地/园区等重点产业集聚区、产业链上下游知识产权协同运用。以推动知识产权产业化、国际化、提升产业国际竞争力为导向，鼓励重点产业骨干龙头企业牵头成立产业知识产权联盟，整合全产业链创新资源，培育高价值专利，并积极将专利推入标准，尤其是国际标准，增强对产业链关键环节的控制力。

四、加强合作，增强知识产权国际交流与互信

与贸易伙伴国家就知识产权规则制定、执行等加强交流沟通，主动掌握规则制定话语权；开展国际间知识产权学习交流活动，通过专题培训等方式，培养熟悉国际产业竞争中相关知识产权规则及产业发展的专门人才；与 WIPO 等知识产权国际组织加强合作，定期发布有关我国知识产权发展态势，面向国际社会展示我国在知识产权制度建设、执法保护等方面的成就，增强理解与信任，树立良好国际形象，为国内制造业创新发展营造良好环境。

第十九章　2017年中国工业质量品牌发展形势展望

2016年是"十三五"的开局之年，进一步落实《中国制造2025》规划提出"质量为先"的基本方针，质量品牌发展战略的重要作用在国家各大方针政策中凸显，成为打造我国制造业竞争新优势的重要内涵。2017年是落实"十三五"规划的关键一年，在日益激励的国际竞争中，质量品牌的重要作用将日益凸显，质量品牌的政策将进一步得到落实，"三品"战略将继续在智能制造装备、消费品等制造业领域开展，全面质量管理将进一步推广，质量品牌的宣传力度将继续加大，经济增长的质量和品牌效益将进一步提升。

第一节　形势分析

一、政府将加大质量品牌工作力度，为工业发展提质增效

2017年中央经济工作会议提出，着力振兴实体经济，要坚持以提高质量和核心竞争力为中心，坚持创新驱动发展，扩大高质量产品和服务供给。同时要引导企业形成自己独有的比较优势，发扬"工匠精神"，加强品牌建设，培育更多"百年老店"，增强产品竞争力。这意味着2017年我国将加大质量品牌工作力度，从质量品牌的角度考虑促进我国工业转型升级。一是强化质量品牌意识，通过加大宣传力度，提升企业的质量品牌意识；二是政府将加大对质量品牌工作支持力度；三是将继续完善质量品牌政策支持体系，在创新驱动、知识产权保护等方面加大政策支持，为企业积极营造良好的发展环境。

二、企业主体作用将进一步强化，推动企业开展全面质量管理

根据质量发展的科学规律，势必向全过程的质量管理方向推进，包括设计研发、原材料采购、生产制造到营销、售后服务、产品报废处理的全生命周期质量管理。而企业作为建设主体，将继续被突出和引导，一方面引导企业建立完善质量品牌管理体系，加强全面质量管理、卓越绩效、六西格玛、精益生产等先进质量管理方法的运用，促进企业增强质量品牌管理能力；另一方面加强质量品牌建设经验的推广宣传，针对质量品牌建设成功的典型企业，进行深度调研研究，形成典型案例进行宣传推广，特别是在"互联网＋"、智能制造、在线检测重要领域，引导企业开展标准对比、质量比对、质量攻关等质量提升活动，挖掘中国质量管理的新模式、新特色并加以推广。

三、进一步推进行业质量品牌战略专项行动，提升工业质量基础

2016 年，我国颁布了《关于开展消费品工业"三品"专项行动营造良好市场环境的若干意见》和《促进装备制造业质量品牌提升专项行动指南》，旨在以推进供给侧结构性改革为着眼点，立足当前，着眼长远，加快实施质量强国战略，集中解决质量品牌突出问题。2017 年，我国将继续推进行业质量品牌专项行动，一方面，继续落实消费品工业和装备制造业领域的质量品牌专项任务和工作重点，包括消费品领域的质量标准对标、加强社会监督检查力度、强化创新提升质量水平、丰富品种品牌等。装备制造业的汽车、高档数控机床、轨道交通装备、通信设备等领域，要强化产业技术基础公共服务平台作用，率先开展质量提升工业和共性质量问题攻关行动，提高产品的可靠性、安全性等。另一方面，继续向其他领域如原材料、智能制造、电子信息等领域推广质量品牌专项行动，以促进产业转型升级，提升工业经济发展质量和工业整体竞争能力。

第二节 对策建议

一、完善体制机制，促进资源有效配置

第一，完善与经济发展相匹配的制度体系。一是深入推进行政审批制度改革，降低制度性交易成本，把原由政府掌握的权力还给市场和企业，充分激发企业的主体活力，让企业主动生产，增加供给；二是深入推进财税改革，一方面以清理、规范各类收费和政府性基金为重点降低企业成本，为企业提供更为便利的融资渠道，形成政府与企业沟通的畅通渠道。三是深入推进金融体制改革，降低企业的融资成本，鼓励大众创业、万众创新。

第二，建立质量品牌的协同工作机制。作为工业主管部门，工业和信息化部要统筹推进质量品牌建设工作，一是积极开展产品质量分层分级制度以及优质优价机制的探索研究，积极探索建立以品牌为基础的信用融资机制[1]。二是完善质量品牌的公共服务体系，支持建设完善一批质量品牌公共服务平台，提升平台专业化服务能力。三是提升质量技术基础保障能力，鼓励企业、社会中介组织和产业技术联盟，围绕战略性产业和重点行业，继续核定一批工业产品质量控制和技术评价实验室。四是推进工业品牌培育工作，通过工业企业品牌培育试点示范工作、产业集群区域品牌建设试点示范工作等多种形式[2]，扩大自主品牌的社会影响力。

第三，开拓现代经济增长模式，改变"摊大饼"模式。一是实施国企改革，整合社会资源配置，引导资源向支柱产业、高新技术产业及新兴产业等领域发展，以达到优化产业结构、实现宏观经济有效调控的目标；二是减少、控制低端产业的规模，发展高端产业，释放土地、劳动力等资源。

---

① http：//cyyw. cena. com. cn/2016—02/26/content_ 318550. htm.
② http：//cyyw. cena. com. cn/2016—02/26/content_ 318550. htm.

二、坚持创新驱动，着力提升工业产业发展质量

第一，加大创新力度，提升供给质量。一是提升技术水平，提高产品质量，增加供给的附加值；二是加强创新投入，创造新产品，提供新供给；三是提高生产效率，降低供给成本；四是提高产品质量，增加供给附加值，引导消费需求；五是加大基础科技投入，包括在标准化、计量、检验检测、认证认可等方面，完善我国标准体系建设，积极推进国内外标准的一致性，以提升我国的质量竞争力。

第二，完善质量监管体系，保障供给质量。一是建立企业质量首负责任制，持续督促企业建立健全质量管理体系，鼓励支持规模以上企业实施重大质量改进项目，推广覆盖产品全生命周期的测量管理体系。二是加快推进缺陷产品召回立法，明确产品缺陷认定标准和召回主体，详细界定缺陷产品的概念、范围、主管机关、召回程序和法律责任。拓宽产品召回的覆盖范围和实操性程序规定。参考上市公司信息披露机制，进一步完善信息缺陷产品召回信息披露机制，规范规定信息报告、公告方式及法定内容，建立行之有效的惩罚性赔偿法律制度。三是优化完善质量安全风险防控机制，构建缺陷产品伤害和风险监测系统，推动建立全国统一的缺陷产品召回与风险信息披露平台，提升重大质量安全事件应急处置能力。

三、坚定品牌引领，提高产业整体竞争力

第一，营造质量品牌发展的良好环境。一是加强推动品牌发展的顶层设计，将品牌发展战略与质量强国战略纳入"十三五"经济社会发展规划的重大布局之中，从顶层设计上把握全局发展态势，谋划品牌发展的蓝图，并制定品牌发展专项规划，建立协调推进机制，促使品牌发展战略成为全社会的自发行动。二是完善关于品牌发展财政、税收、金融、科技方面配套政策，建立完善政策体系，鼓励品牌发展与创新驱动深度融合。

第二，培育企业品牌，提升产品附加值。一是加大创新力度，提高质量水平；二是提升品牌意识，准确定位产品；三是实施品牌战略，加大宣传力度。例如我国的海尔、华为、中兴等企业的知名品牌。

第三，打造区域品牌，发展高端产业。一是针对中小企业集聚区建立区域品牌；二是建设区域品牌服务平台，提供共性技术、质量检测、知识产权保护等服务；三是加大宣传力度，通过各级政府及社会中介机构的推动，向全国乃至世界宣传。例如中关村电子城、中山美居、泉州服饰等区域性产业品牌。

第四，铸造国家品牌，夯实中国智造。一是出台鼓励企业、产业发展品牌政策，在用地、税收等政策方面给予大力支持；二是提供便捷的融资渠道，支持国内自主品牌的发展与壮大；三是加大我国品牌的推广与宣传。例如我国高铁品牌，已经在李克强总理的宣传下走向世界。

四、健全法制体系，营造我国工业质量品牌发展良好的知识产权环境

第　　，完善质量品牌发展法制体系，修订完善《商标法》等法律，加强对我国民族自主品牌的保护力度，严厉打击商标恶意抢注、假冒伪劣等侵犯自主知识产权行为，加强诚信体系的运用和惩戒措施的建立，构建完善的品牌维权发展机制。

第二，把现有政策落到实处。《关于新形势下加快知识产权强国建设的若干意见》明确提出，要加大对商标、地理标志、知名商品特有名称、包装装潢、外观设计、发明专利、商业秘密等知识产权的保护力度，尤其在行业专项发展战略中，要打击侵犯知识产权和企业合法权益的行为，用法律保护企业的合法权益。相关政策提供了良好的制度保障，需要扎扎实实贯彻执行，为我国工业质量品牌发展营造良好的知识产权环境。

后　记

　　《2016—2017 年中国工业技术创新发展蓝皮书》是在全面贯彻党的十八大和十八届六中全会及中央经济工作会议精神，依据《中华人民共和国国民经济和社会发展第十三个五年规划纲要》、《国家创新驱动发展战略纲要》，深入实施"中国制造2025"的大背景下编制的。本书专注于中国工业在技术创新以及质量品牌、知识产权与标准等方面取得的进展与成就，在对工业技术创新最新发展状况、工业技术创新发展政策环境、工业技术创新发展形势预判的基础上，历时 5 个月，经数次修订和完善之后完成。

　　本书由刘文强担任主编，何颖、曹方担任副主编。全书的编纂与编稿由何颖、曹方负责。同时，在本书的研究和编写过程中，得到了范书建、常利民、王锐、安平、史晓云、王理、孙星、刘戒骄、韦东远等领导和专家的帮助，在此一并表示由衷的感谢。

　　全书由综合篇、行业篇、地方篇、政策篇、展望篇共五篇内容组成。其中：

　　综合篇：王路凯负责。其中，第一章、第二章由宋亮、郭英、王路凯撰写；第三章由曹方、李赜撰写。

　　行业篇：石敏杰负责。其中，第四章由任海峰撰写；第五章由石敏杰撰写；第六章由徐爽撰写；第七章由石敏杰撰写。

　　地方篇：马冬负责。其中，第八章由马冬撰写；第九章由郭英撰写；第十章由王路凯撰写；第十一章由周忠峰撰写；第十二章由王磊撰写；第十三章由马冬撰写；第十四章由杨柯巍撰写。

　　政策篇：周忠峰、李赜负责。其中，第十五章由何颖、宋亮、周忠峰撰写；第十六章由徐爽、张义忠、王磊、周忠峰、王路凯撰写。

　　展望篇：宋亮负责。其中，第十七章由宋亮撰写；第十八章由王磊撰写；第十九章由徐爽撰写。

由于时间仓促，难免有疏漏和不妥之处，欢迎并期盼各界专家、学者提出宝贵意见和建议，促进我们进一步提高研究水平，让《2016—2017 年中国工业技术创新发展蓝皮书》逐渐成为客观记录与全面反映我国工业技术创新领域前进步伐的精品专著。

思想，还是思想
才使我们与众不同

《赛迪专报》	《两化融合研究》	《财经研究》
《赛迪译丛》	《互联网研究》	《装备工业研究》
《赛迪智库·软科学》	《网络空间研究》	《消费品工业研究》
《赛迪智库·国际观察》	《电子信息产业研究》	《工业节能与环保研究》
《赛迪智库·前瞻》	《软件与信息服务研究》	《安全产业研究》
《赛迪智库·视点》	《工业和信息化研究》	《产业政策研究》
《赛迪智库·动向》	《工业经济研究》	《中小企业研究》
《赛迪智库·案例》	《工业科技研究》	《无线电管理研究》
《赛迪智库·数据》	《世界工业研究》	《集成电路研究》
《智说新论》	《原材料工业研究》	《政策法规研究》
《书说新语》		《军民结合研究》

编 辑 部：赛迪工业和信息化研究院
通讯地址：北京市海淀区万寿路27号院8号楼12层
邮政编码：100846
联 系 人：刘 颖 董 凯
联系电话：010-68200552 13701304215
　　　　　010-68207922 18701325686
传　　真：0086-10-68209616
网　　址：www.ccidwise.com
电子邮件：liuying@ccidthinktank.com

赛迪智库
面向政府　服务决策

研究，还是研究
才使我们见微知著

信息化研究中心　　　工业化研究中心　　　规划研究所

电子信息产业研究所　工业经济研究所　　　产业政策研究所

软件产业研究所　　　工业科技研究所　　　军民结合研究所

网络空间研究所　　　装备工业研究所　　　中小企业研究所

无线电管理研究所　　消费品工业研究所　　政策法规研究所

互联网研究所　　　　原材料工业研究所　　世界工业研究所

集成电路研究所　　　工业节能与环保研究所　安全产业研究所

编 辑 部：赛迪工业和信息化研究院

通讯地址：北京市海淀区万寿路27号院8号楼12层

邮政编码：100846

联 系 人：刘颖　董凯

联系电话：010-68200552 13701304215
　　　　　010-68207922 18701325686

传　　真：0086-10-68209616

网　　址：www.ccidwise.com

电子邮件：liuying@ccidthinktank.com